AF557739

»Die Welt ist lebendig und nichts Lebendiges hat eine Lösung und das ist unser Glück.«
Roberto Bolaño

Wo auch immer Bolaños Helden landen auf der Welt, sie tragen die Zeichen ihrer Verstörung mit sich. Er ist nicht nur der Chronist einer grausamen, aus den Fugen geratenen Welt, sondern auch einer der letzten literarischen Visionäre, der sich in die Bereiche des Traums und des Todes hineinwagt.

»Dreizehn Geschichten sind im Band versammelt. Sie kommen mit einer Dringlichkeit daher, als müssten sie erzählt werden.«
Thomas Steinfeld, Süddeutsche Zeitung

Roberto Bolaño ist eine der großen Entdeckungen der Weltliteratur; seine Romane verweben »schlechterdings alles Essentielle der vergangenen Jahrtausende« (Die Zeit). Roberto Bolaño wurde 1953 in Santiago de Chile geboren, lebte in seiner Jugend lange in Mexiko-Stadt und siedelte später mit seiner Familie nach Spanien um. Dort starb er 2003, im vergeblichen Warten auf eine Lebertransplantation, als er gerade an seinem Meisterwerk »2666« arbeitete.

Roberto Bolaño

MÖRDERISCHE HUREN

Erzählungen

Aus dem Spanischen
von Christian Hansen

FISCHER Taschenbuch

Aus Verantwortung für die Umwelt hat sich der S. Fischer Verlag zu einer nachhaltigen Buchproduktion verpflichtet. Der bewusste Umgang mit unseren Ressourcen, der Schutz unseres Klimas und der Natur gehören zu unseren obersten Unternehmenszielen.

Gemeinsam mit unseren Partnern und Lieferanten setzen wir uns für eine klimaneutrale Buchproduktion ein, die den Erwerb von Klimazerti›katen zur Kompensation des CO_2-Ausstoßes einschließt.

Weitere Informationen ›nden Sie unter:
www.klimaneutralerverlag.de

Der Übersetzer dankt dem Deutschen Übersetzerfonds
für die großzügige Unterstützung seiner Arbeit.

Erschienen bei FISCHER Taschenbuch
Frankfurt am Main, Februar 2022

Die spanische Originalausgabe erschien 2001 unter dem Titel
»Putas asesinas« bei Anagrama, Barcelona.

Lizenzausgabe mit freundlicher Genehmigung der
Carl Hanser Verlag GmbH & Co. KG, München

Druck und Bindung: GGP Media GmbH, Pößneck
Printed in Germany
ISBN 978-3-596-18812-3

für Alexandra Bolaño und Lautaro Bolaño,
für Unterweisungen in Sachen Schwindelgefühl

für Alexandra Edwards und Marcial Cortés-Monroy,
für die Freundschaft

Die Anklage wird sich in Gelächter auflösen, und du gehst aller Beschuldigungen ledig.

Horaz

EL OJO SILVA

für Rodrigo Pinto
und María und Andrés Braithwaite

So wie die Dinge liegen, hat Mauricio Silva, genannt El Ojo, das Auge, immer versucht, der Gewalt auszuweichen, auch auf die Gefahr hin, als Feigling dazustehen, aber der Gewalt, der echten Gewalt, kann man nicht ausweichen, schon gar nicht wir, die wir in den fünfziger Jahren in Lateinamerika geboren wurden und um die zwanzig waren, als Allende starb.

El Ojos Fall ist paradigmatisch und exemplarisch, und es kann vielleicht nicht schaden, ihn wieder in Erinnerung zu rufen, zumal so viele Jahre seither vergangen sind.

El Ojo Silva hatte Chile im Januar 1974, vier Monate nach dem Putsch, verlassen. Er ging erst nach Buenos Aires und wurde von den üblen Lüften, die in der Nachbarrepublik aufkamen, nach Mexiko vertrieben, wo er einige Jahre lebte und wir uns kennenlernten.

Er war nicht wie die meisten Chilenen, die damals in DF lebten: Er brüstete sich nicht mit der Beteiligung an einem mehr eingebildeten als wirklichen Widerstand, verkehrte nicht in Exilantenkreisen.

Wir wurden Freunde und trafen uns für gewöhnlich mindestens einmal pro Woche im Café La Habana in der Calle Bucareli oder in meiner Wohnung, Calle Versalles, wo ich mit meiner Mutter und meiner Schwester lebte. In den ersten Monaten hielt sich El Ojo Silva mit sporadischen, prekären Jobs über Wasser, dann fand er Arbeit als Fotograf für eine Zeitung aus DF. Ich weiß nicht mehr, welche Zeitung es war, vielleicht *El Sol*, wenn es je eine Zeitung dieses Namens in Mexiko gegeben hat, vielleicht *El Universal*, wobei ich es vorgezogen hätte, es wäre *El Nacional* gewesen, dessen Kulturbeilage der alte spanische Dichter Juan Rejano leitete, aber bei *El Nacional* war er nicht, denn dort arbeitete ich, und El Ojo habe ich in der Redaktion nie gesehen. Aber er arbeitete für eine mexikanische Zeitung, daran besteht nicht der geringste Zweifel, und seine finanzielle Lage besserte sich, zunächst noch unmerklich, denn El Ojo hatte sich eine spartanische Lebensweise zu eigen gemacht, aber wenn man genau hinsah, waren untrügliche Anzeichen einer wirtschaftlichen Entspannung nicht zu übersehen.

Zum Beispiel erinnere ich mich, dass er während der ersten Monate in DF in Sweatshirts herumlief. Gegen Ende besaß er bereits ein paar Hemden, und einmal sah ich ihn sogar mit Krawatte, ein Kleidungsstück, das wir, also meine Dichterfreunde und ich, nie benutzten. Tatsächlich war El Ojo der einzige Mensch mit Krawatte, der sich jemals an unseren Tisch im Café La Habana setzte.

Damals hieß es, El Ojo sei schwul. Will sagen: In den chilenischen Exilantenkreisen kursierte dieses Gerücht, teils als Ausdruck übler Nachrede, teils als eine weitere Klatschgeschichte, von denen das eher langweilige Leben der Exilanten zehrte, Linken, die zumindest hüftabwärts genauso dachten wie die Rechten, die sich damals gerade Chile unter den Nagel rissen.

Einmal kam El Ojo zum Essen zu mir nach Hause. Meine Mutter hatte ihn gern, und El Ojo vergalt es ihr, indem er hin und wieder Fotos von der Familie machte, also von meiner Mutter, meiner Schwester, irgendeiner Freundin meiner Mutter und mir. Jeder mag es, fotografiert zu werden, sagte er mir einmal. Mir war es egal, glaubte ich zumindest, aber als El Ojo das sagte, dachte ich eine Weile über seine Worte nach und gab ihm schließlich recht. Nur einige Indios mögen keine Fotos. sagte er. Meine Mutter glaubte, er würde die Mapuche meinen, aber in Wirklichkeit meinte er die Inder aus Indien, jenem Indien, das für ihn in der Zukunft so wichtig werden sollte.

Eines Abends traf ich ihn im Café La Habana. Es gab kaum Gäste, und El Ojo saß an der Fensterfront zur Calle Bucareli vor einem

Milchkaffee im Glas, einem jener großen, dicken Gläser, wie man sie im La Habana hat und wie ich sie an keinem anderen öffentlichen Ort je wieder gesehen habe. Ich setzte mich zu ihm, und wir plauderten eine Weile. Er wirkte durchsichtig. Das war mein Eindruck. El Ojo wirkte wie aus Glas, und sein Gesicht und das Milchkaffeeglas schienen Zeichen auszutauschen, als hätten sie einander gerade getroffen, zwei unverständliche Phänomene im weiten Universum, und versuchten mit mehr gutem Willen als Hoffnung eine gemeinsame Sprache zu finden.

An diesem Abend gestand er mir, er sei schwul, so wie es die Exilanten herumposaunten, und werde Mexiko verlassen. Einen Moment lang glaubte ich zu verstehen, dass er ginge, weil er schwul sei. Aber nein, ein Freund hatte ihm einen Job in einer Pariser Fotoagentur besorgt, und davon hatte er immer geträumt. Er hatte Lust zu reden, und ich hörte zu. Er sagte, er habe seine sexuelle Neigung einige Jahre lang mit, ja was, Trauer?, Diskretion? ausgelebt, vor allem weil er sich als Linker verstand und seine Gesinnungsgenossen gewisse Vorurteile gegen Schwule hegten. Wir sprachen über die (heute ungebräuchliche) Bezeichnung »Invertierter«, die wie ein Magnet wüste Landschaften anzog, und über den Ausdruck »colisa«, den ich mit »s« schrieb und von dem El Ojo dachte, man schriebe ihn mit »z«.

Ich erinnere mich, dass wir am Ende über die chilenische Linke herzogen und ich irgendwann auf die *über die Welt verstreuten chilenischen Kämpfer* anstieß, eine vielköpfige Unterabteilung der *über die Welt verstreuten lateinamerikanischen Kämpfer*, eine aus Waisen gebildete Entelechie, die, wie der Name schon sagt, über die Welt verstreut waren und ihre Dienste an den Meistbietenden verkauften, der übrigens fast immer auch der Schlimmste war. Aber nachdem wir gelacht hatten, sagte El Ojo, die Gewalt sei nicht seine Sache. Deine schon, sagte er mit einer Traurigkeit, die ich damals nicht verstand, aber meine nicht. Ich versicherte ihm, ich würde genauso fühlen wie er. Anschließend sprachen wir über andere Dinge, Bücher, Filme, und sahen uns nicht wieder.

Eines Tages erfuhr ich, dass El Ojo Mexiko verlassen hatte. Ich erfuhr es durch einen ehemaligen Arbeitskollegen von der Zeitung. Ich fand es nicht merkwürdig, dass er sich nicht von mir verabschiedet hatte. El Ojo verabschiedete sich nie von jemandem. Ich verabschiedete mich nie von jemandem. Meine mexikanischen Freunde verabschiedeten sich nie von jemandem. Meine Mutter jedoch hielt das für ein Zeichen schlechter Erziehung.

Zwei oder drei Jahre später verließ auch ich Mexiko. Ich war in Paris, suchte nach ihm (wenngleich nicht allzu intensiv) und fand ihn nicht. Mit der Zeit vergaß ich sogar sein Gesicht, obwohl mir immer eine Art sich zu nähern, da zu sein, sich aus einer gewissen Distanz und einer gewissen überhaupt nicht aufdringlichen Traurigkeit heraus zu äußern in Erinnerung blieb, die ich mit El Ojo Silva verband, einem gesichtslosen oder schattengesichtigen El Ojo, von dem meine Erinnerung aber das Wesentliche bewahrte, seine Art sich zu bewegen, eine fast abstrakte Art, in der für Ruhe kein Platz war.

Die Jahre vergingen. Viele Jahre. Einige Freunde starben. Ich heiratete, bekam einen Sohn, veröffentlichte ein paar Bücher.

Einmal ergab es sich, dass ich nach Berlin fahren musste. Am letzten Abend nahm ich mir, nachdem ich mit Heinrich von Berenberg und seiner Familie gegessen hatte, ein Taxi (obwohl mich sonst immer Heinrich ins Hotel brachte), das ich vorher halten ließ, weil ich noch ein wenig laufen wollte. Der Taxifahrer (ein älterer Asiat, der Beethoven hörte) setzte mich rund fünf Straßen vom Hotel entfernt ab. Es war nicht sehr spät, dennoch waren fast keine Leute unterwegs. Ich überquerte einen Platz. Dort auf einer Bank saß El Ojo. Ich erkannte ihn nicht, bis er mich ansprach. Er nannte meinen Namen und fragte, wie es mir ginge. Ich drehte mich um und sah ihn eine Weile an, ohne zu wissen, wer er war. El Ojo blieb auf der Bank sitzen und seine Augen schauten mich an, dann schauten sie auf den Boden oder zur Seite, auf die riesigen Bäume des kleinen Berliner Platzes und die Schatten, die um ihn tiefer waren (glaubte ich damals) als um mich. Ich machte ein paar Schritte auf ihn zu und fragte, wer er sei. Ich bin es, Mauricio Silva, sagte er. El Ojo Silva aus Chile?, fragte ich. Er nickte, und da erst sah ich ihn lächeln.

In dieser Nacht unterhielten wir uns fast bis zum Morgengrauen. El Ojo lebte seit ein paar Jahren in Berlin und kannte die Kneipen, die die ganze Nacht geöffnet hatten. Ich fragte ihn nach seinem Leben. In groben Zügen entwarf er vor mir die wechselvolle Existenz eines Freelancer-Fotografen. Er hatte Wohnungen in Paris, Mailand und jetzt in Berlin besessen, bescheidene Wohnungen, in denen er seine Bücher aufbewahrte und denen er über längere Zeiträume fernblieb. Erst als wir die erste Kneipe betraten, konnte ich feststellen, wie sehr er sich verändert hatte. Er war viel dünner geworden, das Haar graumeliert, das Gesicht zerfurcht. Ich bemerkte zudem, dass er viel mehr trank als in Mexiko. Er wollte Vieles von mir wissen. Unser Treffen war natürlich nicht zufällig gewesen. Mein Name war durch die Presse gegangen, und El Ojo hatte ihn gelesen oder jemand hatte ihm gesagt, dass ein Landsmann eine Lesung mache oder einen Vortrag halte, zu denen er nicht kommen konnte, aber durch einen Anruf bei den Organisatoren hatte er die Adresse meines Hotels erhalten. Als ich ihn auf dem Plätzchen traf, habe er sich nur die Zeit, bis ich käme, mit Nachdenken vertrieben, sagte er.

Ich lachte. Das Wiedersehen mit ihm, dachte ich, war eine glückliche Fügung. El Ojo war immer noch ein seltsamer Kauz, trotzdem aber zugänglich, jemand, der sich nicht aufdrängte, jemand, dem man jederzeit auf Wiedersehen sagen konnte, der darauf nur auf Wiedersehen geantwortet hätte, ohne Vorwurf, ohne böses Wort, eine Art idealtypischer Chilene, stoisch und liebenswert, eine Sorte Mensch, die in Chile nie sehr häufig war, aber auch nur dort zu finden ist.

Ich überfliege das Geschriebene und weiß, dass ich mich einiger Ungenauigkeiten schuldig mache. El Ojo hätte sich solche Verallgemeinerungen nicht erlaubt. Jedenfalls, während wir so in Kneipen herumsaßen, vor uns ein Whisky und ein alkoholfreies Bier, entspann sich unser Dialog weitgehend auf dem Gebiet der Beschwörungen, war also ein informativer, melancholischer Dialog. Zu dem Dialog oder, richtiger, Monolog, der mich eigentlich interessierte, kam es gegen zwei Uhr morgens, als wir zu meinem Hotel zurückgingen.

Der Zufall wollte es, dass er zu sprechen begann (oder mit der Sprache herausplatzte), während wir denselben Platz überquerten, auf dem wir uns wenige Stunden zuvor getroffen hatten. Ich erinnere mich, dass es kalt war und ich plötzlich hörte, wie El Ojo sagte, er würde mir gern etwas erzählen, was er noch niemandem erzählt habe. Ich schaute ihn an. El Ojos Blick ruhte auf dem gefliesten Weg, der sich über den Platz schlängelte. Ich fragte, um was es ginge. Um eine Reise, erwiderte er prompt. Und was ist auf der Reise passiert?, fragte ich. Da blieb El Ojo stehen, und für eine Weile schien er nur zu existieren, um die Wipfel der hohen deutschen Bäume und die Bruchstücke von Himmel und Wolken zu betrachten, die schweigend über ihnen wirbelten.

Etwas Schreckliches, sagte El Ojo. Erinnerst du dich an ein Gespräch, das wir vor meiner Abreise aus Mexiko im La Habana hatten? Ja, sagte ich. Habe ich dir gesagt, dass ich gay bin?, fragte El Ojo. Du hast gesagt, du seiest schwul, sagte ich. Setzen wir uns, sagte El Ojo.

Ich würde schwören, dass ich sah, wie er auf derselben Bank wie vorhin Platz nahm, als wäre ich noch nicht da, als hätte ich noch nicht begonnen, den Platz zu überqueren, und er würde auf mich warten, über sein Leben nachdenken und über die Geschichte, die das Schicksal oder der Zufall ihn mir zu erzählen zwangen. Er schlug den Mantelkragen hoch und begann zu sprechen. Ich zündete mir eine Zigarette an und blieb stehen. El Ojos Geschichte spielte in Indien. Sein Beruf, nicht seine touristische Neugier, hatte ihn dorthin geführt, wo er zwei Arbeiten zu erledigen hatte. Die erste war die typische Großstadtreportage, eine Mischung aus Marguerite Duras und Hermann Hesse, El Ojo und ich lächelten, es gibt solche Leute, sagte er, Leute, die Indien irgendwo zwischen *India Song* und *Siddharta* angesiedelt sehen wollen, und man muss es den Verlagen recht machen. Also setzte sich die erste Reportage aus Bildern zusammen, auf denen man Häuser im Kolonialstil sah, verwilderte Gärten, unterschiedlichste Restaurants, vorzugsweise heruntergekommene Restaurants oder Restaurants für Familien, die heruntergekommen wirkten, aber bloß indisch waren, auch Fotos von Randgebieten, den wirklich armen Gegenden, und dann das Land und die Verkehrswege, Straßen, Umsteigebahnhöfe, Autobusse und Züge auf dem Weg in die Stadt oder aus ihr hinaus, nicht zu vergessen die wie in einem Schwebezustand, einem Winterschlaf befindliche Natur, nicht zu vergleichen mit dem westlichen Winterschlaf, Bäume, die ganz anders waren als europäische Bäume, Flüsse und Bäche, bestellte oder verdorrte Felder, das Territorium der Heiligen, sagte El Ojo.

Die zweite Reportage galt dem Rotlichtviertel einer indischen Stadt, deren Namen ich nie erfahren werde.

Hier beginnt El Ojos eigentliche Geschichte. Damals lebte er noch in Paris, und seine Fotos sollten den Text eines bekannten französischen Schriftstellers illustrieren, der sich auf die Unterwelt der Prostitution spezialisiert hatte. Tatsächlich war seine Reportage nur die erste einer Reihe, die Vergnügungs- und Rotlichtviertel überall auf der Welt dokumentieren sollte, jedes Mal von einem anderen Fotografen fotografiert, aber alle vom selben Autor kommentiert.

Ich weiß nicht, in welche Stadt El Ojo fuhr, vielleicht nach Bombay, Kalkutta, vielleicht auch nach Benares oder Madras, ich erinnere mich, dass ich ihn fragte und er meine Frage überhörte. Auf jeden Fall kam er allein nach Indien, da der französische Schriftsteller seine Chronik schon geschrieben hatte und er sie nur illustrieren sollte, und er fuhr in die Viertel, die der Text des Franzosen ansprach, und begann zu fotografieren. Seinen Plänen – und denen seiner Verlage – zufolge sollte die Arbeit und also der Aufenthalt in Indien nicht länger als eine Woche dauern. Er bezog ein Hotel in einer ruhigen Gegend, ein Zimmer mit Klimaanlage und einem Fenster, das auf einen Hof ging, der nicht zum Hotel gehörte, in dem zwei Bäume standen und zwischen den Bäumen ein Brunnen plätscherte und wo auf einer halben Terrasse manchmal zwei Frauen erschienen, denen mehrere Kinder nachliefen oder vorauseilten. Die Frauen waren indisch gekleidet oder was El Ojo für indisch hielt, aber die Jungen sah er einmal sogar mit Krawatte. Abends begab er sich ins Rotlichtviertel und machte Fotos und plauderte mit den Nutten, von denen einige blutjung und bildhübsch waren, andere schon älter oder verblühter, mit der Miene skeptischer, ein wenig geschwätziger Matronen. Den Geruch, der ihm anfangs eher unangenehm war, begann er zu mögen. Die Zuhälter (viele traf er nicht) waren liebenswürdig und versuchten, sich wie westliche Zuhälter zu gebärden, vielleicht (doch das träumte er später in seinem klimatisierten Hotelzimmer) waren es aber auch die westlichen Zuhälter, die das Gebaren der indischen übernommen hatten.

Eines Nachmittags lud man ihn ein, mit einer der Nutten der körperlichen Liebe zu frönen. Höflich lehnte er ab. Der Zuhälter verstand auf der Stelle, dass El Ojo homosexuell war, und am folgenden Abend brachte er ihn in ein Bordell junger Schwuler. An diesem Abend erkrankte El Ojo. Ich war bereits tief in Indien und hatte es nicht gemerkt, sagte er und starrte in die Schatten des Berliner Parks. Was hast du gemacht?, fragte ich. Nichts. Ich habe geschaut und gelächelt. Und nichts gemacht. Dann kam einer der Jungen auf die Idee, dass es dem Besucher gefallen könnte, eine andere Art Etablissement zu besuchen. Das erschloss El Ojo nur, denn untereinander sprachen sie kein Englisch. Sie verließen also das Haus und liefen durch enge Gassen, bis sie zu einem Haus mit kleiner Fassade kamen, dessen Inneres jedoch ein Labyrinth aus Gängen und winzigen Zimmerchen und Schatten war, aus denen hin und wieder ein Altar oder ein Gebetraum hervorstach.

In einigen Teilen Indiens ist es Sitte, sagte El Ojo und schaute zu Boden, einer Gottheit, an deren Namen ich mich nicht erinnere, einen Knaben darzubringen. Etwas unglücklich impulsiv machte ich ihn darauf aufmerksam, dass er sich nicht nur nicht an den Namen der Gottheit, sondern auch nicht an den der Stadt oder irgendeiner der beteiligten Personen erinnern könne. El Ojo sah mich an und lächelte. Ich versuche zu vergessen, sagte er.

In diesem Moment befürchtete ich das Schlimmste und setzte mich neben ihn, und eine Weile saßen wir so da, hatten unsere Mantelkragen hochgeschlagen und schwiegen. Man bietet diesem Gott einen Knaben dar, nahm er seine Erzählung wieder auf, nachdem er den im Halbschatten liegenden Platz mit den Augen abgesucht hatte, als fürchtete er die Anwesenheit eines Unbekannten, und für eine Dauer, die ich nicht einzuschätzen vermag, verkörpert der Knabe den Gott. Es kann eine Woche sein, während der Dauer der Prozession, ein Monat, ein Jahr, ich weiß es nicht. Es handelt sich um ein barbarisches Fest, das, obwohl von den Gesetzen der Republik Indien verboten, weiterhin gefeiert wird. Im Verlauf des Festes wird der Knabe mit Geschenken überhäuft, die seine in der Regel armen Eltern glücklich und dankbar entgegennehmen. Nach Beendigung des Festes wird der Knabe in sein Haus oder in das Dreckloch zurückgeschickt, aus dem er gekommen war und nach einem Jahr beginnt alles von vorn.

Die Feierlichkeiten erinnern an ein lateinamerikanisches Pilgerfest, nur fröhlicher vielleicht, turbulenter, und wahrscheinlich ist die Intensität der Mitwirkenden, derer, die wissen, dass sie Mitwirkende sind, größer. Mit einem einzigen Unterschied. Einige Tage vor Beginn des Festes wird der Knabe kastriert. Der Gott, der sich in ihm während der Feierlichkeiten verkörpert, verlangt einen Männerkörper – wenngleich die Knaben in der Regel nicht älter als sieben sind –, ohne den Makel der männlichen Attribute. Weshalb die Eltern ihn den Ärzten des Festes oder den Barbieren des Festes oder den Priestern des Festes übergeben, die ihn daraufhin entmannen, und wenn sich der Knabe von der Operation erholt hat, beginnt die große Feier. Wochen oder Monate später, wenn alles vorbei ist, kehrt der Junge nach Hause zurück, aber jetzt ist er ein Kastrat, und die Eltern verstoßen ihn. Der Junge endet dann in einem Bordell. Es gibt sie in allen Arten, sagte El Ojo seufzend. Mich brachten sie an jenem Abend in das schlimmste von allen.

Eine Zeitlang sagte keiner ein Wort. Ich zündete mir eine Zigarette an. Dann beschrieb El Ojo mir das Bordell, und es schien, als beschriebe er ein Kloster. Überdachte Innenhöfe. Offene Galerien. Zellen, in denen Menschen, für dich unsichtbar, alle deine Bewegungen verfolgen. Sie brachten ihm einen jungen Kastraten, der nicht älter als zehn gewesen sein dürfte. Er wirkte wie ein verängstigtes Mädchen, sagte El Ojo. Verängstigt und spöttisch *zugleich*. Kannst du das verstehen? Ich versuche, es mir vorzustellen. Wieder schwiegen wir. Als ich schließlich wieder sprechen konnte, sagte ich, nein, ich könne es mir nicht vorstellen. Ich auch nicht, sagte El Ojo. Niemand kann sich eine Vorstellung davon machen. Weder das Opfer noch die Henker oder die Zuschauer. Nur ein Foto.

Hast du ein Foto von ihm gemacht?, sagte ich. Mir schien, als werde El Ojo von einem Schüttelfrost gepackt. Ich holte meine Kamera heraus und machte ein Foto von ihm. Ich wusste, dass ich mich damit für alle Ewigkeit verdammte, aber ich tat es.

Ich weiß nicht, wie lange wir schweigend dasaßen. Ich weiß, dass es kalt war, denn irgendwann fing ich an zu zittern. Ich hörte El Ojo neben mir ein paarmal schluchzen, vermied es aber, ihn anzusehen. Ich sah die Scheinwerfer eines Autos, das auf einer an den Platz angrenzenden Straße vorbeifuhr. Durch das Laub sah ich, wie in einem Fenster das Licht anging.

Dann sprach El Ojo weiter. Er sagte, der Junge habe ihn angelächelt und sei daraufhin durch einen der Flure des unbegreiflichen Hauses sanft entschwunden. Irgendwann schlug ihm einer der Zuhälter vor zu gehen, wenn es nichts gäbe, was ihm zusagte. El Ojo lehnte ab. Er konnte nicht gehen. Er sagte das so: Ich kann noch nicht gehen. Und das stimmte, obwohl er nicht wusste, was genau ihn daran hinderte, diese Höhle für immer zu verlassen. Der Zuhälter jedoch verstand ihn, und man bestellte Tee oder etwas Ähnliches. El Ojo erinnert sich, dass sie sich auf den Boden setzten, auf zerschlissene Matten oder Läufer. Ein paar Kerzen spendeten Licht. An der Wand hing ein Poster mit dem Bild des Gottes. Eine Weile lang betrachtete El Ojo den Gott, und fühlte sich eingeschüchtert, aber dann empfand er so etwas wie Wut, vielleicht auch wie Hass.

Ich habe nie jemanden gehasst, sagte er, während er sich eine Zigarette anzündete und den ersten Rauch in die Berliner Nacht entließ.

Während El Ojo noch das Bild des Gottes betrachtete, verschwanden irgendwann seine Begleiter. Er blieb allein mit einem jungen Stricher von vielleicht zwanzig Jahren, der englisch sprach. Und dann tauchte auf ein Händeklatschen der Junge wieder auf. Ich weinte oder glaubte zu weinen oder der arme Stricher glaubte, ich würde weinen, aber nichts davon stimmte. Ich versuchte, ein Lächeln im Gesicht zu behalten (einem Gesicht, das mir schon nicht mehr gehörte, das sich von mir entfernte wie ein Blatt, das der Wind losgerissen hatte), aber in meinem Innern arbeitete es fieberhaft. Nicht an einem Plan oder einer irgendwie gearteten Gerechtigkeit, sondern an einem Entschluss.

Und daraufhin erhoben sich El Ojo, der Stricher und der Junge und liefen durch einen schummrigen Flur (neben El Ojo lief der Junge, der ihn anschaute, ihn anlächelte, und auch der Stricher lächelte, und El Ojo nickte und verteilte wahllos Münzen und Scheine), bis sie zu einem Zimmer kamen, in dem der Arzt schlief und neben ihm ein weiterer Junge, dessen Haut noch dunkler war als die des kastrierten Jungen, und jünger als dieser, vielleicht sechs oder sieben, und El Ojo hörte sich die Erklärungen des Arztes oder Barbiers oder Priesters an, weitschweifige Erklärungen, in denen von Tradition, Volksfesten, Privilegien, Kommunion, Rausch und Heiligkeit die Rede war, und konnte die chirurgischen Instrumente sehen, mit denen der Junge am frühen Morgen oder am Morgen des darauffolgenden Tages kastriert werden sollte, jedenfalls war der Junge, soviel konnte er verstehen, an diesem Tag im Tempel oder Bordell eingetroffen, eine vorsorgliche, eine hygienische Maßnahme, und hatte gut gegessen, als verkörpere er bereits die Gottheit, obwohl das, was El Ojo sah, ein Junge war, der zwischen Schlafen und Wachen weinte, und er sah auch den halb vergnügten, halb verängstigten Blick des kastrierten Jungen, der nicht von seiner Seite wich. Und dann verwandelte sich El Ojo in etwas anderes, obwohl er nicht »etwas anderes« sagte, sondern »Mutter«.

Er sagte Mutter und seufzte. Endlich. Mutter.

Was dann folgte, ist die vielgesungene, alte Leier der Gewalt, der wir nicht ausweichen können. Das Schicksal der in den fünfziger Jahren geborenen Lateinamerikaner. Natürlich versuchte es El Ojo nicht sehr überzeugend mit Dialog, Bestechung, Drohungen. Sicher ist nur, dass es zu Gewalttätigkeiten kam und er kurz darauf die Straßen des Viertels hinter sich ließ, als würde er träumen und in Strömen schwitzen. Lebhaft erinnert er sich an das immer größere Gefühl freudiger Erregung, dass sich in ihm breitmachte, eine Freude, die gefährliche Ähnlichkeit mit Hellsicht hatte, aber keine Hellsicht war (und keine sein *konnte*). Auch: die Schatten, die sein Körper und die der Jungen, die er an der Hand führte, auf die maroden Mauern warfen. An jedem anderen Ort hätte er Aufsehen erregt. Hier und um diese Zeit achtete niemand auf ihn.

Der Rest ist weniger eine Geschichte oder eine Handlung als eine Reiseroute. El Ojo kehrte ins Hotel zurück, packte seinen Koffer und brach mit den Jungen auf. Zuerst im Taxi in ein Dorf oder einen Außenbezirk. Von dort im Bus in ein anderes Dorf, wo sie einen weiteren Bus nahmen, der sie in ein wieder anderes Dorf brachte. An irgendeinem Punkt ihrer Flucht stiegen sie in einen Zug und fuhren die ganze Nacht und einen halben Tag. El Ojo erinnerte sich an die Gesichter der Jungen, die durchs Fenster eine Landschaft betrachteten, die das Morgenlicht aushöhlte, als wenn nichts jemals wirklich gewesen wäre, außer dem, was sich demütig und erhaben im Fensterausschnitt dieses geheimnisvollen Zuges darbot.

Anschließend nahmen sie wieder einen Bus, ein Taxi, noch einen Bus, noch einen Zug, wir fuhren sogar per Anhalter, sagte El Ojo, während er die Berliner Bäume betrachtete, eigentlich aber die Silhouetten unbenennbarer, unmöglicher anderer Bäume, bis sie endlich in einem Dorf irgendwo in Indien haltmachten, eine Wohnung mieteten und ausruhten.

Nach zwei Monaten hatte El Ojo kein Geld mehr und ging in ein anderes Dorf, von wo aus er einen Brief an seinen damaligen Freund in Paris schrieb. Innerhalb von zwei Wochen erhielt er eine Banküberweisung, und um sie einzulösen, musste er in eine größere Ortschaft fahren, die nicht die war, von der aus er den Brief geschickt hatte, schon gar nicht das Dorf, in dem er lebte. Den Jungen ging es gut. Sie spielten mit anderen Kindern, gingen nicht zur Schule und kamen manchmal mit Essen nach Hause, Gemüse, das ihnen die Nachbarn schenkten. Ihn nannten sie nicht Vater, wie er ihnen aus Sicherheitsgründen vorgeschlagen hatte, um nicht die Aufmerksamkeit Neugieriger auf sich zu lenken, sondern El Ojo, so wie wir alle. Den Dorfbewohnern gegenüber behauptete er jedoch, es seien seine Söhne. Er verbreitete die Version, dass die indische Mutter vor kurzem gestorben sei und er nicht nach Europa zurückkehren wolle. Die Geschichte klang wahr. In El Ojos Albträumen allerdings tauchte mitten in der Nacht die indische Polizei auf und nahm ihn unter erniedrigenden Anschuldigungen fest. Er erwachte regelmäßig zitternd. Dann beugte er sich über die Matten, auf denen die Jungen schliefen, und ihr Anblick gab ihm Kraft, weiterzumachen, zu schlafen, morgens aufzustehen.

Er begann mit Gemüseanbau. Er bestellte einen kleinen Garten und arbeitete gelegentlich für die reichen Bauern des Dorfes. Die reichen Bauern waren natürlich in Wirklichkeit arme Bauern, aber weniger arm als die anderen. Die übrige Zeit verbrachte er damit, den Jungen Englisch und etwas Mathematik beizubringen und ihnen beim Spielen zuzusehen. Untereinander sprachen sie in einer unverständlichen Sprache. Manchmal sah er sie ihr Spiel unterbrechen und querfeldein gehen, als würden sie plötzlich schlafwandeln. Er schrie hinter ihnen her. Manchmal taten die Jungen so, als hörten sie ihn nicht, und gingen weiter, bis sie außer Sicht waren. Andere Male wandten sie den Kopf und lächelten.

Wie lange warst du in Indien?, fragte ich beunruhigt.

Anderthalb Jahre, sagte El Ojo, obwohl er es nicht ganz genau wusste.

Einmal kam sein Pariser Freund in das Dorf. Er liebte mich noch immer, sagte El Ojo, obwohl er in meiner Abwesenheit begonnen hatte, mit einem algerischen Renault-Arbeiter zusammenzuleben. Er lachte, nachdem er das gesagt hatte. Ich lachte auch. Alles war so traurig. Sein Freund, der in einem mit rötlichem Staub überzogenen Taxi ins Dorf kam, die Jungen, die im trockenen Buschwerk hinter einem Insekt herliefen, der Wind, der gute und schlechte Nachrichten heranzutragen schien.

Trotz der Bitten des Franzosen kehrte er nicht nach Paris zurück. Monate später erhielt er von ihm einen Brief, in dem er mitteilte, dass die indische Polizei nicht nach ihm suche. Offenbar hatten die Leute vom Bordell keinerlei Anzeige erstattet. Die Nachricht änderte nichts daran, dass El Ojo weiter unter Albträumen litt, nur die Kleidung der Personen, die ihn festnahmen und demütigten, änderte sich: aus den Polizisten wurden Büttel der Sekte des kastrierten Gottes. Das Ende war noch furchtbarer, wie mir El Ojo gestand, aber ich hatte mich schon an die Albträume gewöhnt und wusste irgendwie immer, dass ich mich im Innern eines Traums befand, dass das nicht die Wirklichkeit war.

Dann kam die Krankheit ins Dorf, und die Jungen starben. Ich wollte auch sterben, sagte El Ojo, aber dieses Glück war mir nicht vergönnt.

Nach seiner Genesung in einer Hütte, die jeden Tag der Regen zerstörte, verließ El Ojo das Dorf und kehrte in die Stadt zurück, in der er seine Söhne kennengelernt hatte. Mit verhaltener Überraschung stellte er fest, dass sie so weit nicht entfernt lag, die Flucht war spiralförmig verlaufen, und die Rückkehr nahm wenig Zeit in Anspruch. Eines Abends, der Abend seiner Ankunft in der Stadt, suchte er das Bordell auf, in dem die Knaben kastriert wurden. Seine Zimmer hatten sich in Wohnungen verwandelt, in denen ganze Familien lebten. In den Fluren, die er düster und verlassen in Erinnerung hatte, wimmelte es jetzt von Kindern, die kaum laufen konnten, und Alten, die sich kaum noch bewegen konnten und sich vorwärtsschleppten. Ihm erschien es wie ein Bild vom Paradies.

In jener Nacht, als er ins Hotel zurückkehrte und nicht aufhören konnte zu weinen, über seine Söhne, über die Knaben, die kastriert worden waren und die er nicht kennengelernt hatte, über ihre verlorene Jugend, über alle Jungen, die nicht mehr jung waren, und über die Jungen, die jung gestorben waren, über die, die für Salvador Allende gekämpft hatten, und die, die sich nicht getraut hatten, für Salvador Allende zu kämpfen, rief er seinen französischen Freund an, der jetzt mit einem ehemaligen bulgarischen Gewichtheber zusammenlebte, und bat, er möge ihm ein Flugticket schicken und etwas Geld, um die Hotelrechnung zu bezahlen.

Und sein französischer Freund sagte, ja natürlich, das mache er sofort, und fragte noch, was ist das für ein Geräusch?, weinst du?, und El Ojo sagte ja, er könne nicht aufhören zu weinen, er wisse nicht, was mit ihm los sei, er weine schon seit Stunden. Und sein französischer Freund riet ihm, sich zu beruhigen. Und El Ojo lachte unter Tränen und sagte, das werde er tun, und legte auf. Und weinte dann weiter, ununterbrochen.

GÓMEZ PALACIO

Nach Gómez Palacio fuhr ich in einer der schlimmsten Phasen meines Lebens. Ich war dreiundzwanzig und wusste, meine Tage in Mexiko waren gezählt.

Mein Freund Montero, der für das Kulturinstitut Bellas Artes arbeitete, besorgte mir einen Job in der Literaturwerkstatt von Gómez Palacio, einer Stadt mit einem grauenhaften Namen. Mit dem Job verbunden war, gewissermaßen als sanfter und angenehmer Einstieg in die Materie, eine Tournee durch die von Bellas Artes in dem Gebiet ausgesäten Werkstätten. Erst mal Urlaub im Norden, sagte Montero, dann machst du diese Arbeit in Gómez Palacio und vergisst alles. Keine Ahnung, warum ich zusagte. Ich wusste, ich würde mich unter keinen Umständen in Gómez Palacio niederlassen, wusste, ich würde keine Literaturwerkstatt in irgendeinem gottverlassenen Kaff im Norden Mexikos leiten.

Eines Morgens verließ ich DF in einem überfüllten Bus und begann meine Tournee. Ich war in San Luis Potosí, in Aguascaliente, in Guanajuato, in León, dies in ungeordneter Reihenfolge, keine Ahnung, in welcher Stadt ich zuerst war und wie viele Tage ich verbrachte. Später war ich in Torreón und in Saltillo. Und war in Durango.

Schließlich kam ich nach Gómez Palacio, besuchte die Einrichtungen von Bellas Artes und lernte die kennen, die meine Schüler sein sollten. Obwohl es so heiß war, zitterte ich die ganze Zeit. Die Direktorin, eine mollige Frau mittleren Alters mit vorquellenden Augen, die ein weites Kleid trug, das mit fast allen Blumen des Bundesstaates bedruckt war, brachte mich außerhalb in einem

Motel unter, in einem entsetzlichen Motel unmittelbar an einer Schnellstraße, die nirgendwohin führte.

Am Vormittag kam sie mich persönlich abholen. Sie hatte einen riesigen hellblauen Schlitten, mit dem sie vielleicht ein bisschen waghalsig herumkurvte, doch letztlich konnte man nicht behaupten, dass sie schlecht fuhr. Der Wagen war eine Automatik, und sie reichte mit den Füßen kaum an die Pedale. Unser erstes Ziel war immer eine Autoraststätte, die man von meinem Motel aus in der Ferne sehen konnte, eine rötliche Beule am gelbblauen Horizont, wo wir ein paar Gläser Orangensaft und mexikanisches Rührei bestellten, gefolgt von mehreren Tassen Kaffee, wofür die Direktorin mit Bons von Bellas Artes bezahlte (vermute ich), nie mit Geld.

Sie lehnte sich dann im Stuhl zurück und erzählte von ihrem Leben in jener Stadt im Norden, von ihren Gedichten, die sie in einem kleinen, von Bellas Artes im Bundesstaat finanzierten Verlag veröffentlicht hatte, und von ihrem Mann, dem für den Beruf einer Dichterin und die daraus resultierenden Schmerzen das Verständnis fehlte. Während sie sprach, rauchte ich eine Bali nach der anderen, schaute durchs Fenster auf die Straße und dachte, was für ein Desaster mein Leben doch war. Anschließend stiegen wir wieder in ihr Auto und fuhren zum Sitz von Bellas Artes in Gómez Palacio, einem zweistöckigen Gebäude ohne jeden Reiz, außer einem Innenhof mit nur drei Bäumen und einem verwilderten oder halbherzig gepflegten Garten, in dem die Jugendlichen, die hier Unterricht in Malerei, Musik und Literatur nahmen, wie Zombies herumwuselten. Beim ersten Mal achtete ich fast gar nicht auf den Hof. Beim zweiten Mal fing ich an zu zittern. Das ist doch alles sinnlos, dachte ich, aber im Grunde wusste ich, dass es einen Sinn hatte, und dieser Sinn war es, was mir das Herz zerriss, um einen etwas übertriebenen Ausdruck zu verwenden, den ich jedoch nicht übertrieben fand. Vielleicht verwechselte ich damals Sinn mit Notwendigkeit. Vielleicht war ich bloß nervös.

In den Nächten fand ich nur mühsam Schlaf. Ich hatte Albträume. Bevor ich ins Bett ging, versicherte ich mich, dass die Türen und Fenster meines Zimmers hermetisch verschlossen waren. Der Mund trocknete mir aus, und die einzige Lösung bestand darin, Wasser zu trinken. Ich stand regelmäßig auf und ging ins Bad, um mir ein Glas Wasser zu holen. Und da ich nun schon auf war, nutzte ich die Gelegenheit, um nachzuschauen, ob ich Tür und Fenster richtig zugemacht hatte. Manchmal vergaß ich meine Ängste, lehnte mich ans Fenster und betrachtete die nächtliche Wüste. Dann ging ich zurück ins Bett und schloss die Augen, aber da ich so viel Wasser getrunken hatte, stand ich schon bald wieder auf, diesmal um zu pinkeln. Und da ich nun schon auf war, überprüfte ich erneut die Schlösser des Zimmers und stand wieder reglos da und lauschte den fernen Geräuschen der Wüste (gedämpfter Motorenlärm, Autos, die nach Norden oder Süden fuhren) und betrachtete die Nacht jenseits des Fensters. Bis der Morgen graute, dann endlich konnte ich ein paar Stunden am Stück schlafen, zwei oder drei, wenn es hoch kam.

Eines Morgens beim Frühstück fragte mich die Direktorin nach der Farbe meiner Augen. Sie sind so, weil ich wenig schlafe, sagte ich. Ja, sie sind gerötet, sagte sie und wechselte das Thema. Am Nachmittag, als sie mich zurück zum Motel brachte, fragte sie mich, ob ich mal für eine Weile ans Steuer wolle. Ich kann nicht fahren, sagte ich. Sie lachte und hielt am Straßenrand. Ein Kühlwagen fuhr an uns vorbei. In blauen Großbuchstaben auf weißem Grund las ich: FLEISCH DER WITWE PADILLA. Er kam aus Monterrey, und der Fahrer betrachtete uns mit einem Interesse, das mir unangemessen erschien. Die Direktorin öffnete ihre Tür und stieg aus. Setz dich auf den Fahrersitz, sagte sie. Ich gehorchte. Während ich das Lenkrad packte, sah ich, wie sie hinten um das Auto herumging. Dann setzte sie sich auf den Beifahrersitz und befahl mir loszufahren.

Eine ganze Weile folgte ich dem grauen Band, das Gómez Palacio mit meinem Motel verband. Als wir es erreichten, hielt ich nicht an. Ich schaute zur Direktorin hinüber, lächelte, es störte sie nicht, dass ich einfach weiterfuhr. Anfangs betrachteten wir beide schweigend die Straße. Als wir das Motel hinter uns gelassen hatten, sprach sie von ihren Gedichten, ihrer Arbeit und ihrem wenig verständnisvollen Ehemann. Als ihr die Worte ausgingen, schaltete sie das Autoradio an und legte eine Kassette mit einer Ranchera-Sängerin ein. Sie hatte eine traurige Stimme und war dem Orchester immer ein paar Noten voraus. Sie ist meine Freundin. Ich hatte sie nicht verstanden. Wie bitte?, fragte ich. Ich bin eine enge Freundin der Sängerin, sagte die Direktorin. Ah. Sie ist aus Durango, sagte sie. Da bist du schon gewesen, oder? Ja, ich bin in Durango gewesen, sagte ich. Und wie sind die Literatur-Workshops dort? Schlechter als hier, sagte ich aus Höflichkeit, obwohl sie es nicht so aufzufassen schien. Sie ist aus Durango, lebt aber in Ciudad Juárez, sagte sie. Manchmal, wenn sie in ihre Geburtsstadt fährt, um ihre Mutter zu besuchen, ruft sie mich an, und ich mache mich frei, so gut ich kann, und verbringe ein paar Tage mit ihr in Durango. Wie schön, sagte ich, ohne den Blick von der Straße zu wenden. ich wohne dann bei ihr, im Haus ihrer Mutter, sagte die Direktorin. Wir schlafen zu zweit in ihrem Zimmer und reden stundenlang und hören Platten. Von Zeit zu Zeit geht irgendeine von beiden in die Küche und kocht ein Kaffeechen. Ich bringe in der Regel Gebäck von La Regalada mit, ihr Lieblingsgebäck. Und wir trinken Kaffee und essen Kekse. Wir kennen uns, seit wir fünfzehn sind. Sie ist meine beste Freundin.

Am Horizont sah ich einige niedrige Berge, zwischen denen sich die Straße verlor. Im Osten zog die Nacht herauf. Welche Farbe hat die Wüste nachts?, hatte ich mich vor Tagen im Motel gefragt. Es war eine rhetorische und dumme Frage, in die ich meine Zukunft mit einschloss, oder vielleicht nicht meine Zukunft, sondern meine Fähigkeit, den Schmerz zu ertragen, den ich empfand. Eines Nachmittags fragte mich ein Junge in der Literaturwerkstatt von Gómez Palacio, warum ich Gedichte schriebe und wie lange ich das zu tun gedächte. Die Direktorin war nicht anwesend. Die Werkstatt hatte fünf Teilnehmer, die fünf einzigen Schüler, vier Jungen und ein Mädchen. Zwei der Jungs waren äußerst ärmlich gekleidet.

Das Mädchen war klein und dünn, ihr Kleid ziemlich gewöhnlich. Der Fragesteller hätte an der Universität studieren müssen, aber stattdessen schuftete er als Arbeiter in einer Seifenfabrik, der größten (und wahrscheinlich einzigen) des Bundesstaates. Ein zweiter Junge war Kellner in einem italienischen Restaurant. Die anderen beiden besuchten die Oberstufe, und das Mädchen ging weder zur Schule noch zur Arbeit.

Aus purem Zufall, antwortete ich. Eine Zeitlang sagte keiner von uns sechs etwas. Ich erwog die Möglichkeit, in Gómez Palacio zu arbeiten, für immer hier zu leben. Im Hof hatte ich zwei Teilnehmerinnen der Malereiwerkstatt gesehen, die ich schön fand. Mit etwas Glück könnte ich eine der beiden heiraten. Die schönere der beiden schien mir auch die konventionellere. Ich stellte mir eine lange und komplizierte Verlobungszeit vor. Ich stellte mir ein dunkles, kühles Haus und einen Garten voller Pflanzen vor. Und bis wann gedenken Sie zu schreiben?, fragte der Junge, der Seife herstellte. Ich hätte alles Mögliche antworten können. Ich entschied mich für das Einfachste: Ich weiß es nicht. Und du? Ich habe angefangen zu schreiben, weil die Dichtung mich freier macht, Meister, und ich werde nie damit aufhören, sagte er mit einem Lächeln, das seinen Stolz und seine Entschlossenheit kaum zu verbergen vermochte. Die Antwort litt an Vagheit, an deklamatorischem Ehrgeiz. Hinter dieser Antwort, jedoch, sah ich den Seifenarbeiter nicht, wie er jetzt war, sondern wie er gewesen war, als er fünfzehn oder vielleicht zwölf Jahre alt war, sah ihn, wie er Vorstadtstraßen von Gómez Palacio entlanglief, unter einem Himmel, der einem Geröllfeld ähnelte. Ich sah auch seine Mitstreiter: Es schien mir ausgeschlossen, dass sie überleben sollten. Was trotz allem das Natürlichste von der Welt war.

Anschließend lasen wir Gedichte. Wer als Einzige von ihnen etwas Talent besaß, war das Mädchen. Aber ganz sicher war ich mir bei nichts mehr. Als wir hinausgingen, erwartete mich die Direktorin zusammen mit zwei Typen, die sich als Beamte des Bundesstaates Durango herausstellten. Warum, weiß ich nicht, ich dachte, sie seien Polizisten und gekommen, mich festzunehmen. Die Jugendlichen verabschiedeten sich von mir und gingen, das dünne Mädchen mit einem der Jungs und die übrigen drei allein. Ich sah sie durch einen Flur mit abblätternden Wänden gehen. Ich folgte ihnen bis zur Tür, als hätte ich vergessen, einem von ihnen etwas zu sagen. Dort sah ich, wie sie sich auf der Straße von Gómez Palacio in entgegengesetzten Richtungen entfernten.

Daraufhin sagte die Direktorin: Sie ist meine beste Freundin, und dann schwieg sie. Die Schnellstraße war nicht länger eine gerade Linie. Im Rückspiegel sah ich, wie sich hinter der Stadt, die wir verließen, eine riesige Mauer erhob. Ich brauchte eine Weile, um zu begreifen, dass es die Nacht war. Im Autoradio begann die Sängerin ein weiteres Lied zu trällern. Sie erzählte von einer gottverlassenen Siedlung im Norden Mexikos, in der alle glücklich waren, nur sie nicht. Mir schien, als würde die Direktorin weinen. Ein stummes, würdevolles, aber unbezähmbares Weinen. Feststellen konnte ich es allerdings nicht. Ich ließ die Straße keine Sekunde aus den Augen. Dann nahm sich die Direktorin ein Taschentuch und putzte sich die Nase. Schalten Sie die Scheinwerfer ein, sagte sie mit fast unhörbarer Stimme. Ich fuhr weiter.

Schalten Sie das Licht ein, wiederholte sie, und ohne eine Antwort abzuwarten, beugte sie sich zum Armaturenbrett und schaltete es selbst ein. Fahren Sie langsamer, sagte sie nach einer Weile mit festerer Stimme, während die Sängerin die letzten Takte ihres Liedes anstimmte. Ein sehr trauriges Lied, sagte ich, um etwas zu sagen.

Das Auto hielt am Straßenrand. Ich öffnete die Tür und stieg aus. Es war noch nicht richtig dunkel, aber auch nicht mehr Tag. Das Land um mich her, die Berge, in denen sich die Straße verlor, zeigten eine so intensive dunkelgelbe Farbe, wie ich es noch nirgends gesehen habe. Als würde dieses Licht (aber es war nicht Licht, es war Farbe) mit etwas schwanger gehen, von dem ich nicht wusste, was es war, das aber durchaus die Ewigkeit sein konnte. Es war mir peinlich, so etwas zu denken. Ich vertrat mir die Beine. Ein Wagen fuhr hupend an mir vorbei. Ich gab ihm mit Gesten zu verstehen, was er seine Mutter könne. Vielleicht nicht nur mit Gesten. Vielleicht schrie ich wirklich, fick deine Mutter, und der Fahrer sah oder hörte mich. Aber das ist, wie fast alles in dieser Geschichte, unwahrscheinlich. Wenn ich an ihn denke, sehe ich außerdem nur mein Bild, das in seinem Rückspiegel gefror, damals noch mit langen Haaren, dünn, mit Jeansjacke und einer viel zu großen Brille, einer ekelhaften Brille.

Der Wagen bremste ein paar Meter weiter vorn und hielt an. Niemand stieg aus, der Wagen fuhr auch nicht rückwärts, ich hörte ihn nicht noch einmal hupen, aber durch seine Anwesenheit schien sich der Raum, den wir jetzt irgendwie miteinander teilten, aufzublähen. Vorsichtig ging ich zur Direktorin hinüber. Sie kurbelte das Seitenfenster herunter und fragte mich, was passiert sei. Ihre Augen quollen stärker hervor denn je. Ich sagte, ich wisse es nicht. Es ist ein Mann, sagte sie, und rutschte hinüber auf den Fahrersitz. Ich nahm auf dem Sitz Platz, den sie freigemacht hatte. Er war warm und feucht, als hätte die Direktorin Fieber. Durch die Scheibe konnte ich die Silhouette eines Mannes sehen, den Nacken von jemandem, der wie wir mit den Augen der Linie der Straße folgte, die sich in Richtung Berge schlängelte.

Es ist mein Mann, sagte die Direktorin, ohne den haltenden Wagen aus dem Auge zu lassen, so als spräche sie mit sich selbst. Dann drehte sie die Kassette um und die Lautstärke auf. Meine Freundin ruft mich manchmal an, sagte sie, wenn sie eine Tournee durch unbekannte Städte macht. Einmal hat sie mich aus Ciudad Madero angerufen, hatte die ganze Nacht in einem Saal der Erdölgewerkschaft gesungen und rief mich um vier Uhr morgens an. Ein anderes Mal rief sie mich aus Reinosa an. Klingt gut, sagte ich. Nein, weder gut noch schlecht, sagte die Direktorin. Sie ruft einfach an. Manchmal hat sie dieses Bedürfnis. Wenn mein Mann abnimmt, legt sie auf.

Eine Weile lang sagte keiner von beiden etwas. Ich stellte mir den Mann der Direktorin vor, wie er den Hörer in der Hand hält. Er nimmt das Telefon ab, fragt, wer am Apparat sei, hört dann, wie am anderen Ende aufgelegt wird, und legt ebenfalls auf, fast wie eine Reflexbewegung. Ich fragte die Direktorin, ob sie wolle, dass ich aussteige und dem Fahrer des anderen Wagens etwas sage. Nein, nicht nötig, sagte sie. Mir schien das eine vernünftige Antwort, obwohl es in Wirklichkeit eine verrückte Antwort war. Ich fragte sie, was ihr Mann ihrer Meinung nach machen werde, wenn es denn wirklich ihr Mann sei. Er wird dort bleiben, bis wir wegfahren, sagte die Direktorin. Dann wäre es das Beste, wir würden sofort fahren, sagte ich. Die Direktorin schien in ihren Gedanken zu versinken, obwohl sie in Wirklichkeit, das ahnte ich sehr viel später, nur die Augen schloss und das Lied, das ihre Freundin aus Durango sang, bis zum buchstäblich letzten Tropfen in sich aufsog. Dann startete sie den Motor und fuhr langsam an, bis sie den wenige Meter vor uns haltenden Wagen passierte. Ich schaute durchs Seitenfenster. In diesem Moment drehte mir der Fahrer den Rücken zu und ich konnte sein Gesicht nicht sehen.

Bist du sicher, dass es dein Mann war?, fragte ich sie, als sich der Wagen erneut in Richtung Berge verlor. Nein, sagte die Direktorin und musste lachen. Ich glaube nicht. Auch ich musste lachen. Der Wagen sah ein bisschen aus wie seiner, sagte sie zwischen Lachkrämpfen, aber ich glaube nicht, dass er's war. Du glaubst es nur?, sagte ich. Es sei denn, er hat sein Nummernschild gewechselt, sagte die Direktorin. In diesem Moment begriff ich, dass alles nur ein Scherz gewesen war, und schloss die Augen. Dann kamen wir aus den Bergen heraus und hinein in die Wüste, in eine Ebene, durch die die Scheinwerfer der Autos fegten, die nach Norden oder in Richtung Gómez Palacio fuhren. Mittlerweile war es Nacht.

Schau, sagte die Direktorin, wir kommen jetzt zu einer Stelle, die sehr besonders ist. Das waren ihre Worte. Sehr besonders.

Ich wollte, dass du das siehst, sagte sie, für mich ist es das Schönste auf der Welt. Der Wagen bog von der Straße ab und hielt auf einer Art Rastplatz, in Wirklichkeit war es gar nichts, nur nackte Erde und genug Platz, um Lastwagen zu parken. In der Ferne glitzerten Lichter, die zu einem Dorf oder Restaurant gehören konnten. Wir stiegen nicht aus. Die Direktorin deutete auf einen ungewissen Punkt. Ein Stück Straße, das sich rund fünf Kilometer vor uns befinden musste, mehr oder weniger. Sie wischte sogar mit einem Tuch über die Windschutzscheibe, damit ich bessere Sicht hatte. Ich schaute: Ich sah Autoscheinwerfer, wegen der abdrehenden Lichtkegel war es vielleicht eine Kurve. Und dann sah ich die Wüste und sah einige grüne Formen. Hast du es gesehen?, fragte die Direktorin. Ja, Lichter, antwortete ich. Die Direktorin sah mich an: Ihre vorquellenden Augen glänzten wie sicherlich die Augen aller kleinen Tiere des Staates Durango in der unwirtlichen Umgebung von Gómez Palacio glänzen. Dann schaute ich wieder in die von ihr gewiesene Richtung: Erst sah ich nichts, nur Dunkelheit, das Glitzern jenes Dorfes oder Restaurants, dann fuhren ein paar Autos vorbei, und ihre Lichtgarben teilten den Raum mit nervenaufreibender Langsamkeit.

Eine nervenaufreibende Langsamkeit, die uns jedoch nicht mehr berührte.

Und dann sah ich, wie das Licht, Sekunden nachdem der Personenwagen oder Lastwagen die Stelle passiert hatte, zu sich selbst zurückkehrte und ins Schweben geriet, ein grünes Licht, das zu atmen schien, für einen Sekundenbruchteil lebendig und nachdenklich inmitten der Wüste, sämtlicher Fesseln ledig, ein Licht, das dem Meer glich, sich wie das Meer bewegte, aber die ganze Zerbrechlichkeit der Erde bewahrte, ein grünes, wundervolles, einsames Wogen, das irgendetwas in jener Kurve, eine Reklametafel, das Dach eines verlassenen Schuppens, riesige auf dem Boden ausgebreitete Plastikplanen, hervorrufen musste, aber das vor uns, in einiger Entfernung, wie ein Traum oder Wunder auftauchte, was letztlich ein und dasselbe ist.

Dann startete die Direktorin den Wagen, drehte, und wir fuhren zurück zum Motel.

Am nächsten Tag wollte ich nach DF zurück. Als wir beim Motel ankamen, stieg die Direktorin mit mir aus und begleitete mich ein

Stück. Bevor wir bei meinem Zimmer waren, gab sie mir die Hand und verabschiedete sich von mir. Du wirst meine Abschweifungen sicher nicht krumm nehmen, sagte sie, schließlich und endlich sind wir beide Leser von Gedichten. Ich war ihr dankbar, dass sie nicht gesagt hatte, dass wir beide Dichter wären. Als ich mein Zimmer betrat, schaltete ich das Licht ein, zog das Jackett aus, trank einen Schluck Wasser direkt aus dem Hahn. Dann trat ich ans Fenster. Auf dem Parkplatz des Motels stand noch immer ihr Wagen. Ich öffnete die Tür und ein Windstoß aus der Wüste traf mich voll im Gesicht. Das Auto war leer. Ein Stück weiter weg, an der Straße, sah ich die Direktorin mit ein wenig erhobenen Armen, als spräche sie mit der Luft oder als rezitierte sie oder als wäre sie wieder ein kleines Mädchen, das Statue spielte.

Ich schlief nicht gut. Als es Tag wurde, war wieder sie es, die mich abholen kam. Sie begleitete mich bis zur Busstation und sagte, wenn ich mich entschließen könnte, die Arbeit anzunehmen, wäre ich in der Werkstatt willkommen. Ich sagte, ich müsste es mir überlegen. Sie sagte, das sei gut so, man müsse sich alles gut überlegen. Dann sagte sie: Lass mich dich drücken. Ich beugte ich vor und umarmte sie. Mein Sitzplatz lag auf der anderen Gangseite, so dass ich nicht sah, wie sie abfuhr. Ich erinnere mich nur vage an ihre Gestalt, wie sie dort stand und auf den Bus oder vielleicht auf ihre Armbanduhr schaute. Dann musste ich mich setzen, weil andere Reisende durch den Gang kamen oder es sich auf den benachbarten Sitzen bequem machten, und als ich wieder hinschaute, war sie nicht mehr da.

LETZTE ABENDE AUF ERDEN

Die Situation ist folgende: B und B's Vater fahren nach Acapulco in den Urlaub. Sie brechen früh auf, um sechs Uhr morgens. In dieser Nacht schläft B in der Wohnung seines Vaters. Er hat keine Träume, wenn doch, vergisst er sie, sobald er aufwacht. Er hört seinen Vater im Bad. Er schaut durchs Fenster, es ist noch dunkel. B zieht sich an, ohne Licht zu machen. Als er aus dem Zimmer kommt, sitzt sein Vater am Tisch, liest eine Sportzeitung vom Vortag, und das Frühstück ist fertig. Kaffee und Spiegeleier auf mexikanische Art. B wünscht guten Morgen und geht ins Bad.

Der Wagen von B's Vater ist ein Ford Mustang, Baujahr 70. Um sechs Uhr dreißig steigen sie ein und verlassen langsam die Stadt. Die Stadt ist México DF, und das Jahr, in dem B und sein Vater sie für einen Kurzurlaub verlassen, ist das Jahr 1975.

Die Reise verläuft im Großen und Ganzen angenehm. Als sie DF verlassen, ist beiden, Vater und Sohn, kalt, aber als sie aus dem Tal herauskommen und dann allmählich hinunter in die wärmeren Regionen des Bundesstaates Guerrero kommen, setzt sich die Wärme durch, und sie müssen ihre Pullover ausziehen und die Fenster herunterkurbeln. Anfangs wird die Aufmerksamkeit von B, der zur Melancholie neigt (zumindest glaubt er das), ganz von der Landschaft in Anspruch genommen, aber mit der Zeit werden die Berge und Wälder eintönig, und B liest lieber ein Buch.

Bevor sie in Acapulco ankommen, hält B's Vater an einem Straßenstand. An dem Stand wird Leguan angeboten. Wollen wir mal probieren?, fragt B's Vater. Die Leguane sind lebendig und reagieren kaum, als B's Vater sich nähert und sie betrachtet. B, der am Kotflügel des Ford Mustang lehnt, beobachtet ihn. Ohne die Antwort abzuwarten, bestellt er je eine Portion für sich und seinen Sohn. Erst da setzt sich B in Bewegung. Er geht zu dem Essplatz im Freien, vier Tische unter einer Markise, die der schwache Wind kaum bewegt, und setzt sich an den am weitesten von der Straße entfernten Tisch. Zum Trinken bestellt B's Vater Bier. Beide tragen aufgeknöpfte Hemden mit aufgekrempelten Ärmeln. Beide tragen helle Hemden. Der Mann, der sie bedient, trägt dagegen ein schwarzes, langärmliges Hemd, und die Hitze scheint ihm nichts auszumachen.

Fahrt ihr nach Acapulco?, fragt der Mann. B's Vater nickt. Sie sind die einzigen Kunden am Stand. Auf der flimmernden Straße fahren die Autos vorbei und halten nicht an. B's Vater steht auf und begibt sich nach hinten. Im ersten Moment glaubt B, sein Vater gehe pinkeln, stellt dann aber fest, dass er in die Küche gegangen ist, um zuzuschauen, wie man den Leguan zubereitet. Schweigend folgt ihm der Mann. B hört sie sprechen. Erst spricht sein Vater, dann die Stimme des Mannes und zuletzt die einer Frau, die B nicht gesehen hat. Auf B's Stirn stehen Schweißperlen. Seine Brille ist feucht und verschmiert. Er nimmt sie ab und reinigt sie mit einem Hemdzipfel. Als er die Brille wieder aufsetzt, bemerkt er, dass sein Vater von der Küche aus zu ihm herüberschaut. Eigentlich sieht er nur das Gesicht seines Vaters und einen Teil seiner Schulter, der Rest bleibt hinter einem schwarz gepunkteten roten Vorhang verborgen, einem Vorhang, der B für Momente so vorkommt, als würde er nicht nur die Küche vom Speiseraum trennen, sondern eine Zeit von einer anderen.

Daraufhin wendet B den Blick ab und kehrt zu seinem Buch zurück, das offen auf dem Tisch liegt. Es ist ein Gedichtband. Eine Anthologie französischer Surrealisten, ins Spanische übersetzt von dem argentinischen Surrealisten Aldo Pellegrini. Seit zwei Tagen liest B darin. Es gefällt ihm. Ihm gefallen die Fotos der Dichter. Das Foto von Unik, das von Desnos, das von Artaud, das von Crevel. Das Buch ist voluminös und in transparente Plastikfolie eingeschlagen. Nicht B hat das getan (B schlägt seine Bücher nie ein), sondern ein besonders pingeliger Freund. B wendet also den Blick ab, schlägt das Buch an einer zufälligen Stelle auf und stößt auf Gui Rosey, das Foto von Gui Rosey, seine Gedichte, und als er das nächste Mal aufschaut, ist der Kopf seines Vaters verschwunden.

Es herrscht drückende Hitze. B würde liebend gern nach DF zurückkehren, aber er wird es nicht tun, zumindest nicht jetzt, das weiß er. Kurz darauf sitzt sein Vater neben ihm, und beide essen Leguan in scharfer Soße und trinken Bier. Der Mann im schwarzen Hemd hat ein Transistorradio eingeschaltet, und jetzt mischt sich eine irgendwie tropische Musik mit dem Rauschen der Bäume und den auf der Straße vorbeirauschenden Autos. Der Leguan schmeckt nach Hähnchen. Er ist zäher als Hähnchen, sagt B ohne große Überzeugung. Schmeckt köstlich, sagt sein Vater und bestellt noch eine Portion. Sie trinken Café de olla. Die Teller mit Leguan hat der Mann im schwarzen Hemd aufgetragen, aber den Kaffee bringt die Frau aus der Küche. Sie ist jung, fast so jung wie B, trägt weiße Shorts und eine gelbe Bluse, bedruckt mit weißen Blumen, Blumen, die B nicht identifizieren kann und die es vielleicht nicht gibt. Als sie Kaffee trinken, fühlt B sich unwohl, sagt aber nichts. Er raucht und betrachtet die Markise, die sich kaum bewegt, als hinge da noch vom letzten Gewitter ein dünner Wasserfaden. Aber das kann nicht sein, denkt B. Was siehst du da?, fragt sein Vater. Die Markise, sagt B. Sie ist wie eine Wasserader. Den letzten Satz sagt B nicht, sondern denkt ihn nur.

Bei Einbruch der Dämmerung erreichen sie Acapulco. Eine Zeitlang kurven sie durch die dem Meer zunächst gelegenen Straßen. Die Wagenfenster sind heruntergelassen und der Wind zerzaust ihnen das Haar. An einer Bar halten sie an und gehen hinein, etwas trinken. Diesmal bestellt B's Vater Tequila. B überlegt kurz. Bestellt dann auch Tequila. Die Bar ist modern und hat eine Klimaanlage. B's Vater unterhält sich mit dem Kellner, fragt nach Hotels in Strandnähe. Als sie zum Mustang zurückkehren, sieht man schon einige Sterne, und B's Vater wirkt zum bislang ersten Mal an diesem Tag müde. Trotzdem klappern sie noch einige Hotels ab, die ihnen aus dem einen oder anderen Grund nicht behagen, bis sie das Hotel ihrer Wahl finden. Es heißt La Brisa und ist klein, hat ein Schwimmbad und liegt vier Straßen vom Strand entfernt. B's Vater gefällt das Hotel. B gefällt es auch. Es ist Nachsaison, daher ist es fast leer und die Preise sind moderat. Das Zimmer, das man ihnen gibt, verfügt über zwei Einzelbetten und ein kleines Bad mit Dusche; das einzige Fenster geht auf den Innenhof des Hotels, wo sich das Schwimmbad befindet, und nicht zum Meer, wie B's Vater gewollt hätte. Die Klimaanlage funktioniert nicht, wie sich gleich herausstellt. Aber das Zimmer ist einigermaßen kühl, und sie beschweren sich nicht. Sie richten sich also ein, packen jeder ihren Koffer aus, verstauen die Kleider im Schrank, B deponiert seine Bücher auf dem Nachttisch, sie wechseln die Hemden, B's Vater geht kalt duschen, B wäscht sich nur das Gesicht, als sie fertig sind, brechen sie auf, um etwas zu Abend zu essen.

Am Empfang treffen sie auf einen klein gewachsenen Mann mit Hasenzähnen. Er ist jung und wirkt sympathisch, empfiehlt ihnen ein Restaurant in Hotelnähe. B's Vater fragt nach einem Lokal mit Unterhaltung. B versteht, worauf sein Vater anspielt. Der Mann vom Empfang versteht es nicht. Ein Animierlokal, sagt B's Vater. Ein Lokal, in dem man Frauen treffen kann, sagt B. Ah, sagt der Mann vom Empfang. Eine Weile stehen B und sein Vater unbeweglich da und sagen nichts. Der Mann vom Empfang geht in die Hocke, verschwindet hinter dem Tresen und kommt mit einem Kärtchen wieder zum Vorschein, das er B's Vater reicht. Dieser schaut darauf und fragt, ob es sich um ein vertrauenswürdiges Etablissement handelt, und zieht dann einen Schein aus der Brieftasche, den der Mann vom Empfang im Flug erhascht.

An diesem Abend kehren sie jedoch nach dem Essen gleich ins Hotel zurück.

Am nächsten Morgen wacht B sehr früh auf. Er duscht, ohne Lärm zu machen, putzt sich die Zähne, zieht die Badehose an und verlässt das Zimmer. Im Speisesaal des Hotels ist niemand, weshalb B beschließt, auswärts zu frühstücken. Die Straße führt vom Hotel schnurgerade hinunter zum Strand. Dort gibt es nur einen Jugendlichen, der Surfbretter vermietet. B fragt nach dem Preis für eine Stunde. Der Jugendliche nennt eine Zahl, die B angemessen findet, er mietet ein Brett und geht ins Meer. Dem Strand gegenüber liegt eine kleine Insel, und dorthin lenkt B sein Gefährt. Anfangs hat er seine Mühe, aber bald beherrscht er es gut. Um diese Zeit ist das Meer kristallklar, und bevor er die Insel erreicht, glaubt B unter seinem Brett rote Fische zu sehen, Fische von rund fünfzig Zentimeter Länge, die auf den Strand zu schwimmen, während er in Richtung Insel paddelt.

Für die Strecke zwischen Strand und Insel braucht er genau fünfzehn Minuten. B weiß es nicht, denn er trägt keine Uhr, und für ihn zieht sich die Zeit in die Länge. Die Fahrt vom Strand zur Insel dauert für sein Gefühl eine Ewigkeit. Und kurz bevor er ankommt, erschweren einige unerwartete Wellen das Anlanden am Strand, einem Strand, wo der Sand ein ganz anderer ist als am Strand des Hotels, wo er, vielleicht wegen der Tageszeit (aber das glaubt B eigentlich nicht), eine aus Gold- und Brauntönen gemischte Farbe zeigt, während er auf der Insel von einem strahlenden Weiß ist, das den Augen weh tut, wenn man länger hinschaut.

Daraufhin hört B auf zu paddeln und überlässt sich der Strömung, und die Wellen entfernen ihn allmählich von der Insel. Als er endlich reagiert, ist das Brett abgetrieben und schon wieder auf halbem Weg zwischen Insel und Strand. Nachdem er die Entfernungen überschlagen hat, entscheidet er sich umzukehren. Als er am Strand ankommt, nähert sich ihm der Junge, der die Bretter verleiht, und fragt, ob es irgendein Problem gegeben habe. Nicht das geringste, sagt B. Eine Stunde später kehrt B ohne Frühstück ins Hotel zurück und trifft seinen Vater im Speisesaal, wo er vor einer Tasse Kaffee und einem Teller mit Resten von Toast und Eiern sitzt.

Die folgenden Stunden sind diffus. Sie fahren ziellos herum, beobachten aus dem Wagen heraus die Leute, steigen ab und zu aus, trinken etwas Kühles oder essen ein Eis. Am Nachmittag am

Strand, während B's Vater in einem Liegestuhl schläft, liest B noch einmal die Gedichte von Gui Rosey und die kurze Geschichte seines Lebens oder Sterbens.

Eines Tages trifft eine Gruppe von Surrealisten in Südfrankreich ein. Sie versuchen ein Visum für die Vereinigten Staaten zu bekommen. Der Norden und der Westen befinden sich unter deutscher Besatzung. Der Süden steht unter der Ägide von Pétain. Das US-amerikanische Konsulat verschiebt die Entscheidung Tag um Tag. In der Gruppe befindet sich Breton, befindet sich Tristan Tzara, befindet sich Péret, aber es gibt auch welche aus der zweiten Reihe. Zu ihnen gehört Gui Rosey. Sein Foto ist das eines *zweitklassigen Dichters*, denkt B. Er ist hässlich, korrekt gekleidet, wirkt wie ein sinistrer Ministerialbeamter oder Bankangestellter. Von den Unstimmigkeiten abgesehen, alles normal, denkt B. Die Surrealistengruppe trifft sich jeden Nachmittag in einem Café am Hafen. Sie schmieden Pläne, führen Gespräche, Rosey lässt kein Treffen aus. Eines Tages jedoch (bei Einbruch der Dämmerung, ahnt B) verschwindet Rosey. Anfangs bemerkt niemand sein Fehlen. Er ist ein *zweitklassiger* Dichter, und *zweitklassige* Dichter fallen nicht groß auf. Nach einigen Tagen beginnt man allerdings, nach ihm zu suchen. In der Pension, wo er wohnt, weiß man nichts, seine Koffer, seine Bücher sind noch da, niemand hat etwas angefasst, darum erscheint es undenkbar, dass Rosey gegangen ist, ohne zu bezahlen, übrigens in gewissen Pensionen der Côte d'Azur eine gängige Praxis. Seine Freunde suchen nach ihm. Sie klappern Krankenhäuser und Polizeiwachen ab. Niemand weiß das Geringste über ihn. Eines Morgens treffen die Visa ein, und der überwiegende Teil der Gruppe besteigt ein Schiff in die Vereinigten Staaten. Die Zurückbleibenden, jene, die nie ein Visum erhalten werden, vergessen Rosey bald, vergessen, dass er verschwunden ist, sosehr sind sie damit beschäftigt, ihre eigene Haut zu retten, zu einer Zeit, wo massenhaftes Verschwinden und massenhafte Verbrechen an der Tagesordnung sind.

Später, nachdem sie im Hotel zu Abend gegessen haben, schlägt B's Vater vor, ein Lokal aufzusuchen, wo was los ist. B schaut seinen

Vater an. Er ist blond (B ist dunkel), hat graue Augen und ist noch kräftig. Er scheint glücklich und entschlossen, es sich gutgehen zu lassen. Wo was denn los ist?, fragt B, der ganz genau weiß, was sein Vater meint. Das Übliche, sagt B's Vater. Alkohol und Frauen. B bleibt eine Weile lang stumm, als dächte er über eine Antwort nach. Sein Vater schaut ihn an. Man könnte meinen, dass in diesem Blick Erwartung liegt, in Wirklichkeit ist es aber nur Zärtlichkeit. Schließlich sagt B, dass er keine Lust hat, mit irgendwem ins Bett zu gehen. Man geht nicht hin, um eine Nummer zu schieben, sagt sein Vater, sondern man geht hin und schaut, trinkt etwas und plaudert mit Freunden. Mit welchen Freunden?, fragt B, wir kennen hier niemanden. In diesen Schuppen findet man immer Freunde, sagt sein Vater. Bei dem Wort Schuppen muss B an Pferde denken. Als er sieben war, hatte ihm sein Vater ein Pferd geschenkt. Woher stammte mein Pferd?, fragt B. B's Vater weiß nicht, wovon er spricht, und ist irritiert. Was denn für ein Pferd?, fragt er. Das du mir gekauft hast, als ich klein war, sagt B, in Chile. Ah, Zafarrancho, sagt sein Vater und lächelt. Zafarrancho war ein Chilote-Pony und stammte vom Chiloé-Archipel, sagt er und wendet sich nach einem Moment des Nachdenkens wieder dem Thema Sexschuppen zu. So wie er redet, könnte man meinen, er spricht von einem Tanzschuppen, denkt B. Aber kurz darauf schweigen beide.

An diesem Abend gehen sie nirgendwohin.

Während sein Vater schläft, geht B zum Lesen auf die Hotelterrasse neben dem Schwimmbad. Er ist der einzige Gast. Die Terrasse ist sauber und menschenleer. Von seinem Tisch aus hat B einen Teil der Rezeption im Blick, wo der Mann vom Vorabend liest oder Abrechnung macht, Füße auf dem Tresen. B liest in den französischen Surrealisten, liest Gui Rosey. Eigentlich findet er Rosey nicht besonders interessant. Er mag Desnos, er mag Éluard, viel mehr als Rosey, und kehrt am Ende doch immer wieder zu seinen Gedichten und zu seinem Foto zurück, einem Studiofoto, auf dem Rosey wie ein einsamer, leidender Mensch aussieht, mit großen, glasigen Augen und einem dunklen Schlips, der ihn zu erdrosseln scheint.

Bestimmt hat er sich umgebracht, denkt B. Er wusste, dass er das Visum für die Vereinigten Staaten oder Mexiko niemals bekommen würde, und beschloss, seinen Tagen dort ein Ende zu setzen. Er stellt sich eine Stadt an der Südküste Frankreichs vor, versucht, sie sich vorzustellen. B war noch nie in Europa. Er hat fast ganz Lateinamerika bereist, aber noch keinen Fuß nach Europa gesetzt. So ist sein Bild einer mediterranen Stadt unmittelbar von seinem Bild von Acapulco abgeleitet. Hitze, ein kleines, billiges Hotel, goldene und strahlend weiße Sandstrände. Und ferne Musikklänge. B weiß nicht, dass seinem Bild ein entscheidender Klang, ein entscheidendes Geräusch fehlt: das von den Tauen der kleinen Boote, die in allen Küstenstädten vertäut liegen. Vor allem in den kleinen: das Geräusch der Taue bei Nacht, auch dann, wenn das Meer spiegelglatt ist.

Plötzlich kommt noch jemand auf die Terrasse. Es ist eine weibliche Gestalt, die am hintersten Tisch, in einer Ecke neben zwei großen Pflanzenkübeln, Platz nimmt. Kurz darauf kommt der Mann vom Empfang und bringt der Frau ein Getränk. Aber statt anschließend zur Rezeption zurückzukehren, kommt der Mann zu B herüber, der neben dem Schwimmbecken sitzt, und fragt, ob B und sein Vater es sich gutgehen ließen. Alles bestens, sagt B. Gefällt Ihnen Acapulco?, fragt der Mann vom Empfang. Sehr, sagt B. Und wie ist das San Diego? Das San Diego? Einen Moment glaubt er, man frage ihn nach dem Hotel, aber sofort fällt ihm ein, dass das Hotel anders heißt. Welches San Diego?, fragt B. Der Mann vom Empfang lächelt. Der Nuttenclub, sagt er. Da erinnert sich B an die Karte, die der Mann seinem Vater gegeben hatte. Wir sind noch nicht da gewesen, sagt er. Der Laden ist vertrauenswürdig, sagt der Mann vom Empfang. B bewegt den Kopf auf eine Weise, die auf verschiedene Art interpretiert werden könnte. Die Adresse ist Avenida Constituyentes, sagt der Mann vom Empfang. In der Straße gibt es noch einen anderen Club, das Ramada, das nicht vertrauenswürdig ist. Das Ramada, sagt B und betrachtet dabei die unbewegliche Frauengestalt, die in der Ecke der Hotelterrasse zwischen den enormen Pflanzenkübeln sitzt, deren Schatten sich in die Länge ziehen und verjüngen, bis sie unter den Nachbartischen verschwinden, und das offensichtlich noch unberührte Glas. Ins Ramada gehen Sie besser nicht, sagt der Mann vom Empfang. Warum nicht? fragt B, um etwas zu sagen, eigentlich hat er keine Lust, irgendeinen der beiden Clubs zu besuchen. Er ist nicht vertrauenswürdig, sagt der Mann vom Empfang, und seine strahlend weißen Häschenzähne leuchten im Halbschatten, der sich urplötzlich der Terrasse bemächtigt hat, als hätte jemand vom Empfang aus die Hälfte der Lichter ausgeschaltet.

Als der Man vom Empfang geht, schlägt B den Gedichtband wieder auf, aber die Worte sind mittlerweile unleserlich, weshalb er das Buch offen auf dem Tisch liegen lässt und die Augen schließt und nicht das Geräusch der Taue, sondern ein atmosphärisches Geräusch hört, von riesigen Schichten warmer Luft, die sich auf das Hotel und die das Hotel umgebenden Bäume herabsenken. Er hat Lust, ins Wasser zu gehen. Einen Moment lang glaubt er, er könnte das tun.

Daraufhin steht die Frau in der Ecke auf und geht auf die Stufen zu, die von der Terrasse zum Empfang führen, bleibt jedoch auf halbem Weg stehen, als ginge es ihr nicht gut, und stützt sich mit einer Hand auf einen Blumenkasten, in dem keine Blumen mehr wachsen, sondern Unkraut.

B beobachtet sie. Die Frau trägt ein helles, weites Kleid aus leichtem Stoff, das ihre Schultern unbedeckt lässt. B glaubt, die Frau werde ihren Weg fortsetzen, aber sie rührt sich nicht, die Hand hält das Geländer fest, der Blick ist gesenkt, woraufhin B aufsteht und mit dem Buch in der Hand auf sie zugeht. Zunächst ist er überrascht, als er ihr Gesicht betrachtet. Sie muss in den Sechzigern sein, dabei hätte er sie aus der Entfernung höchstens auf dreißig geschätzt. Sie ist Nordamerikanerin, und als B sich ihr nähert, hebt sie den Blick und lächelt. Gute Nacht, sagt sie ein wenig unpassend. Ist Ihnen nicht gut?, fragt B. Die Frau versteht seine Worte nicht, und B muss sie wiederholen, diesmal auf Englisch. Ich bin nur in

Gedanken, sagt die Frau, ohne ihr Lächeln einzustellen. B denkt ein paar Sekunden über das nach, was die Frau gerade gesagt hat. In Gedanken, Gedanken, Gedanken. Und plötzlich nimmt er in dieser Erklärung eine Bedrohung wahr. Etwas, das sich vom Meer her nähert. Etwas, das im Schlepptau der dunklen Wolken, die unsichtbar die Bucht von Acapulco überqueren, heraufzieht. Aber er rührt sich nicht und macht nicht die geringsten Anstalten, den Zauber zu brechen, dem er sich unterworfen fühlt. Daraufhin entdeckt die Frau das Buch, das B in seiner linken Hand hält, und fragt, was er lese, und B sagt: Gedichte. Ich lese Gedichte. Und die Frau schaut ihm in die Augen und sagt mit dem immer gleichen Lächeln im Gesicht (einem Lächeln, das licht und welk zugleich ist, denkt B zunehmend nervös), sie habe früher auch gern Gedichte gelesen. Welche Dichter?, fragt B, ohne einen Muskel zu rühren. Daran erinnere ich mich jetzt nicht mehr, sagt die Frau und scheint erneut in die Betrachtung von etwas zu versinken, das nur sie wahrzunehmen vermag. Trotzdem glaubt B, dass sie den Versuch macht, sich zu erinnern, und wartet schweigend. Nach einer Weile wendet sie ihm ihren Blick wieder zu und sagt: Longfellow. Im nächsten Augenblick zitiert sie einen Text mit schnulzigem Reim, der B wie ein Kinderlied vorkommt, jedenfalls wie etwas, dass meilenweit entfernt ist von den Dichtern, die er liest. Kennen Sie Longfellow?, fragt die Frau. B schüttelt den Kopf, obwohl er in Wahrheit Longfellow gelesen hat. Man hat es mir in der Schule beigebracht, sagt die Frau mit dem immer gleichen Lächeln. Und fügt dann hinzu: Finden Sie nicht, dass es zu heiß ist? Es ist sehr heiß, murmelt B. Könnte sein, dass ein Gewitter heraufzieht, sagt die Frau. Sie scheint sich ihrer Sache sehr sicher. In diesem Moment schaut B nach oben: Er sieht keinen einzigen Stern. Was er sieht, sind einige Lichter des Hotels, die angegangen sind. Und im Fenster seines Zimmers sieht er eine Silhouette, die sie beobachtet und die ihn zusammenzucken lässt, als wäre der tropische Regen urplötzlich losgebrochen.

Anfangs versteht er nichts.

Sein Vater steht dort hinter der Scheibe, gehüllt in einen blauen Bademantel, den er von zu Hause mitgebracht hat und den B nicht kennt, jedenfalls ist es kein Bademantel des Hotels, und schaut unverwandt zu ihnen hinunter, geht aber rückwärts, als B ihn entdeckt, weicht zurück wie vor einer Schlange (hebt eine Hand zu einem schüchternen Gruß) und verschwindet hinter dem Vorhang.

Das Lied von Hiawatha, sagt die Frau. B schaut sie an. Das Lied von Hiawatha, sagt die Frau, das Gedicht von Longfellow. Ah, richtig, sagt B.

Danach sagt ihm die Frau gute Nacht und verschwindet in Etappen. Erst steigt sie die Stufen zum Empfang hinauf, bleibt dort eine Weile stehen, wechselt ein paar Worte mit jemandem, den B nicht sehen kann, und geht dann schweigend durch die Lobby des Hotels davon, wobei ihre schmale Gestalt in den Rahmen aufeinanderfolgender Fenster erscheint, bis sie in den Flur des Treppenhauses biegt.

Eine halbe Stunde später betritt B das gemeinsame Zimmer und findet seinen Vater schlafend. Für Sekunden, bevor er ins Bad geht, um sich die Zähne zu putzen, betrachtet B ihn (sehr aufrecht, wie um sich für eine Schlägerei zu wappnen) vom Fußende aus. Gute Nacht, Papa, sagt er. Sein Vater verrät mit keinem Zeichen, ob er ihn gehört hat.

Am zweiten Tag ihres Aufenthalts in Acapulco gehen sich B und sein Vater die Klippenspringer anschauen. Sie haben zwei Möglichkeiten: das Spektakel von einer Plattform aus im Freien anschauen oder in das Bar-Restaurant des Hotels zu gehen, von dem aus man einen Blick auf La Quebrada hat. B's Vater erkundigt sich nach den Preisen. Der Erste, den er fragt, hat keine Ahnung. B's Vater fragt weiter. Schließlich nennt ihm ein ehemaliger Klippenspringer zwei Zahlen. Die Aussicht vom Hotel aus zu genießen, ist sechsmal teurer als auf der Plattform. B's Vater überlegt nicht lange: Gehen wir in die Bar, sagt er, da haben wir es bequemer. B folgt ihm. In der Bar bilden sie mit ihrer Kleidung einen harten Kontrast zu allen anderen Anwesenden – nordamerikanische Touristen oder Mexikaner in markanter Sommerurlaubskleidung. B und B's Vater tragen Sachen, die für Bewohner von DF typisch sind, Sachen, die aussehen, als seien sie einem niemals endenden Traum entsprungen. Die Kellner bemerken das. Sie wissen, dass solche Leute wenig Trinkgeld geben, und bedienen sie nicht mit der gebührenden Zügigkeit. Zu allem Überfluss kann man das Spektakel von dort, wo sie sitzen, überhaupt nicht gut sehen. Wir wären mal besser auf der Aussichtsplattform geblieben, sagt B's Vater. Obwohl das hier so schlecht auch nicht ist, fügt er hinzu. B nickt. Nachdem die Sprungeinlagen beendet sind und jeder von ihnen zwei Highballs getrunken hat, treten sie hinaus ins Freie und machen Pläne für den restlichen Tag. Auf der Plattform ist fast niemand mehr, aber B's Vater erspäht den alten ehemaligen Klippenspringer, der auf einem Stützpfeiler sitzt, und geht auf ihn zu.

Der ehemalige Klippenspringer ist klein und breitschultrig. Er liest einen Wildwestroman und schaut erst auf, als B und sein Vater neben ihm stehen. Dann erkennt er sie wieder und fragt, wie sie die Vorführung fanden. Gar nicht schlecht, sagt B's Vater, allerdings braucht es in den Präzisionssportarten größere Erfahrung, um sich eine genaue Vorstellung machen zu können. War man denn selbst Sportler? B's Vater mustert ihn für ein paar Sekunden und sagt dann: Ganz untätig waren wir nicht im Leben. Mit einer zackigen Bewegung kommt der ehemalige Klippenspringer auf die Füße, so als stünde er plötzlich wieder am Klippenrand. Er dürfte in den Fünfzigern sein, denkt B, also kaum älter als sein Vater, obwohl ihn sein von narbenähnlichen Falten zerfurchtes Gesicht älter erscheinen lässt. Sind die Herrschaften auf Urlaub?, fragt der ehemalige Klippenspringer. B's Vater nickt und lächelt. Und in welcher Sportart hat man sich getummelt, wenn man fragen darf? Boxen, sagt B's Vater. Heiliger Strohsack, das müsste dann im Schwergewicht gewesen sein. B's Vater grinst breit und nickt erneut.

Ohne zu wissen, wie ihm geschieht, sieht sich B mit seinem Vater und dem ehemaligen Klippenspringer dorthin laufen, wo sie den Mustang geparkt haben, in den dann alle drei einsteigen, und B hört, als wäre es eine Sendung im Radio, den Anweisungen, die der ehemalige Klippenspringer seinem Vater gibt. Der Wagen gleitet eine Zeitlang auf der Avenida Miguel Alemán dahin, biegt dann aber ins Landesinnere ab, und bald wird die ganz auf Tourismus zugeschnittene Hotel- und Restaurantlandschaft zu einer tropisch angehauchten urbanen Landschaft. Der Wagen gewinnt jedoch immer weiter an Höhe, lässt das goldene Hufeisen von Acapulco hinter sich und gelangt schließlich auf schlecht oder gar nicht asphaltierten Straßen zu einer Art Restaurant oder eher noch Garküche (obwohl es für eine Garküche zu groß ist, denkt B), vor dessen staubigem Gehweg er anhält. Der ehemalige Klippenspringer und sein Vater steigen sofort aus. Sie haben die ganze Fahrt über geredet, und auf dem Gehweg setzen sie ihr Geplauder fort, während sie auf ihn warten und unverständliche Gesten machen. B steigt nicht gleich aus. Gehen wir essen, sagt sein Vater. Stimmt, sagt B.

Das Innere des Lokals ist dunkel und nur zu einem Viertel mit Tischen gefüllt. Der Rest scheint eine Art Tanzfläche zu sein, mit einer Estrade für das Orchester, eingefasst von einer langen Latte aus rohem Holz. Beim Eintreten kann B wegen des Lichtwechsels nichts sehen. Dann beobachtet er, wie ein Mann, der dem ehemaligen Klippenspringer ähnelt, auf diesen und seinen Vater zugeht und, nachdem er aufmerksam einer Vorstellung gelauscht hat, die B nicht versteht, seinem Vater und Sekunden später auch ihm die Hand zu geben. B reicht die Hand und schüttelt die des Unbekannten. Dieser sagt einen Namen und drückt kräftig B's Hand. Die Geste ist freundschaftlich, aber der Händedruck eher gewaltsam. Der Mann lächelt nicht. Auch B verkneift sich das Lächeln. B's Vater und der ehemalige Klippenspringer sitzen schon am Tisch. B setzt sich zu ihnen. Der Typ, der dem ehemaligen Klippenspringer ähnelt und sich als sein jüngerer Bruder herausstellt, bleibt stehen und wartet auf Anweisungen. Dieser Herr hier, sagt der ehemalige Klippenspringer, war Schwergewichtsmeister seines Landes. Ausländer?, fragt der Mann. Chilenen, sagt B's Vater. Gibt es Huachinango?, fragt der ehemalige Klippenspringer. Gibt es, sagt der

Mann. Dann mach uns einen, Huachinango a la Guerrerense, sagt der ehemalige Klippenspringer. Und Bier für alle, sagt B's Vater, für Sie auch. Danke, grunzt der Mann, während er einen Block aus der Tasche zieht und mühsam eine Bestellung notiert, die nach B's Dafürhalten im Kopf zu behalten ein Kinderspiel ist.

Zusammen mit dem Bier bringt der Bruder des ehemaligen Klippenspringers einen Napf mit Salzgebäck und drei nicht sehr große Gläser mit Austern. Sie sind frisch, sagt der ehemalige Klippenspringer, während er Chili darauftträufelt. Interessant, nicht wahr? Dass man das Chili nennt und Ihr Land Chile, bemerkt der ehemalige Klippenspringer und deutet auf das mit einer intensivroten scharfen Soße gefüllte Fläschchen. Allerdings, es ist und bleibt seltsam, räumt B's Vater ein. Wir Chilenen, fügt er hinzu, haben das immer wahnsinnig interessant gefunden. B schaut seinen Vater mit kaum merklicher Ungläubigkeit an. Die weitere Unterhaltung, bis der Huachinango kommt, kreist um die Themen Boxen und Klippenspringen.

Anschließend verlassen B und sein Vater das Lokal. Die Zeit ist wie im Flug vergangen, ohne dass sie es gemerkt haben, und als sie in den Mustang steigen, ist es bereits sieben Uhr abends. Der ehemalige Klippenspringer steigt zu ihnen ein. Einen Augenblick lang denkt B, sie würden ihn nie mehr loswerden, aber als sie ins Zentrum von Acapulco kommen, steigt der ehemalige Klippenspringer vor einem Billard-Lokal aus. Als sie allein sind, äußert sich B's Vater positiv zu der Bedienung und dem Preis, den sie für den Huachinango bezahlt haben. Hätten wir ihn hier gegessen, sagt er und zeigt auf die Hotels an der Uferpromenade, wären wir ein Vermögen losgeworden. Im Hotelzimmer angekommen, zieht sich B seine Badehose an und geht zum Strand. Er schwimmt eine Weile und versucht dann im spärlichen Licht der Abenddämmerung zu lesen. Er liest die surrealistischen Dichter und versteht kein Wort. Ein friedlicher, einsamer Mann an der Schwelle des Todes. Bilder, Wunden. Das ist alles, was er sieht. Und tatsächlich verlieren sich die Bilder nach und nach wie die untergehende Sonne, und nur die Wunden bleiben übrig. Ein Kleinschriftsteller verschwindet, während er auf ein Visa für die Neue Welt wartet. Ein *zweitklassiger* Dichter verschwindet spurlos, während er ohne Beschäftigung in irgendeinem Kaff an der französischen Mittelmeerküste verzweifelt. Es gibt keine Untersuchung. Es gibt keinen Leichnam. Als B Daumel zu lesen versucht, ist über den Strand bereits die Nacht hereingebrochen, er schlägt das Buch zu und kehrt langsam ins Hotel zurück.

Nach dem Abendessen schlägt sein Vater vor, auszugehen und sich zu amüsieren. B lehnt ab. Er schlägt seinem Vater vor, allein zu gehen, ihm sei nicht nach Amüsieren zumute, er bleibe lieber auf dem Zimmer und schaue sich einen Film im Fernsehen an. Nicht zu glauben, sagt sein Vater, dass jemand in deinem Alter sich benimmt wie ein alter Knacker. B beobachtet seinen Vater, der geduscht hat und sich frische Sachen anzieht, und lacht.

Bevor sein Vater geht, sagt B noch, er solle auf sich aufpassen. Sein Vater schaut ihn von der Tür aus an und sagt, er wolle nur ein paar Gläschen trinken. Pass du auf dich auf, sagt er und zieht sanft die Tür zu.

Als er allein ist, zieht B sich die Schuhe aus, nimmt seine Zigaretten, schaltet den Fernseher ein und wirft sich aufs Bett. Ohne es zu merken, schläft er ein. Er träumt, dass er in der Stadt der Riesen lebt (oder sie besucht). Sein Traum ist ein einziges Spazieren durch riesige, dunkle Straßen, an die er sich aus anderen Träumen erinnert. Und es gibt eine Haltung, von der er weiß, dass sie ihm im Wachen nicht eigen ist. Eine Haltung gegenüber den Gebäuden, deren voluminöse Schatten aneinanderzustoßen scheinen, eine, die eigentlich nicht Mut, sondern Gleichgültigkeit verrät.

Nach einer Weile, gerade als die Serie zu Ende geht, wacht B schlagartig auf, als hätte man ihn gerufen, steht auf, macht den Fernseher aus und tritt ans Fenster. Auf der Terrasse, halb verborgen in derselben Ecke wie am Abend zuvor, sitzt die US-Amerikanerin, vor sich ein Glas Alkohol oder Fruchtsaft. B beobachtet sie ohne Neugier und entfernt sich dann vom Fenster, setzt sich aufs

Bett, schlägt das Buch mit den surrealistischen Dichtern auf und versucht zu lesen. Aber er kann nicht. Also versucht er nachzudenken und macht sich zu diesem Zweck wieder im Bett lang, schließt die Augen und streckt die Arme aus. Für einen Moment glaubt er, er werde gleich einschlafen. Er kann sogar ansatzweise eine Straße der geträumten Stadt sehen. Aber rasch wird ihm klar, dass er sich nur an den Traum erinnert, woraufhin er die Augen aufschlägt und eine Weile an die Zimmerdecke starrt. Dann löscht er die Nachttischlampe und tritt wieder ans Fenster.

Die Nordamerikanerin sitzt noch immer unbeweglich da, und die Schatten der Blumenvasen ziehen sich in die Länge, bis sie die Schatten der Nachbartische berühren. Im Wasser des Schwimmbeckens fangen sich die Lichtreflexe der Rezeption, die im Gegensatz zur Terrasse noch hell erleuchtet ist. Plötzlich hält wenige Meter neben dem Eingang des Hotels ein Wagen. B glaubt, es handele sich um den Mustang seines Vaters. Aber allzu lange erscheint niemand in der Tür, weshalb B schon annimmt, dass er sich geirrt hat. In diesem Moment sieht er die Silhouette seines Vaters, der die Treppe heraufkommt. Erst der Kopf, dann die breiten Schultern, dann der restliche Körper bis hinunter zu den Schuhen – weiße Slipper, die B zutiefst verabscheut, in diesem Augenblick aber so etwas wie Zärtlichkeit auslösen. Sein Vater betritt das Hotel, als würde er tanzen, denkt er. Sein Vater kommt zur Tür herein, als käme er von einer Totenfeier, einfach nur glücklich, selbst noch am Leben zu sein. Noch merkwürdiger ist aber, dass er nach einem kurzen Verweilen an der Rezeption kehrtmacht und den Weg zur Terrasse einschlägt: Er geht die Stufen hinunter, umkreist das Schwimmbad und setzt sich an einen Tisch nicht weit von der Nordamerikanerin entfernt. Und als endlich der Typ vom Empfang mit einem Drink auftaucht und kassiert, steht er auf, bevor jener noch ganz verschwunden ist, und nähert sich, das Glas in der Hand, dem Tisch der Nordamerikanerin, bleibt eine Weile bei ihr stehen, redet, gestikuliert, trinkt, bis die Frau ihn mit einer Handbewegung auffordert, bei ihr Platz zu nehmen.

Sie ist zu alt für ihn, denkt B. Dann kehrt er zum Bett zurück, legt sich hin und stellt fest, dass die ganze angestaute Müdigkeit verflogen ist. Aber er will nicht das Licht anschalten (obwohl er gern lesen würde), er will nicht, dass sein Vater auch nur eine Sekunde glauben könnte, dass er ihm nachspioniert. Lange Zeit liegt B nur da und denkt nach. Er denkt an Frauen, denkt an Reisen. Schließlich schläft er ein.

In der Nacht schreckt er zweimal aus dem Schlaf, und immer ist das Bett seines Vaters leer. Beim dritten Mal, es graut schon der Morgen, sieht er den Rücken seines Vaters, der tief schläft. Er macht Licht, und ohne das Bett zu verlassen, beginnt er zu rauchen und zu lesen.

Am Morgen geht B wieder an den Strand und mietet sich ein Surfbrett. Diesmal erreicht er problemlos die Insel gegenüber. Dort trinkt er einen Mangosaft und schwimmt eine Zeitlang in einem außer ihm menschenleeren Meer. Dann surft er wieder zum Hotelstrand, übergibt dem Jugendlichen, der ihn anlächelt, das Brett und kehrt auf einem langen Umweg zurück. Im Hotelrestaurant trifft er seinen Vater bei einer Tasse Kaffee. Er setzt sich zu ihm. Sein Vater ist frisch rasiert, seine Haut verströmt einen Duft billigen Kölnischwassers, den B mag. Die rechte Wange zeigt einen Kratzer, der sich vom Ohr bis zum Kinn zieht. B überlegt, ob er ihn nach den Ereignissen der letzten Nacht fragen soll, entscheidet sich letztlich aber dagegen.

Der restliche Tag verläuft wie im Nebel. Irgendwann begeben sich B und sein Vater zu einem Strand in der Nähe des Flughafens. Der Strand ist riesig und wird von schilfgedeckten Hütten gesäumt, in denen die Fischer ihre Gerätschaften verwahren. Das Meer ist aufgewühlt: B und sein Vater betrachten eine Weile lang die Wellen, die an die Bucht von Puerto Márques branden. Kein guter Tag zum Baden, sagt ein Fischer in ihrer Nähe. Stimmt, sagt B. Sein Vater aber geht ins Wasser. B setzt sich mit angezogenen Knien in den Sand und beobachtet, wie er die Begegnung mit den Wellen angeht. Der Fischer legt eine Hand an die Stirn und sagt etwas, das B nicht versteht. Der Kopf seines Vaters, die Arme seines Vaters, der hineinschwimmt, verschwinden für einen Moment aus seinem Blickfeld. Neben dem Fischer haben sich jetzt zwei Jungen eingefunden. Alle schauen aufs Meer, alle stehen, nur B nicht, der sitzen bleibt. Am Himmel taucht nahezu lautlos ein Passagierflugzeug auf. B wendet den Blick vom Meer dem Flugzeug zu und verfolgt es, bis es hinter einem dichtbewachsenen Hügel verschwindet. B erinnert sich an ein Erwachen auf dem Flughafen von Acapulco vor genau einem Jahr. Er kam aus Chile, allein, und die Maschine machte Zwischenlandung in Acapulco. B erinnert sich, dass er, als er die Augen öffnete, ein orangefarbenes Licht mit Beimischungen von Rosa und Blau sah, wie die verwitternden Farben eines alten Kinofilms, und da wusste er, dass er in Mexiko und in gewisser Weise gerettet war. Das geschah 1974, und B war damals noch keine einundzwanzig. Jetzt ist er zweiundzwanzig und sein Vater etwa neunundvierzig. B schließt die Augen. Der Wind macht die warnenden Stimmen des Fischers und der Jungen unverständlich. Der Sand ist kalt. Als er die Augen öffnet, sieht er seinen Vater aus dem Wasser kommen. B schließt die Augen und öffnet sie erst wieder, als sich eine große, feuchte Hand auf seine Schulter legt und die Stimme seines Vaters ihm vorschlägt, Schildkröteneier essen zu gehen.

Es gibt Dinge, die sich erzählen lassen, und solche, die sich nicht erzählen lassen, denkt B niedergeschlagen. Von diesem Moment an weiß er, dass sich das Desaster anbahnt.

Die folgenden achtundvierzig Stunden jedoch verlaufen in einer Geruhsamkeit, die sein Vater als den »Inbegriff von Urlaub« bezeichnet (und B weiß nicht, ob sein Vater das ernst meint oder sich über ihn lustig macht). Sie gehen jeden Tag an den Strand, essen im Hotel oder gehen in ein Restaurant auf der Avenida López Mateos, das günstige Preise bietet, mieten eines Nachmittags zusammen ein Bötchen, eine Nussschale aus Plastik, mit der sie die Küste im Bereich ihres Hotels entlangfahren, auf gemeinsamer Route mit den Klimbim-Verkäufern, die auf Surfbrettern oder in Booten mit minimalem Tiefgang wie Seiltänzer oder tote Matrosen ihre Waren von Strand zu Strand befördern. Auf dem Rückweg kommt es sogar zu einem Zwischenfall.

Das Boot, das B's Vater zu nah an die Felsen steuert, schlägt um. Beide können schwimmen, und das Boot ist darauf eingerichtet, und es kostet keine Mühe, es zu drehen und wieder hineinzuklettern. Und genau das tun B und sein Vater. In keinem Moment bestand die geringste Gefahr, denkt B. Aber als beide schon wieder an Bord sind, stellt B's Vater fest, dass er seine Brieftasche verloren hat, und verkündet das laut. Er sagt, indem er an sein Herz klopft: meine Brieftasche, und ohne eine Sekunde zu zögern, springt er mit dem Kopf voran ins Wasser. Bei B löst das einen Lachanfall aus, aber dann schaut er, im Boot liegend, aufs Wasser und sieht keine Spur von seinem Vater und stellt sich vor, dass er taucht oder, schlimmer noch, wie Blei, aber mit offenen Augen, in einen tiefen Graben sinkt, oberhalb von dem das Bötchen schaukelt, mit ihm an Bord, immer noch lachend, aber zunehmend besorgt. Im nächsten Moment richtet er sich auf, und nachdem er zum anderen Ende des Bootes hinausgeschaut und wieder kein Anzeichen von seinem Vater entdeckt hat, hechtet er ebenfalls ins Wasser, und es geschieht Folgendes: Während B mit offenen Augen hinuntertaucht, taucht sein Vater, Brieftasche in der Rechten, mit offenen Augen nach oben (fast berühren sie einander, könnte man sagen); als sie aneinander vorbeischwimmen schauen sich beide an, können aber ihren Kurs nicht oder zumindest nicht sofort ändern, so dass B's Vater stumm in die Höhe und B stumm in die Tiefe fährt.

Für Haie, für die meisten Fische, fliegende Fische ausgenommen, ist die Meeresoberfläche die Hölle. Für B (für die meisten jungen Leute mit zweiundzwanzig) ist die Hölle manchmal der Meeresgrund. Während er in umgekehrter Richtung durch den von seinem Vater erzeugten Wirbel taucht, denkt er, dass es jetzt mehr Anlass denn je zum Lachen gäbe. Auf dem Meeresgrund trifft er nicht auf Sand, wie er es sich vorgestellt hatte, sondern nur auf Felsen, Felsen, die sich auf Felsen türmen, als wäre dieser Teil der Küste ein versunkener Berg, und er stünde oben und hätte mit dem

Abstieg erst begonnen. Dann kehrt er zur Oberfläche zurück und betrachtet von unten das Bötchen, das zeitweise abzuheben, dann wieder unterzugehen scheint, mit seinem mittendrin sitzenden Vater, der eine feuchte Zigarette zu rauchen versucht.

Und dann endet die Parenthese, enden die achtundvierzig Stunden der Gnade, in denen B und sein Vater diverse Bars in Acapulco besucht und ausgestreckt am Strand geschlafen, gegessen und sogar gelacht haben, und es beginnt eine eisige Zeit, eine scheinbar normale, aber von frostigen Göttern dominierte Zeit (Göttern übrigens, die sich in keiner Weise an der in Acapulco herrschenden Hitze stoßen), Stunden, die B zu anderen Zeiten *Langeweile* genannt hätte, jetzt aber mitnichten so nennen würde, eher *Desaster*, ein eigentümliches Desaster, ein Desaster, das B noch obendrein von seinem Vater entfernt, und der Preis dafür ist, dass sie existieren.

Alles beginnt damit, dass der ehemalige Klippenspringer wieder auftaucht. B ist sofort klar, dass er wegen seinem Vater kommt und nicht wegen, sagen wir, dem Familienverbund, den sie beide bilden. B's Vater lädt ihn zu einem Drink auf der Hotelterrasse ein. Der ehemalige Klippenspringer sagt, er kenne einen besseren Ort. B's Vater sieht ihn an, lächelt und sagt: Auf geht's. Als sie auf die Straße treten, bricht der Abend herein, und für einen Moment spürt B ein unerklärliches Stechen und denkt, er hätte vielleicht besser im Hotel bleiben und seinen Vater sich allein vergnügen lassen sollen. Aber jetzt ist es zu spät. Der Mustang fährt die Avenida Constituyentes hinauf, und B's Vater zieht das Kärtchen aus der Tasche, das ihm der Typ vom Empfang vor ein paar Tagen gegeben hatte. Das Lokal heißt San Diego, sagt er. Der ehemalige Klippenspringer wendet ein, dass der Laden viel zu teuer sei. Ich habe Geld, sagt B's Vater, ich lebe seit 1968 in Mexiko, und das sind die ersten Ferien, die ich mir gönne. B, der neben seinem Vater sitzt, sucht im Rückspiegel das Gesicht des ehemaligen Klippenspringers und findet es nicht. Sie gehen also zuerst ins San Diego, wo sie eine Weile trinken und mit Mädchen tanzen, denen man für jeden Tanz ein zuvor am Tresen erstandenes Billett übergeben muss. B's Vater kauft zunächst nur drei Billetts. Dieses System, sagt er zu dem ehemaligen Klippenspringer, hat etwas Unwirkliches. Aber dann findet er Spaß daran und kauft ein ganzes Bündel. Auch B tanzt. Seine erste Partnerin ist ein dünnes Mädchen mit leicht indianischen Zügen. Die zweite eine Frau mit großen Brüsten, die besorgt oder sauer scheint, weswegen, wird er nie erfahren. Die dritte ist dick und glücklich und eröffnet ihm schon nach wenigen Takten, dass sie high sei. Was hast du genommen?, fragt B. Halluzinogene Pilze, sagt die Frau, und B lacht. Derweil tanzt sein Vater mit dem indianisch aussehenden Mädchen, und B beobachtet sie ab und zu. Eigentlich sehen alle Mädchen indianisch aus. Die, mit der B's Vater tanzt, hat ein hübsches Lächeln. Sie unterhalten sich (tatsächlich unterhalten sie sich ununterbrochen), allerdings hört B nicht, was sie sagen. Danach verschwindet sein Vater, und B stellt sich an den Tresen, neben den ehemaligen Klippenspringer. Auch sie unterhalten sich. Über vergangene Zeiten. Über Mut. Über Steilküsten, an die das Meer brandet. Über Frauen. Themen, die B nicht oder zumindest gegenwärtig nicht interessieren. Trotzdem unterhalten sie sich.

Eine halbe Stunde später kehrt B's Vater an den Tresen zurück. Seine blonden Haare sind feucht und frisch gekämmt (B's Vater kämmt sie sich nach hinten), sein Gesicht ist gerötet. Er lächelt, ohne etwas zu sagen, und B beobachtet ihn, ohne etwas zu sagen. Zeit zum Essen, sagt B's Vater. B und der ehemalige Klippenspringer folgen ihm zum Mustang. Sie essen Meeresfrüchte in einem sargähnlich länglichen Lokal. Während des Essens schaut B's Vater B an, als suchte er eine Antwort. B hält seinem Blick stand. Telepathisch sagt er: Es gibt keine Antwort, weil die Frage unzulässig ist. Die Frage ist schwachsinnig. Danach, er weiß selbst nicht wie, folgt B einem Vater und dem ehemaligen Klippenspringer (sie sprechen die ganze Zeit übers Boxen) zu einem Lokal in den Außenbezirken von Acapulco. Es ist ein fensterloses Gebäude aus Ziegelstein und Holz, und im Innern spielt eine *Jukebox* Lieder von Lucha Villa und Lola Beltrán. Plötzlich wird B übel. Erst da, als er sich von seinem Vater trennt und nach einem Klo oder dem Ausgang zum

Hof oder zur Straße sucht, merkt er, dass er zu viel getrunken hat. Und er merkt noch etwas: Ein paar scheinbar gastfreundliche Hände haben ihn daran gehindert, auf die Straße zu treten. Sie fürchten, dass ich abhaue, denkt B. Dann erbricht er sich mehrfach in einem Hinterhof, wo sich Bierkästen stapeln und ein Hund an der Leine liegt, und nachdem er sich erleichtert hat, hebt er den Blick zu den Sternen. Kurz darauf taucht eine Frau neben ihm auf. Sie wirft einen Schatten dunkler als die Nacht. Ihr Kleid jedoch ist weiß, darum kann er sie überhaupt erkennen. Soll ich dir einen blasen?, sagt sie. Sie hat eine junge, alkoholisierte Stimme. B schaut sie nur verständnislos an. Die Nutte kniet sich neben ihn und knöpft seine Hose auf. Da versteht B und lässt sie gewähren. Als sie fertig wird, ist ihm kalt. Die Nutte steht auf, und B umarmt sie. Zusammen betrachten sie die Nacht. Als B sagt, er wolle wieder rein zu seinem Vater an den Tisch, kommt sie nicht mit. Na los, sagt B und zieht ihre Hand, aber sie wehrt sich. Da fällt B auf, dass er kaum ihr Gesicht gesehen hat. Besser so. Ich habe sie nur umarmt, denkt er, ich weiß nicht mal, wie sie ist. Bevor er wieder reingeht, dreht er sich um und sieht, dass sich die Nutte zu dem Hund hinunterbeugt und ihn streichelt.

Drinnen sitzt sein Vater zusammen mit dem ehemaligen Klippenspringer und zwei anderen Typen an einem Tisch. B nähert sich ihm von hinten und flüstert ihm ein paar Worte ins Ohr. Lass uns gehen. Sein Vater spielt Karten. Ich bin am Gewinnen, sagt er, ich kann jetzt nicht gehen. Sie werden uns alles Geld abknöpfen, denkt B. Dann schaut er die Frauen an, die ihrerseits ihn und seinen Vater mit unverhohlenem Mitleid anschauen. Sie wissen, was uns passieren wird, denkt B. Bist du betrunken?, fragt sein Vater, während er eine Karte verlangt. Jetzt nicht mehr, sagt B. Hast du was genommen?, erkundigt sich sein Vater. Nein, sagt B. Daraufhin lächelt sein Vater und bestellt einen Tequila, und B geht hinüber an die Bar und beobachtet von dort aus mit irrem Blick den Schauplatz des Verbrechens. In diesem Moment weiß B, es ist die letzte Reise, die er mit seinem Vater machen wird. Er öffnet die Augen, er schließt die

Augen. Die Nutten betrachten ihn neugierig, eine bietet ihm einen Schluck an, B winkt ab. Wenn er die Augen schließt, sieht er manchmal seinen Vater mit einer Pistole in jeder Hand an einer Stelle aus einer Tür kommen, wo es niemals eine Tür geben dürfte. Trotzdem taucht sein Vater dort auf, gehetzt, die Augen grau und blitzend, das Haar ungekämmt. Nie wieder werden sie zusammen wegfahren, denkt B. Das ist alles. In der *Jukebox* singt Lucha Villa, und B denkt an Gui Rosey, den in Südfrankreich verschwundenen *zweitklassigen* Dichter. Sein Vater teilt die Karten aus, lacht, erzählt Geschichten und hört Geschichten, die sich gegenseitig an Unflätigkeit überbieten. B erinnert sich, wie er 1974 aus Chile zurückkehrte und ihn in seiner Wohnung besuchte. Sein Vater hatte sich das Bein gebrochen, lag im Bett und las ein Sportmagazin. Er fragte, wie es ihm ergangen sei, und B erzählte ihm seine Abenteuer. Kurz gesagt: die lateinamerikanischen Blumenkriege. Sie waren kurz davor, mich umzubringen, sagte er. Sein Vater schaute ihn lächelnd an. Wie oft?, fragte er. Mindestens zweimal, antwortete B. Jetzt gerade lacht B's Vater schallend, und B versucht, klar zu denken. Gui Rosey hat sich umgebracht, denkt er, oder er ist umgebracht worden, denkt er. Seine Leiche liegt am Grund des Meeres.

Einen Tequila, sagt B. Eine Frau stellt ihm ein halbvolles Glas hin. Nicht noch einmal betrinken, Junge, sagt sie. Nein, alles in Ordnung, sagt B völlig klar im Kopf. Unverzüglich stellen sich zwei weitere Frauen zu ihm. Was wollt ihr trinken?, fragt B. Dein Herr Papa ist sehr nett, sagt eine von ihnen, die jüngere mit dem langen schwarzen Haar, vielleicht dieselbe, die mir vorhin einen geblasen hat, denkt B. Und erinnert sich (versucht sich zu erinnern) an Szenen ohne erkennbaren Zusammenhang: wie er mit vierzehn zum ersten Mal vor ihm geraucht hat, eine Viceroy, als sie an einem sehr kalten Morgen im Lastwagen seines Vaters auf die Ankunft eines Güterzugs warteten; Schusswaffen, Messer; Familiengeschichten. Die Nutten trinken Tequila mit Coca-Cola. Wie lange war ich draußen kotzen?, überlegt B. Sahst aus wie ein Kiffer, sagt eine der Nutten, willst du ein bisschen? Ein bisschen was?, fragt B zitternd, aber die Haut kalt wie eine Eisscholle. Ein bisschen Stoff, sagt die etwa dreißigjährige Frau, die wie ihre Begleiterin langes, jedoch blond gefärbtes Haar hat. Golden Acapulco?, fragt B und nimmt einen Schluck Tequila, während die beiden Frauen die Entfernung zwischen sich und ihm weiter verringern und ihm Rücken und Beine streicheln. Simón, zum Beruhigen. B nickt, und das Nächste, woran er sich erinnert, ist eine Rauchwolke, die sich zwischen ihn und seinen Vater schiebt. Du liebst deinen Herrn Papa sehr, sagt eine der Frauen. Nicht übermäßig, sagt B. Wie das?, sagt die Dunkelhaarige. Die Frau hinter dem Tresen lacht. Durch den Rauch hindurch beobachtet B, dass sein Vater den Kopf wendet und ihn einen Moment lang anschaut. Er schaut mich an mit einer todernsten Miene, denkt er. Gefällt dir Acapulco?, fragt die Blonde. Das Lokal, er bemerkt das erst jetzt, ist halb leer. An einem Tisch sitzen zwei Typen und trinken schweigend, an einem anderen sitzen sein Vater, der ehemalige Klippenspringer und die beiden Unbekannten beim Kartenspiel. Alle anderen Tische sind unbesetzt.

Die Tür zum Hof geht auf und herein kommt eine Frau im weißen Kleid. Die war es, die mir einen geblasen hat, denkt B. Die Frau wirkt wie fünfundzwanzig, obwohl sie sicher viel jünger ist, vielleicht sechzehn oder siebzehn. Sie hat wie fast alle langes Haar und trägt Schuhe mit sehr hohen Absätzen. Während sie das Lokal durchquert (sie steuert auf die Toilette zu), mustert B ihre Schuhe: Sie sind weiß und an den Seiten lehmverschmiert. Auch sein Vater hebt den Kopf und mustert sie einen Moment lang. B schaut die Nutte an, die eben die Klotür öffnet, dann seinen Vater. Im nächsten Moment schließt er die Augen, und als er sie wieder öffnet, ist die Nutte fort, und sein Vater konzentriert sich wieder aufs Spiel. Das Beste wäre, du würdest deinen Vater von hier wegbringen, flüstert ihm eine der Frauen ins Ohr. B bestellt noch einen Tequila. Kann ich nicht, sagt er. Die Frau schiebt ihre Hand unter sein weites, hawaiimäßig bedrucktes Hemd. Sie prüft, ob ich bewaffnet bin, denkt B. Die Finger der Frau wandern zu seiner Brust und schließen sich um seine linke Brustwarze. Sie drückt sie. Hey, sagt B.

Glaubst du mir nicht?, fragt die Frau. Was wird passieren?, fragt B. Etwas Schlimmes, sagt die Frau. Wie schlimm?, fragt B. Keine Ahnung, aber an deiner Stelle würde ich abhauen. B lächelt und schaut ihr zum ersten Mal in die Augen: Komm mit uns, sagt er, während er an seinem Tequila nippt. Ich müsste verrückt sein, sagt die Frau. Da erinnert sich B, wie sein Vater einmal zu ihm gesagt hatte, noch bevor er nach Chile ging: »Du bist ein Künstler, und ich ein Arbeiter.« Was wollte er damit sagen, überlegt er. Die Toilettentür geht auf, heraus kommt die Frau im weißen Kleid und mit jetzt makellosen Schuhen, geht quer durchs Lokal zu dem Tisch, wo man Karten spielt, und bleibt neben einem der Unbekannten stehen. Warum sollten wir gehen?, fragt B. Die Frau schaut ihn von der Seite an und antwortet nicht. Manche Dinge lassen sich erzählen, denkt B, und manche Dinge nicht. Er schließt die Augen.

Wie im Traum kehrt er auf den Hof hinter der Bar zurück. Die blond gefärbte Frau führt ihn bei der Hand. Ich war schon einmal dort, denkt B, ich bin betrunken, ich werde hier nie rauskommen. Ein paar Dinge wiederholen sich: Die Frau setzt sich auf einen wackligen Stuhl und öffnet seine Hose, die Nacht schwebt scheinbar wie ein tödliches Gas auf Höhe der leeren Bierkästen. Aber ein paar Dinge fehlen: Zum Beispiel ist der Hund nicht da, und im Osten hängt nicht der Mond, sondern eilen einige lichte Streifen dem Morgengrauen voraus. Als sie fertig werden, taucht, vielleicht durch B's Stöhnen angezogen, der Hund auf. Er tut nichts, sagt die Frau, während der Hund wenige Meter vor ihnen stehen bleibt und die Zähne bleckt. Die Frau steht auf und streicht ihr Kleid glatt. Der Rücken des Hundes ist gesträubt und von seiner Schnauze tropft durchsichtiger Geifer. Ruhig, Púas, ruhig, wiederholt die Frau. Er wird uns beißen, denkt B, während sie Richtung Tür zurückweichen. Dann überschlagen sich die Ereignisse: Am Tisch, wo sein Vater spielt, sind alle aufgesprungen. Einer der Unbekannten brüllt aus vollem Hals. B wird rasch klar, dass er seinen Vater beleidigt. Vorsichtshalber geht er zum Tresen und bestellt eine Flasche Bier, die er in großen Zügen austrinkt und sich dabei verschluckt, bevor er sich nähert. Sein Vater wirkt ruhig, denkt B. Neben ihm liegt eine hübsche Menge Scheine, die er einen nach dem anderen einsammelt und dann in die Tasche steckt. Mit der Kohle kommst du hier nicht raus, schreit der Unbekannte. B mustert den ehemaligen Klippenspringer. Für welche Seite wird er Partei ergreifen? Wahrscheinlich für den Unbekannten, denkt B. Das Bier rinnt ihm in den Kragen, und da erst bemerkt er, dass er glüht.

B's Vater ist mit dem Zählen der Scheine fertig und hebt den Blick zu den drei Männern vor ihm und der Frau in Weiß. Meine Herren, wir gehen, sagt er. Sohn, komm an meine Seite. B kippt das restliche Bier auf den Boden und packt die Flasche am Hals. Sohn, was tust du?, sagt B's Vater. B bemerkt einen vorwurfsvollen Unterton in seiner Stimme. Wir gehen in aller Ruhe, sagt B's Vater, dann dreht er sich um und fragt die Frauen, wie viel er ihnen schulde. Die hinterm Tresen schaut auf einen Zettel und nennt eine ziemlich hohe Summe. Die Blonde, auf dem Weg vom Tisch zum Tresen, nennt ebenfalls eine Zahl. B's Vater rechnet zusammen, nimmt das Geld heraus und reicht es der Blonden. Das ist für dich und die Getränke, sagt er. Dann schießt er noch ein paar Scheine nach: Trinkgeld. Jetzt gehen wir, denkt B. Die beiden Unbekannten stellen sich ihnen in den Weg. B will sie nicht anschauen, tut es aber doch: Die Frau in Weiß hat sich auf einen der leeren Stühle gesetzt und kontrolliert mit den Fingerspitzen die über den Tisch verstreuten Karten. Steh mir nicht im Weg, flüstert sein Vater, und B kapiert nicht gleich, dass er gemeint ist. Der ehemalige Klippenspringer schiebt die Hände in die Taschen. Der Unbekannte beleidigt seinen Vater erneut, verlangt, dass er sich wieder an den Tisch setzt und weiterspielt. Jetzt wird nicht mehr gespielt, sagt B's Vater. Einen Augenblick lang, während er die Frau in Weiß betrachtet (die er jetzt plötzlich sehr schön findet), denkt B an Gui Rosey, der spurlos vom Erdboden verschwindet, folgsam wie ein Lamm, während die Nazigesänge zum blutroten Himmel aufsteigen, und sieht sich selbst als Gui Rosey, als ein auf irgendeiner Brachfläche von Acapulco verscharrter Gui Rosey, für immer verschwunden, hört dann aber, wie sein Vater dem ehemaligen Klippenspringer etwas vorwirft, und wird sich bewusst, dass er im Gegensatz zu Gui Rosey nicht allein ist.

Sein Vater geht daraufhin ein wenig vornübergebeugt in Richtung Ausgang, und B lässt ihm genügend Platz, damit er sich frei bewegen kann. Morgen fahren wir, morgen fahren wir zurück nach DF, denkt B glücklich. Die Schlägerei beginnt.

TAGE DES JAHRES 1978

Einmal nimmt B an einem Fest von im europäischen Exil lebenden Chilenen teil. B ist eben erst aus Mexiko hier eingetroffen und kennt die meisten Anwesenden nicht. Anders als erwartet, handelt es sich um ein Familienfest und sind die Eingeladenen nicht nur durch Bande der Freundschaft, sondern auch durch solche verwandtschaftlicher Art verbunden. Brüder tanzen mit Cousinen, Tanten mit Neffen, der Wein fließt in Strömen.

Irgendwann, wahrscheinlich im Morgengrauen, legt sich ein junger Bursche unter irgendeinem Vorwand mit B an. Der Streit ist bedauerlich und unvermeidlich. Der junge Mann protzt mit völlig hirnrissigen Lektürekenntnissen: Er verwechselt Marx mit Feuerbach, den Che mit Franz Fanon, Rodó mit Mariátegui, Mariátegui mit Gramsci. Im Übrigen ist es nicht der passende Zeitpunkt für einen Streit, das erste Tageslicht von Barcelona raubt Nachtschwärmern regelmäßig den Verstand, anderen verleiht es gerichtsvollzieherische Kaltblütigkeit. Das sage nicht ich, das denkt B, und entsprechend sind seine Antworten eisig, sarkastisch, ein mehr als hinlänglicher *casus belli* für U's Lust, sich zu prügeln. Aber als eine Schlägerei schon unabwendbar scheint, steht B auf und verweigert die Konfrontation. U beleidigt ihn, provoziert ihn, schlägt mit der Faust auf den Tisch (oder auch gegen die Wand). Alles vergeblich.

B beachtet ihn nicht weiter und geht.

Hier könnte die Geschichte enden. B verabscheut die in Barcelona lebenden Chilenen, obwohl er selbst ein in Barcelona lebender Chilene ist. Der ärmste der in Barcelona lebenden Chilenen und wahrscheinlich auch der einsamste. Zumindest glaubt er das. In seiner Erinnerung ähnelt der Vorfall vor allem einer Schulhofprügelei. U's Gewalttätigkeit jedoch veranlasst ihn zu einigen bitteren Schlussfolgerungen, denn U hat sich in einer der linken Parteien engagiert, tut es vielleicht noch, für die B einmal größere Sympathien gehegt hat. Wider einmal hat ihm die Wirklichkeit bewiesen, dass bezüglich Demagogie, Dogmatismus und Ignoranz keine einzelne Gruppierung eine Monopolstellung genießt.

Aber B vergisst den Vorfall, versucht ihn zu vergessen, und lebt weiter.

Vage, als handelte es sich um einen Toten, erreichen ihn ab und an Nachrichten über U. Eigentlich würde es B vorziehen, nichts zu erfahren, aber wenn man mit bestimmten Personen verkehrt, ist es unmöglich, nichts von dem mitzubekommen, was außen herum passiert oder wovon man glaubt, dass es passiert. So weiß B jetzt, dass U die spanische Nationalität erhalten hat oder das U in Begleitung seiner Frau das Konzert einer chilenischen Folkgruppe besucht hat. Mehr noch, sekundenlang stellt B sich vor, wie U und seine Frau in einem Theater sitzen, das sich langsam mit Menschen füllt, die darauf warten, dass sich der Vorhang hebt und die Folkgruppe auftritt, langhaarige, bärtige Typen, ganz ähnlich wie U gewissermaßen, und stellt sich auch U's Frau vor, die er nur einmal gesehen hat, die er hübsch findet, mit einer fremdartigen Note, eine Frau, die anderswo ist, die von anderswoher grüßt (so wie sie B auf jenem Fest gegrüßt hatte) und von anderswo auf den immer noch geschlossenen Vorhang und auf ihren Mann schaut, von einem durch ihre großen sanften Augen gedämpften Ort aus. Aber wie kann diese Frau sanfte Augen haben?, denkt B. Es gibt keine Antwort.

Eines Abends kommt doch eine Antwort, wenn auch nicht die von B erwartete. Beim Essen mit einem chilenischen Paar erfährt B, dass U in eine Psychiatrie eingeliefert wurde, nachdem er versucht hat, seine Frau umzubringen.

Vielleicht hat B zu viel getrunken. Vielleicht ist die Geschichte, die das chilenische Pärchen erzählt, bis zur Karikatur überzeichnet.

Sicher ist jedenfalls, dass B den Bericht von U's widrigem Geschick mit dem größten Vergnügen und dann mit einem Triumphgefühl anhört, das er sich nicht anmerken lässt und in dem, irrational und schäbig, sämtliche Schatten seines Grolls und seiner Enttäuschung ihren Auftritt haben. Er stellt sich vor, wie B heulend und schreiend durch eine vage chilenische, vage lateinamerikanische Straße läuft, während die Gebäude rechts und links zu qualmen beginnen, anhaltend, wenngleich zu keinem Zeitpunkt eine einzige Flamme zu sehen ist.

Von da an versäumt B es nie, sich jedes Mal, wenn er das chilenische Pärchen trifft, nach U zu erkundigen, und erfährt so allmählich, als würden die Nachrichten zu seiner heimlichen Befriedigung vierzehntägig oder monatlich kredenzt, dass U die Psychiatrie verlassen hat, dass U nicht mehr arbeitet, dass U's Frau ihn nicht verlassen hat (was B offen gestanden heldenhaft findet), dass U und seine Frau gelegentlich davon sprechen, nach Chile zurückzukehren. Das befreundete chilenische Paar ist von der Vorstellung einer Rückkehr nach Chile natürlich ganz angetan. Für B ist es eine grauenhafte Vorstellung. War U denn kein Linker?, fragt er. War er denn nicht bei der MIR?

Obwohl er es nicht sagt, bedauert B U's Frau. Warum hat sich eine Frau wie sie in einen Typen wie ihn verliebt? Einmal stellt er sich sogar vor, wie sie miteinander schlafen. U ist groß und blond und hat kräftige Arme. Wäre es in jener Nacht zu einer Schlägerei gekommen, denkt er, ich hätte verloren. U's Frau ist schlank, hat schmale Hüften und schwarzes Haar. Welche Farbe haben ihre Augen?, überlegt B. Grün. Sehr schöne Augen. Manchmal macht B der Gedanke an U und seine Frau wütend, und wenn er könnte, wenn es möglich wäre, würde er sie für immer vergessen (er hat sie nur einmal gesehen!), tatsächlich aber dauert das von jenem bedauerlichen Fest umrahmte Bild der beiden in seiner Erinnerung auf geheimnisvolle Weise fort, als wollte es ihm mit seiner Anwesenheit etwas sagen, etwas Wichtiges, wovon B, sosehr er auch darüber nachdenkt, nicht weiß, was es ist.

Eines Abends begegnet er beim Spazierengehen auf den Ramblas zufällig seinen chilenischen Freunden. Sie sind in Begleitung von U und U's Frau. Er kommt nicht umhin, sie zu grüßen. U's Frau lächelt ihn an, und ihre Begrüßung könnte man überschwänglich nennen. U dagegen richtet kaum das Wort an ihn. Für einen Moment nimmt B an, U spiele den Schüchternen und Zerstreuten. In seinem Verhalten bemerkt er jedoch nicht das geringste Anzeichen von Aggressivität. Tatsächlich könnte man meinen, U sähe ihn zum ersten Mal. Tut er nur so? Ist sein Desinteresse echt oder rührt es von seiner psychischen Erkrankung her? Als wollte U's Frau B's Aufmerksamkeit auf sich lenken, spricht sie von einem Buch, das sie gerade an einem der Stände auf den Ramblas gekauft hat. Sie holt das Buch heraus, zeigt es ihm, fragt ihn, was er von dem Autor hält. B gesteht, er habe es leider nicht gelesen. Du musst es lesen, sagt U's Frau und fügt hinzu: Wenn du willst, leihe ich es dir, wenn ich durch bin. B weiß nicht, was er sagen soll. Er zuckt mit den Schultern. Murmelt ein Ja, das zu nichts verpflichtet.

Beim Abschied küsst U's Frau ihn auf die Wange. U drückt ihm die Hand. Bis bald mal, sagt er.

Wieder allein, denkt B, dass er U diesmal nicht so groß und kräftig gefunden hat, wie noch auf dem Fest, tatsächlich ist er nicht viel größer als er selbst. Das Bild seiner Frau dagegen ist gewachsen und strahlt in ungeahntem Glanz. Aus Gründen, die mit der Begegnung nichts zu tun haben, hat B in dieser Nacht Mühe einzuschlafen, und in einem Moment seiner Schlaflosigkeit denkt er wieder an U.

Er stellt ihn sich in der Psychiatrie von Sant Boi vor, sieht ihn an einen Stuhl gefesselt, auf dem er sich wütend windet, während einige Ärzte (oder die Schatten einiger Ärzte) an seinem Kopf Elektroden befestigen. Eine solche Behandlung denkt er, kann vielleicht einen großen Menschen klein machen. Alles scheint absurd. Bevor er einschläft, wird ihm klar, dass seine offene Rechnung mit U bereits beglichen ist.

Trotzdem ist die Geschichte nicht zu Ende.

B weiß es. Er weiß auch, dass eine Geschichte mit U keine gewöhnliche Ressentiment-Geschichte ist.

Die Tage vergehen. Aus einem Impuls, den man vielleicht selbstzerstörerisch nennen könnte, versucht B anfangs, U und U's Frau wiederzutreffen, und zu diesem Zweck frequentiert er wie niemals zuvor die Wohnungen der in Barcelona lebenden Exilchilenen, die er kennt, lauscht ihren Problemen, ihren Kommentaren zu alltäglichen Dingen mit einer Mischung aus Entsetzen und Gleichgültigkeit, die er hinter einer scheinbar interessierten Miene verbirgt, aber U und seine Frau sind nie da, niemand hat sie gesehen, aber natürlich haben alle etwas zu erzählen, irgendeine schlüssige Erklärung für das Verhängnis beizusteuern, das auf ihnen lastet, aber das Einzige, was man sicher sagen kann, folgert B nach etlichen solcher Besuche und Monologe, ist, dass U und seine Frau die Gesellschaft von ihresgleichen meiden. Später verliert der Impuls an Kraft, erschöpft sich, und B kehrt zu seinem gewohnten Leben zurück.

Eines Tages jedoch begegnet er U's Frau in der Markthalle La Boquería. Er sieht sie von weitem. Sie ist in Begleitung einer Frau, die B nicht kennt. Sie stehen an einem Stand mit exotischen Früchten. Während er sich ihnen nähert, bemerkt er, dass das Gesicht von U's Frau an Tiefe gewonnen hat. Sie ist nicht nur eine schöne, sondern jetzt auch eine interessante Frau. E grüßt sie. U's Frau erwidert seinen Gruß kühl, als würde sie ihn nicht erkennen. Für einen Moment glaubt B, dass sie ihn wirklich nicht erkennt, und stellt sich vor. Er erinnert sie an ihre letzte Begegnung, an das Buch, das sie ihm empfohlen hatte, spricht sogar von dem verwünschten Fest, auf dem sie sich zum ersten Mal begegnet waren. U's Frau nickt zu allem, was B sagt, aber ihren Mienen ist ein wachsender Widerwille abzulesen, als wäre es ihr sehnlichster Wunsch, dass B endlich verschwände. Verwirrt folgt B den beiden, obwohl er innerlich weiß, dass es das Beste wäre, sich sofort zu verabschieden. Im Grunde erwartet B etwas, ein Zeichen, ein Wort, dass ihre Verwechslung bestätigt. Aber das Zeichen bleibt aus. U's Frau versucht, *ihn nicht zu sehen*. Dagegen betrachtet ihn die andere Frau genau, und an diesen

Blick klammert sich B wie an einen glühenden Nagel. Die Freundin von U's Frau heißt K und ist nicht Chilenin, sondern Dänin. Ihr Spanisch ist schlecht, aber verständlich. Sie lebt erst seit kurzem in Barcelona und kennt die Stadt kaum. B bietet an, sie ihr zu zeigen. K nimmt an.

Also trifft sich B noch am selben Abend mit der Dänin, und sie spazieren durch das Barrio Gótico (er ohne genau zu wissen, warum er tut, was er gerade tut, sie glücklich und ein bisschen betrunken, weil sie schon in ein paar alte Kneipen eingekehrt sind) und reden, und K veranlasst ihn, genauer auf die Schatten zu achten, die ihre Körper auf die alten Mauern und gepflasterten Straßen werfen. Es sind Schatten, die ein Eigenleben haben, sagt K. Im ersten Moment schenkt B ihren Worten kaum Beachtung, aber später beobachtet er seinen Schatten, vielleicht ist es auch der der Dänin, und für eine Sekunde kommt es ihm so vor, als würde diese längliche, dunkle Silhouette sie schief anschauen. Er spürt einen jähen Schreck. Dann versinken alle drei oder vier in einer gestaltlosen Dunkelheit.

In dieser Nacht schläft er mit K. Die Dänin studiert mit U's Frau Anthropologie, und obwohl sie nicht das ist, was man eine Busenfreundin nennt (sie sind tatsächlich nur Studienkolleginnen), fängt sie, als der Morgen zu grauen beginnt, von ihr zu reden an, vielleicht weil es die einzige gemeinsame Bekannte ist. B wird aus ihren Worten nicht recht schlau. K's Bericht ergeht sich in Gemeinplätzen. Sie ist ein guter Mensch, immer bereit, anderen einen Gefallen zu tun, ist eine intelligente Studentin (was heißt das?, fragt sich B, der nie eine Universität besucht hat), obwohl sie, und das behauptet sie ohne irgendeinen Beweis, nur auf ihre weibliche Intuition gestützt, voller Probleme ist. Was für Probleme?, fragt B. Ich weiß nicht, sagt K, Probleme aller Art.

Die Tage vergehen. B hört auf, in den Wohnungen der im barcelonischen Exil lebenden Chilenen nach U oder U's Frau zu fahnden. Alle zwei, drei Tage trifft er sich mit K, und sie schlafen miteinander, sprechen aber nicht mehr über U's Frau, und in den seltenen Fällen, wo K doch einmal auf sie zu sprechen kommt, spielt B den

Unbeteiligten oder bemüht sich, seiner Freundin unbeteiligt oder lustlos zuzuhören, versucht, ohne sich allzu große Mühe zu geben, objektiv zu sein, als spräche K von sozialer Anthropologie oder der kleinen Meerjungfrau in Kopenhagen. Er kehrt in seinen Alltag zurück, was so viel heißt, wie dass er in seinen privaten Wahnsinn oder seine private Langeweile zurückkehrt. Mit K nimmt er übrigens auch nicht am sozialen Leben teil, was ihm eine unerwünschte oder vom Zufall herbeigeführte Begegnung erspart.

Eines Tages, nachdem er sie lange nicht besucht hat, führt ihn sein Weg erneut in die Wohnung des chilenischen Paares, seinen Freunden.

B geht davon aus, dass sie allein sind, B geht von einem gemeinsamen Abendessen aus und erscheint zu diesem Zweck mit einer Flasche Wein. Als er ankommt, ist die Wohnung virtuell mit Beschlag belegt. Seine Freunde sind da, zusätzlich aber noch eine andere Chilenin, die schon älter ist, in den Fünfzigern, und davon lebt, dass sie Tarotkarten legt, und ein etwa sechzehnjähriges Mädchen, blass und mürrisch, der in Exilantenkreisen der Ruf vorauseilt, eine große Leuchte zu sein (was sich im Nachhinein als unbegründet erweist), Tochter eines von der Diktatur ermordeten Arbeiterführers, dann der Freund des Mädchens, ein katalanischer Kommunistenführer, mindestens zwanzig Jahre älter als sie, außerdem die Frau von U, mit geröteten Wangen und Augen, denen anzusehen ist, dass sie geweint hat, und im Wohnzimmer, in einem Sessel sitzend, als wüsste er nicht, was vorgeht, U.

B's erster Impuls ist, mit seiner Flasche Wein sofort wieder zu gehen. Aber er besinnt sich eines Besseren (obwohl ihm eigentlich nicht einfällt, was daran besser ist), und bleibt.

Die Wohnung seiner Freunde atmet eine düstere Atmosphäre. Die Stimmung, die Bewegungen der Anwesenden, alles passt zu einem konspirativen Treffen, aber nicht zu einem in großer Runde, sondern zu Konspirationen en petit comité, auf die verschiedenen Räume der Wohnung verstreuten Teilkonspirationen, als verböte sich ein Gespräch aller mit allen aus unsagbaren, von allen respektierten Gründen. Die Hexe und die Frau des Hauses zurückgezogen im Büro des Hausherrn. Das bleiche Mädchen, der Hausherr und U's Frau zurückgezogen in der Küche. Der Freund des bleichen Mädchens und die Frau des Hauses zurückgezogen im Schlafzimmer. U's Frau und das bleiche Mädchen zurückgezogen im Bad. Die Hexe und der Hausherr zurückgezogen im Flur, was schon etwas heißen will. Bei dem ganzen Hin und Her sieht sich B selbst sogar einmal zurückgezogen mit der Frau des Hauses und dem bleichen Mädchen im Gästezimmer, während er durch die Trennwand die schrille Stimme der Hexe hört, die U's Frau etwas sagt oder Ratschläge herunterleiert, beide zurückgezogen in der Abstellkammer.

Der Einzige, der die ganze Zeit über in seinem Sessel im Wohnzimmer sitzt, als ginge ihn die allgemeine Aufregung nichts an oder als gehörte sie zu einer eingebildeten Welt, ist U. Und zu ihm begibt sich B, nachdem er eine Flut verworrener, wenn nicht widersprüchlicher Informationen angehört hat, aus denen ihm nur eine Sache klar geworden ist, nämlich dass U just an diesem Morgen versucht hat, sich umzubringen.

Im Wohnzimmer grüßt ihn U mit einer Handbewegung, die man weder freundschaftlich noch aggressiv nennen könnte. B setzt sich in einen Sessel ihm gegenüber. Eine Weile bleiben beide stumm, schauen zu Boden, verfolgen das Kommen und Gehen der anderen, bis B bemerkt, dass U den Fernseher laufen hat, ohne Ton, und dass ihn die Sendung zu interessieren scheint.

Nichts in U's Mienenspiel verrät den Selbstmörder oder einen Selbstmordversuch, denkt B. Im Gegenteil, seinen Zügen ist eine unbekannte, zumindest B unbekannte, Heiterkeit abzulesen. In seiner Erinnerung ist U's Gesicht auf das Gesicht festgelegt, mit dem er auf dem Fest erschienen war, ein sanguinisches, zwischen Angst und Groll gefangenes Gesicht, oder auf das Gesicht, als sie sich auf den Ramblas trafen, eine ausdruckslose Maske (wobei man auch jetzt nicht behaupten könnte, dass sein Gesicht besonders ausdrucksstark ist), hinter der die Ungeheuer von Angst und Groll lauerten. Jetzt wirkt sein Gesicht auf ihn wie reingewaschen. Als hätte U Stunden oder sogar Tage am Grund eines reißenden Flusses zugebracht. Nur der stumm geschaltete Fernseher und seine trockenen Augen, die aufmerksam den Ereignissen auf der Mattscheibe folgen (während man in der Wohnung das Gemurmel der Chilenen hört, die müßig über die Möglichkeit diskutieren, ihn erneut nach Sant Boi einweisen zu lassen), vermitteln B die Gewissheit, dass hier allerdings etwas Außerordentliches geschieht.

Und dann bricht eine scheinbar unerhebliche Bewegung an (oder richtiger *los*), eine deutlich rückläufige Bewegung: Ohne seinen Sessel zu verlassen, beobachtet B, dass alle, die bis eben noch in kleinen Gruppen diskutiert oder verhandelt hatten, im Gänsemarsch zum Schlafzimmer der Hausherren trotten, ausgenommen das bleiche Mädchen, die Tochter des ermordeten Gewerkschaftsführers, die sich mit einer Miene, von der er nicht weiß, ob er sie als Auflehnung, Überdruss oder Wachsamkeit deuten soll, im Wohnzimmer in einen Sessel setzt, unweit des Sessels, in dem U fernsieht. Die Schlafzimmertür schließt sich. Die leisen Geräusche enden.

Vielleicht wäre das ein guter Moment gewesen, um zu gehen, denkt B. Stattdessen öffnet er die Flasche Wein und bietet davon an: dem bleichen Mädchen ein Gläschen, das ohne mit der Wimper zu zucken annimmt, und U, der nur daran nippt, wie um B nicht vor den Kopf zu stoßen, der aber eigentlich nicht trinken mag oder kann. Und dann, während sie trinken oder so tun, als würden sie trinken, fängt das bleiche Mädchen an zu sprechen und erzählt ihnen den letzten Film, den sie gesehen hat, grottenschlecht, sagt sie, und fragt dann die anderen, ob sie einen gesehen haben, der gut war, den sie empfehlen können. In Wirklichkeit ist das eine rhetorische Frage. Indem sie sie stellt, suggeriert das bleiche Mädchen eine Hierarchie, in der sie auf einer der vorderen Plätze rangiert. Ihr fehlt es nicht an Taktgefühl. Die Frage impliziert auch die Absicht (ihre Absicht, aber auch eine höhere Absicht, eine, die sich um niemanden außer um den guten Zufall schert), auch B und U als Teil dieser Hierarchie anzusehen, was durchaus ein handfester Beweis für ihren integrativen Charakter ist, selbst in Situationen wie dieser.

Zum ersten Mal macht U den Mund auf und sagt, dass er seit langem nicht mehr ins Kino geht. Anders als B erwartet, klingt seine Stimme völlig normal. Wohltönend und mit einem unterschwelligen, leicht traurigen Timbre, einem chilenischen Timbre, einem pyramidalen Timbre, das dem bleichen Mädchen nicht unangenehm ist, auch denen nicht unangenehm gewesen wäre, die sich ins Schlafzimmer zurückgezogen haben, wenn sie Gelegenheit gehabt hätten, es zu hören. Nicht einmal B ist es unangenehm, es weckt vielmehr seltsame Reminiszenzen an einen Stummfilm in Schwarzweiß, in dem plötzlich alle auf unverständliche, ohrenbetäubende Weise zu schreien anfangen, während sich im Fokus des Objektivs ein roter Striemen zu bilden und über die ganze Leinwand auszudehnen beginnt. Diese Vision oder Vorahnung, wenn wir das so nennen dürfen, macht B so nervös, dass er ungewollt den Mund aufmacht und sagt, er habe kürzlich doch einen Film gesehen, und dieser Film sei sehr gut.

Im nächsten Moment (obwohl er am liebsten aufgestanden und aus dem Wohnzimmer, der Wohnung, dem Stadtviertel davongelaufen wäre) fängt er an, den Film nachzuerzählen. Er erzählt ihn dem bleichen Mädchen, das ihn mit einem verdrießlich interessierten Gesichtsausdruck anhört (als gehörten Verdruss und Interesse unauflöslich zusammen), aber eigentlich erzählt er den Film U, zumindest ist es das, was B eigener Wahrnehmung nach mit seinen hastigen und ungeschickten Worten zu tun glaubt.

Dieser Film hat sich seinem Gedächtnis eingebrannt. Noch heute erinnert er sich an ihn bis in kleinste Details. Damals hatte er ihn gerade erst gesehen, weshalb seine Nacherzählung zumindest lebendig gewesen sein muss. Der Film erzählt die Geschichte eines Mönchs im mittelalterlichen Russland, der Ikonen malt. B's Worte lassen die Feudalherren vorbeiziehen, die Popen, die Bauern, die niedergebrannten Kirchen, Neid und Ignoranz, Volksfeste und einen Fluss bei Nacht, die Zweifel und die Zeit, die Gewissheit der Kunst, das Blut, das unheilbar ist. Drei Personen tauchen als Hauptfiguren auf, wo nicht im Film, so doch in der Nacherzählung, die der Chilene in einer Wohnung von Chilenen vor dem Sessel eines gescheiterten chilenischen Selbstmörders an einem milden Frühlingsnachmittag in Barcelona zum Besten gibt: die eine Person ist der malende Mönch; die zweite ein satirischer Dichter, eigentlich eine Art Beatnik, ein Lebemann, ein armer und eher beschränkter Typ, ein Witzbold, ein in den Weiten Russlands gestrandeter Villon, den der Mönch unabsichtlich von Soldaten gefangen nehmen lässt; die dritte Person ist ein junger Mann, Sohn eines Glockengießers, der nach einer Seuche behauptet, die väterlichen Geheimnisse in dieser schwierigen Kunst geerbt zu haben. Der Mönch ist der integrale und integre Künstler. Der Wanderdichter ist ein Witzbold, aber in seinen Zügen sind alle Hinfälligkeit und aller Schmerz der Welt eingefangen. Der jugendliche Glockengießer ist Rimbaud, also der Waisenknabe.

Das Ende des Films, in die Länge gezogen wie eine Geburt, stellt das Gießen der Glocke dar. Der Feudalherr will eine neue Glocke, aber eine Seuche hat die Bevölkerung dezimiert, und der Glockengießer ist gestorben. Als die Männer des Feudalherrn ihn abholen kommen, finden sie nur ein in Trümmern liegendes Haus und als einzigen Überlebenden seinen Sohn. Der Junge versucht sie zu überzeugen, dass er weiß, wie man eine Glocke gießt. Nach einigem Zögern nehmen die Büttel des Feudalherrn den Jungen mit, nicht ohne die vorherige Warnung, er werde mit seinem Leben bezahlen, wenn die Glocke sich als untauglich erweisen sollte.

Der Mönch, der freiwillig der Malerei entsagt hat und sich ein Schweigegelübde auferlegt hat, kommt von Zeit zu Zeit auf dem Feld vorbei, wo Handwerker die Glocke bauen. Manchmal sieht ihn der Glockengießersohn und macht sich über ihn lustig. Er stellt ihm Fragen, die der Mönch nicht beantwortet. Er lacht ihn aus. In der Umgebung der ummauerten Stadt wächst im Gleichtakt mit den voranschreitenden Arbeiten an der Glocke im Schatten des Gerüstbaus der Handwerker eine Art Jahrmarkt. Eines Nachmittags, als er in Begleitung anderer Mönche dort vorbeikommt, bleibt der Maler und Mönch stehen, um einem Dichter zu lauschen, der sich als jener Beatnik entpuppt, der vor vielen Jahren durch seine Schuld in Haft geraten war. Der Dichter erkennt ihn wieder und wirft ihm sein vergangenes Tun vor, berichtet ihm in brutalen Worten, in kindischen Worten, welche Mühsalen er erleiden musste, wie nah er Tag für Tag daran war zu sterben. Getreu seinem Schweigegelübde gibt der Mönch keine Antwort, obwohl man an der Art, wie er ihn anschaut, erkennt, dass er alles auf sich nimmt, das, wofür er etwas kann, und das, wofür er nichts kann, und dass er ihn um Vergebung bittet. Die Leute sehen abwechselnd den Dichter und den Mönch an und verstehen kein Wort, bestürmen aber den Dichter, ihnen weiter seine Geschichten zu erzählen, den Mönch in Ruhe zu lassen und sie weiter zum Lachen zu bringen. Der Dichter weint, aber als er sich seinem Publikum zuwendet, hat er seinen Humor wiedergefunden.

Und so vergehen die Tage. Manchmal erscheinen der Feudalherr und seine Edelleute bei der improvisierten Gießerei, um die Arbeiten an der Glocke zu begutachten. Sie sprechen nicht mit dem Jungen, sondern mit einem Büttel des Feudalherrn, der als Mittelsmann dient. Auch der Mönch kommt vorbei und beobachtet die Arbeiten mit wachsendem Interesse. Das Interesse des Mönchs versteht nicht einmal er selbst. Im Übrigen kümmert sich um ihn die Riege der Handwerker, die dem Jungen unterstellt ist. Sie geben ihm zu essen. Sie scherzen mit ihm. Im täglichen Umgang habe sie ihn liebgewonnen. Und schließlich kommt der große Tag. Man zieht die Glocke hoch. Um das Holzgerüst, an dem sie hängt und in dem sie zum ersten Mal geläutet werden soll, versammeln sich Gott und die Welt. Alles Volk ist hinter den Stadtmauern hervorgekommen. Der Feudalherr und seine Edelleute und auch ein junger italienischer Gesandter, der die Russen für Wilde hält, warten. Auch der Mönch, der sich unters Volk gemischt hat, wartet. Man läutet die Glocke. Der Ton ist perfekt. Weder birst die Glocke noch erstirbt der Klang. Alle beglückwünschen den Feudalherrn, auch der Italiener. Das Volk feiert.

Als alles vorbei ist, sind dort, wo eben ein Jahrmarkt war und sich jetzt ein großes Müllfeld erstreckt, nur zwei Menschen bei der verwaisten Gießerei zurückgeblieben, der Junge und der Mönch. Der Junge sitzt auf dem Boden und heult Rotz und Wasser. Der Mönch steht daneben und schaut ihm zu. Der Junge blickt zum Mönch auf und sagt, sein Vater, dieses versoffene Schwein, habe ihn nie in die Kunst des Glockenbaus eingeweiht, habe das Geheimnis mit ins Grab genommen, er habe alles allein gelernt, durch Zuschauen. Und fängt wieder an zu weinen. Daraufhin hockt sich der Mönch zu ihm und sagt, indem er sein Schweigegelübde bricht: Komm mit mir ins Kloster, ich werde wieder malen, und du wirst für die Kirchen Glocken gießen, weine nicht mehr.

Und damit endet der Film.

Als B zu sprechen aufhört, weint U.

Das bleiche Mädchen sitzt in ihrem Sessel und betrachtet etwas durchs Fenster, vielleicht bloß die Nacht. Muss ein guter Film sein, sagt sie und fährt fort in der Betrachtung von etwas, das B nicht sieht. Daraufhin leert U sein Glas Wein in einem Zug und lächelt das bleiche Mädchen an, dann B, und vergräbt sein Gesicht in den Händen. Das bleiche Mädchen steht leise auf, und als sie zurückkommt, ist U's Frau und die Hausherrin bei ihr. U's Frau hockt sich neben U und streichelt sein Haar. Der Hausherr und die Hexe tauchen aus dem Flur auf, wortlos, bis die Hexe die vergessene Weinflasche auf dem Tisch entdeckt und sich ein Glas einschenkt.

Diese Geste wirkt wie ein Startschuss. Alle gießen sich jetzt ein Glas Wein ein. Die Hexe prostet. Der Hausherr prostet. Das bleiche Mädchen prostet. Als B sich nachschenken will, ist kein Wein mehr da. Er sagt den Hausherren auf Wiedersehen. Und geht.

Erst unten am Haustor (am Haustor, das dunkel ist, hinter dem ihn die Straße erwartet) wird ihm bewusst, dass er den Film nicht U, sondern sich selbst erzählt hat.

B sieht weder U noch seine Frau je wieder. Tatsächlich braucht er U und das grelle Schreckgespenst nicht mehr, das ihm sein zerrüttetes Bild vorgegaukelt hatte. Eines Tages erfährt er jedoch, dass U nach Paris gefahren ist, um einen alten Parteigenossen zu besuchen.

Er hat die Reise nicht allein unternommen. U bricht in Begleitung eines anderen Chilenen auf. Sie fahren mit dem Zug. Kurz vor der Ankunft in Paris steht U auf und kehrt nicht ins Abteil zurück. U's Begleiter erwacht, als der Zug sich in Bewegung setzt. Er sucht U und findet ihn nicht. Nach Rücksprache mit dem Schaffner kommt er zu dem Schluss, dass U bei der gerade verlassenen Station ausgestiegen ist. Zur selben Zeit, im Morgengrauen, klingelt das Telefon in U's Wohnung. Als seine Frau endlich erwacht, aufsteht und ins Wohnzimmer kommt, klingelt das Telefon nicht mehr. Kurz darauf klingelt das Telefon in der Wohnung eines Freundes, der, diesmal rechtzeitig, den Hörer abhebt und mit U sprechen kann. Dieser sagt ihm, er befinde sich in einem ihm unbekannten französischen Städtchen, er sei auf dem Weg nach Paris gewesen, habe aber unerklärlicherweise die Lust verloren und gedenke jetzt, nach Barcelona zurückzukehren. Der Freund fragt, ob er genug Geld hat. U sagt ja. Dem Freund zufolge wirkt U ruhig, sogar *erleichtert* über seine Entscheidung. Der Zug, in dem U saß, setzt also seinen Weg nach Paris fort, und U läuft durch das Städtchen in Richtung Süden, als wäre er plötzlich eingeschlafen und wollte zu Fuß nach Barcelona zurückkehren.

Er ruft nicht wieder an.

Bei dem Städtchen gibt es einen Wald. Irgendwann nachts verlässt U die Straße und biegt in den Wald ab. Am folgenden Tag findet ihn ein Bauer, erhängt mit seinem eigenen Gürtel an einem Baum, was so leicht nicht zu schaffen ist, wie man auf den ersten Blick meinen könnte. Sein Pass, U's übrige Papiere, der Führerschein, die Sozialversicherungskarte, finden die Polizisten verstreut, vom Leichnam weit entfernt, als hätte U sie auf dem Weg durch den Wald fortgeworfen oder versucht, sie verschwinden zu lassen.

VAGABUNDIEREN IN FRANKREICH UND BELGIEN

B ist nach Frankreich gekommen. Fünf Monate reist er dort herum und gibt alles Geld aus, das er hat. Opferritual, *acte gratuit*, Überdruss. Manchmal notiert er sich etwas, in der Regel aber schreibt er nicht, liest nur. Was liest er? Krimis in französischer Sprache, einer Sprache, die er kaum versteht, wodurch die Krimis noch interessanter werden. Selbst so kennt er den Mörder immer schon vor der letzten Seite. Im Übrigen ist Frankreich weniger gefährlich als Spanien, und B braucht das Gefühl, sich in einer Gegend mit geringem Gefahrenpotenzial zu bewegen. In Wirklichkeit ist B nach Frankreich gekommen und kann Geld ausgeben, weil man ihm ein Buch bezahlt hat, das es noch gar nicht gibt, und nachdem er sechzig Prozent davon auf das Konto seines Sohnes eingezahlt hat, ist er nach Frankreich gegangen, weil ihm Frankreich gefällt. Das ist alles. B hat den Zug von Barcelona nach Perpignan genommen und ist eine halbe Stunde lang im Bahnhof von Perpignan herumgelaufen und hat alles verstanden, was er verstehen musste, und ist dann zum Essen in ein Restaurant in der Stadt gegangen und ins Kino, um einen englischen Film zu sehen, und ist am Abend wieder in einen Zug gestiegen, der ihn direkt nach Paris gebracht hat.

In Paris bezieht er ein kleines Hotel in der Rue Saint-Jacques und besucht am ersten Tag den Jardin du Luxembourg und setzt sich auf eine Bank und liest und geht dann zurück in die Rue Saint-Jacques, sucht sich ein billiges Restaurant und isst dort zu Mittag.

Am zweiten Tag, nach Beendigung eines Krimis, in dem der Mörder in einem Altenheim lebt (wobei das Altenheim dem Spiegel bei Lewis Carroll ähnelt), unternimmt er einen Streifzug durch die Antiquariate und findet eins in der Rue du Vieux Colombier, wo er eine alte Ausgabe der Zeitschrift »Luna Park« entdeckt, die Nummer 2, eine Monographie zum Thema Typographie oder Schriftgraphik, mit Texten oder Zeichnungen (der Text ist die Zeichnung und umgekehrt) von Roberto Altmann, Frédéric Baal, Roland Barthes, Jacques Calonne, Carlfriedrich Claus, Mirtha Dermisache, Christian Dotremont, Pierre Guyotat, Brion Gysin, Henri Lefebvre und Sophie Podolski.

Die Zeitschrift erscheint oder erschien dreimal jährlich unter Federführung von Marc Dachy, herausgegeben in Brüssel bei TRANSédITION, und hat oder hatte ihren Geschäftssitz in der Rue Henry van Zuylen Nr. 59. Roberto Altmann war zu seiner Zeit ein berühmter Künstler. Wer erinnert sich heute an Roberto Altmann? Das Gleiche gilt für Carlfriedrich Claus. Pierre Guyotat war ein bemerkenswerter Schriftsteller. Aber bemerkenswert ist nicht gleichbedeutend mit erinnernswert. Tatsächlich wäre B gern so gewesen wie Guyotat, zu einer anderen Zeit, als B jung war und die Werke von Guyotat las. Der kahle, saft- und kraftvolle Guyotat. Der Guyotat, der jeder Frau in der Dunkelheit einer chambre de bonne gleich an die Wäsche gegangen wäre. An Mirtha Dermisache erinnert er sich nicht, aber ihr Name sagt ihm was, möglicherweise eine schöne Frau, ganz sicher eine elegante Frau. Sophie Podolski war eine Dichterin, die er und sein Freund L schon von Mexiko aus schätzten (man könnte sogar sagen liebten), als B und L dort lebten und kaum älter als zwanzig waren. Roland Barthes, nun gut, jeder weiß, wer Roland Barthes ist. Von Dotremont sind ihm vage ein paar Dinge bekannt, vielleicht hat er Gedichte von ihm in einer verlorengegangenen Anthologie gelesen. Brion Gysin war der Freund von Burroughs, der ihn auf die Idee der Cut-ups brachte. Und schließlich Henri Lefebvre. B kennt Lefebvre gar nicht. Er ist der Einzige, den er überhaupt nicht kennt und dessen Name in jenem Antiquariat plötzlich aufleuchtet wie ein Streichholz in einem dunklen Zimmer. Zumindest empfindet B es so. Ihm hätte es gefallen, ihn wie eine Fackel leuchten zu sehen. Und nicht in einem Zimmer, sondern in einer Höhle, aber es stimmt, dass Lefebvre, der Name Lefebvre, auf diese und keine andere Weise kurz aufblitzt.

B kauft also die Zeitschrift und verliert sich in den Straßen von Paris, wohin er gegangen ist, um sich zu verlieren, um die Tage verstreichen zu sehen, und obwohl das Bild, das B von jenen verlorenen Tagen bewahrt, ein sonniges Bild ist, verhüllt es sich beim Rumlaufen mit der Zeitschrift »Luna Park« in einer träge an seiner Hand baumelnden Plastiktüte, als begünstigte oder erzeugte diese alte Zeitschrift (die allerdings sehr schön ediert und trotz der Jahre und des Staubs, der sich in Antiquariaten ansammelt, fast unversehrt erhalten ist) eine Sonnenfinsternis. Die Sonnenfinsternis, B weiß es, ist Henri Lefebvre. Die Sonnenfinsternis ist das Verhältnis zwischen Henri Lefebvre und der Literatur. Oder besser gesagt: Die Sonnenfinsternis ist das Verhältnis zwischen Lefebvre und der *Schrift*.

Nach stundenlangem ziellosem Herumlaufen kehrt B in sein Hotel zurück. Er fühlt sich gut. Er fühlt sich entspannt und hat Lust zu lesen. Zuvor hat er auf einer Bank am Square Louis XVI vergeblich versucht, die Graphismen von Lefebvre zu entziffern. Das Unterfangen erweist sich als schwierig. Lefebvre zeichnet seine Worte, als seien es Grasfasern. Die Worte scheinen vom Wind bewegt, einem von Osten blasenden Wind, eine unregelmäßig hoch stehende Wiese, ein sich auflösender Kegel. Während er sie beobachtet (denn als Erstes muss man diese Worte *beobachten*), erinnert sich B, als sähe er sie in einem Kino, an verlorene Felder, auf denen er, ein Jugendlicher auf der Südhalbkugel, zerstreut nach einem vierblättrigen Kleeblatt suchte. Dann denkt er, dass diese Erinnerung vielleicht tatsächlich zu einem Film und nicht zu seinem wirklichen Leben gehört. Das wirkliche Leben von Henri Lefebvre ist übrigens von bewegender Schlichtheit: Geboren 1925 in Masnuy Saint-Jean. Gestorben in Brüssel 1973. Das heißt, er starb in dem Jahr, als die chilenischen Militärs den Staatsstreich verübten. B beginnt an das Jahr 1973 zu denken. Vergeblich. Er ist zu viel herumgelaufen, und im Grunde, obwohl er sich ausgeruht fühlt, ist er müde, und er müsste schlafen und essen. Aber B kann nicht schlafen und geht etwas essen. Er zieht sich an (er war nackt und erinnert sich doch nicht, in welchem Moment er sich ausgezogen hat), kämmt sich und geht hinaus auf die Straße. Er isst in einem Restaurant der Rue des Écoles.

Am Tisch neben ihm sitzt eine Frau, auch allein beim Essen. Sie lächeln sich an, verlassen gemeinsam das Lokal. Er schlägt ihr vor, mit auf sein Zimmer zu kommen. Die Frau willigt wie selbstverständlich ein. Sie redet, und B beobachtet sie, als sähe er sie wie durch einen Vorhang. Obwohl er ihr aufmerksam zuhört, ist es wenig, was er versteht. Die Frau erwähnt unverbundene Ereignisse: schaukelnde Kinder in einem Park, eine strickende Alte, das Ziehen der Wolken, die Stille, die den Physikern zufolge im Weltall herrscht. Eine Welt ohne Geräusche, sagt sie, in der alles, sogar der Tod, lautlos ist. Irgendwann fragt B, um etwas zu fragen, nach ihrem Beruf, und sie sagt Prostituierte. Ah, wie schön, sagt B. Sagt das aber nur so dahin. In Wirklichkeit ist es ihm egal. Als die Frau endlich einschläft, greift B nach der »Luna Park«, die auf dem Boden liegt, fast unterm Bett. Er liest, dass Henri Lefebvre, geboren 1925, gestorben 1973, seine Kindheit und Jugend auf dem Land verbracht hat. In den dunkelgrünen Landen Belgiens. Dann stirbt sein Vater. Seine Mutter, Julia Nys, heiratet erneut, als er achtzehn ist. Sein Stiefvater, ein jovialer Typ, nennt ihn Van Gogh. Nicht weil er Van Gogh mag, natürlich, sondern um sich über seinen Stiefsohn lustig zu machen. Lefebvre sucht sich eine eigene Wohnung. Schon bald jedoch kehrt er zu seiner Mutter zurück und wird bei ihr bleiben bis zu ihrem Tod, Juni 1973.

Zwei oder drei Tage nach dem Tod seiner Mutter findet man Henris Körper neben seinem Schreibtisch. Todesursache: exzessiver Medikamentenkonsum. B erhebt sich vom Bett, öffnet das Fenster und betrachtet die Straße. Nach Lefebvres Tod findet man fünfzehn Kilo Manuskripte und Zeichnungen. *Très peu de textes*

»publiables« lautet der kurze biobibliographische Kommentar. Tatsächlich veröffentlicht Lefebvre zu Lebzeiten nur eine Arbeit mit dem Titel *Phases de la Poésie d'André du Bouchet*, unter dem Pseudonym Henri Demasnuy, in »Synthèses«, Nr. 190, März 1962. B stellt sich B in seinem Dorf Masnuy Saint-Jean vor. Er stellt ihn sich mit sechzehn vor, wie er einen deutschen Transport beobachtet, der nur aus zwei deutschen Soldaten besteht, die rauchen und Briefe lesen. Henri Demasnuy, Henri aus Masnuy. Als er sich umdreht, blättert die Frau in der Zeitschrift. Ich muss los, sagt sie weiterblätternd und ohne ihn anzusehen. Du kannst hierbleiben, sagt B, ohne allzu viel zu erwarten. Die Frau sagt weder ja noch nein, aber nach einer Weile steht sie auf und beginnt sich anzuziehen.

In den folgenden Tagen lässt sich B durch die Straßen von Paris treiben. Manchmal gelangt er bis an den Eingang eines Museums, geht aber nie hinein. Manchmal gelangt er bis an den Eingang eines Kinos und schaut sich lange die Fotos an und geht wieder. Er kauft Bücher, die er durchblättert, aber nie zu Ende liest. Isst in unbekannten Restaurants und lässt sich anschließend viel Zeit, als wäre er statt in Paris auf dem Land und hätte nichts Besseres zu tun, als zu rauchen und Kamillentee zu trinken.

Eines Morgens, nachdem er ein paar Stunden geschlafen hat, nimmt B einen Zug nach Brüssel. Dort hat er eine Freundin, die farbige Tochter eines Exilchilenen und einer Uganderin, kann sich aber nicht dazu durchringen, sie anzurufen. Ein paar Stunden läuft er durch die Innenstadt von Brüssel, dann wendet er seine Schritte in die nördlichen Viertel, bis er auf ein kleines Hotel in einer Straße stößt, in der es nichts anderes als das Hotel zu geben scheint. Direkt daneben beschützt eine Dornenhecke eine Brachfläche, auf der zwischen Abfällen Unkraut wuchert. Gegenüber gibt es eine Reihe von überwiegend unbewohnten Häusern, die wie bombardiert aussehen. In einigen sind die Scheiben eingeschlagen, die Fensterläden hängen schief, als hätte der Wind sie losgerissen, aber in dieser Straße gibt es fast keinen Wind, denkt B, während er aus seinem Hotelfenster schaut. Er denkt auch: Ich müsste mir ein

Auto mieten. Er denkt auch: Ich kann nicht Auto fahren. Am nächsten Tag geht er seine Freundin besuchen. Sie heißt M und wohnt jetzt allein. Er trifft sie zu Hause an, in Jeans und T-Shirt. Barfuß. Als sie ihn sieht, hat sie anfangs Mühe, ihn wiederzuerkennen. Sie weiß nicht, wer er ist, spricht französisch mit ihm, schaut ihn an, als wüsste sie, dass B ihr weh tun wird, und als wäre ihr das egal.

Nach kurzem Zögern nennt B seinen Namen. Er spricht spanisch. Ich bin B, sagt er. Da erkennt M ihn wieder und lächelt, allerdings ist ihr Lächeln kein Ausdruck von Freude, sondern eher ein perplexes Lächeln, als würde B's Auftauchen ihr nicht in den Kopf wollen und sie amüsieren, weil es überraschend kommt. Aber sie bittet ihn herein und bietet ihm etwas zu trinken an. Eine Weile lang sitzen sie einander gegenüber und unterhalten sich. B fragt sie nach ihrer Mutter (der Vater ist schon lange tot), nach ihrer Ausbildung, nach ihrem Leben in Belgien. M antwortet indirekt, antwortet mit Gegenfragen nach B's Gesundheit, nach seinen Büchern, nach seinem Leben in Spanien.

Schließlich geht ihnen der Gesprächsstoff aus, und sie schweigen. Das Schweigen gefällt M gut. Sie ist ungefähr fünfundzwanzig, groß und schlank. Ihre Augen sind grün, die gleiche Augenfarbe wie bei ihrem Vater. Sogar die sehr ausgeprägten Ringe um die Augen ähneln denen des Exilchilenen, den B vor langer Zeit kennengelernt hat, wann, weiß er nicht mehr und ist ihm egal, als M ein kleines Mädchen von etwa zwei Jahren war und ihr Vater und ihre Mutter, eine ugandische Politikwissenschaftsstudentin (das Studium schloss sie übrigens nie ab), ohne Geld durch Frankreich und Spanien reisten und bei Freunden wohnten.

Für einen Moment sieht er die drei vor sich, M's Vater, M's Mutter und die zweijährige M mit ihren grünen Augen, umgeben von Hängebrücken. In Wirklichkeit war ich kein enger Freund ihres Vaters, denkt B. In Wirklichkeit gab es nie Brücken, nicht einmal Hängebrücken.

Bevor er geht, gibt er ihr den Namen und die Telefonnummer seines Hotels. An diesem Abend läuft er durch die Brüsseler Innenstadt auf der Suche nach einer Frau, aber ihm begegnen nur geisterhafte Gestalten, als hätten die Bürokraten und Bankangestellten ihren Feierabend nach hinten verschoben. Als er in sein Hotel zurückkehrt, muss er lange warten, bis man ihm aufmacht. Der Pförtner ist ein junger, spindeldürrer Bursche. B gibt ihm ein Trinkgeld und steigt die dunkle Treppe zu seinem Zimmer hinauf.

Am nächsten Morgen weckt ihn ein Anruf von M. Sie lädt ihn zum Frühstück ein, Wo?, fragt B. Irgendwo, sagt M, ich hole dich ab, und dann gehen wir irgendwohin. Während er sich anzieht, denkt B an Julia Nys, die Mutter von Lefebvre, die einige der letzten Texte ihres Sohnes illustriert hatte. Sie haben hier in Brüssel gewohnt, denkt er, irgendwo in diesem Viertel. Ein Windstoß, der nur durch seine Vorstellung fegt, verwischt die Dinge, die er von dem Viertel erinnert. Nach dem Rasieren tritt er ans Fenster und betrachtet die Fassaden der benachbarten Häuser. Alles ist genau wie gestern. Eine Frau mittleren Alters, vielleicht nur ein paar Jahre älter als B, geht die Straße entlang und zieht einen leeren Einkaufswagen hinter sich her. Ein paar Meter weiter vorn steht reglos ein Hund mit erhobener Schnauze und fixiert mit Augen wie Sparschweinschlitzen eins der Hotelfenster, vielleicht das Fenster, von dem aus B ihn beobachtet. Alles ist genau wie gestern, denkt B, während er sich ein weißes Hemd, ein schwarzes Sakko und eine schwarze Hose anzieht, dann geht er nach unten, um in der Hotellobby auf M zu warten.

Was glaubst du, was das ist, fragt B M, als sie im Auto sitzen, und zeigt ihr Lefebvres Seiten in der Zeitschrift »Luna Park«. Sieht aus wie Weintraubenbüschel. Verstehst du etwas von dem, was da steht? Nein, sagt M. Dann betrachtet sie erneut die Graphismen von Lefebvre und sagt, vielleicht, nur vielleicht, spricht er vom Sein. Wer an diesem Morgen tatsächlich vom Sein spricht, ist M. Sie erzählt ihm, dass ihr Leben eine einzige Folge von Irrtümern ist, dass sie sehr krank war (was sie hatte, sagt sie nicht), erzählt von einer Reise nach New York wie von einer Höllenfahrt. M spricht ein mit französischen Ausdrücken getrüffeltes Spanisch, und während sie redet, bleibt ihr Gesicht ausdruckslos. Von Zeit zu Zeit erlaubt sie sich ein Lächeln, um das Lächerliche einer Situation zu unterstreichen, oder was ihr daran lächerlich vorkommt, und was, denkt B, überhaupt nicht lächerlich ist.

Sie frühstücken gemeinsam in einem Café in der Rue de l'Orient, nahe der Kirche Notre-Dame Immaculée, eine Kirche, die M gut zu kennen scheint, als wäre sie in den letzten Jahren katholisch geworden. Dann sagt sie, sie werde ihn zum Naturkundemuseum neben Leopoldplatz und Europaparlament mitnehmen, was B widersprüchlich vorkommt, aber warum widersprüchlich, kann er nicht sagen, vorher jedoch, teilt M mit, müsse sie nach Hause und sich etwas anderes anziehen. B hat keine Lust auf Museum. Außerdem findet er, dass M sich nicht umziehen muss. Das sagt er ihr. M lacht schallend. Darin bin ich Junkie, sagt sie.

Während M sich umzieht, sitzt B in einem Sessel und blättert in der »Luna Park«, aber plötzlich verliert er die Lust, als wären die »Luna Park« und M's kleines Appartement miteinander unvereinbar, weshalb er aufsteht und sich die Fotos und Bilder anschaut, die an den Wänden hängen, und dann das einzige, nicht übermäßig gut gefüllte Bücherregal im Wohnzimmer, mit wenigen spanischen Exemplaren, unter denen B einige Bücher von M's Vater erkennt, die M sicher nie gelesen hat, politische Essays, eine Geschichte des Putschs, ein Buch über die Mapuche-Gemeinschaften, die ihm ein ungläubiges Lächeln und ein leichtes Erschauern abnötigen, das er nicht versteht und das Zärtlichkeit oder Ekel oder ein bloßer Hinweis sein könnte, dass etwas nicht stimmt, bis M plötzlich im Wohnzimmer auftaucht oder vielmehr von ihrem Zimmer quer durchs Wohnzimmer zu einer Tür geht, die wohl in ein Bad oder eine Waschküche führt, wo die Wäsche hängt, und B beobachtet sie, wie sie halb nackt oder halb angezogen das Wohnzimmer durchquert, und zusammen mit den alten Büchern des Vaters hält er das für ein Signal. Ein Signal wofür? Er weiß es nicht. Jedenfalls ein furchtbares Signal.

Als sie das Appartement verlassen, trägt M einen dunklen, sehr engen, knielangen Rock, eine weiße Bluse, deren obere Knöpfe geöffnet sind und den Ansatz der Brüste sehen lassen, und hochhackige Schuhe, in denen sie B um mindestens zwei Zentimeter überragt. Auf dem Weg zum Museum spricht M von ihrer Mutter und zeigt auf die Fassade eines Gebäudes, an dem sie vorbeigehen, ohne anzuhalten. Erst mehr als fünf Querstraßen weiter versteht B, dass dort, in einer Wohnung jenes Gebäudes, die Witwe des Exilchilenen lebt. Statt sie nach ihr zu fragen, wie er gewollt hätte, sagt er, dass er eigentlich keine Lust habe, ein Museum zu besuchen, dessen Gegenstand, die Naturkunde, er abscheulich finde. Aber sein Widerstand ist schwach, und er lässt sich von M, die auf einmal energisch wirkt, ohne eine gewisse kühle Aura zu verlieren, zu dem Museum mitschleifen.

Dort erwartet ihn eine weitere Überraschung. Im Museum angekommen, bezahlt M die Eintrittskarten und setzt sich, um auf ihn zu warten, ins Museumscafé, wo sie eine Zeitschrift liest und einen Cappuccino trinkt, die Beine in einer eleganten und zugleich einsamen Haltung übereinandergeschlagen, die B (der sich umdreht, um sie anzuschauen) das Gefühl von eher irrealem als wirklichem Alter vermittelt. Dann läuft B durch die Ausstellungsräume, bis er in einen Raum mit gewundenen Maschinen kommt. Was ist bloß mit M los?, denkt er, während er sich setzt, die Hände auf die Knie gestützt und mit einem leicht stechenden Schmerz in der Brust. Er hat Lust zu rauchen, aber hier geht das nicht. Der Schmerz nimmt immer mehr zu. B schließt die Augen, und die Umrisse der Maschinen bleiben bestehen, so wie sein Brustschmerz, es sind Maschinen, die vielleicht keine Maschinen, sondern unverständliche Skulpturen sind, Aufbruch der leidenden und lachenden Menschheit ins Nichts.

Als er zum Museumscafé zurückkehrt, sitzt M noch immer mit übereinandergeschlagenen Beinen da und unterstreicht etwas mit einem silberfarbenen Kugelschreiber in der Zeitung, wahrscheinlich im Stellenmarkt, und schlägt sie diskret zu, sobald B auftaucht. Sie essen zusammen in der Rue des Béguines. M rührt das Essen kaum an. Sie sagt fast nichts, und als sie es tut, sagt sie, sie könnten zusammen zum Friedhof gehen. Ich komme oft in diese Gegend, sagt sie. B schaut sie an und versichert, dass er keine Lust habe, irgendeinen Friedhof zu besuchen. Beim Verlassen des Restaurants fragt er dennoch, wo der Friedhof liege. M antwortet nicht. Sie steigen ins Auto, und in weniger als drei Minuten deutet sie mit der Hand (eine Hand, die B schlank und elegant findet) auf das Schloss Du Karreveld, den Friedhof Demolenbeek und eine Sportanlage mit Tennisplätzen. B lacht. M's Gesicht dagegen bleibt hieratisch und regungslos. Aber im Grunde, denkt B, lacht sie auch.

Was machst du heute Abend?, fragt sie B, als sie ihn ins Hotel zurückbringt. Keine Ahnung, sagt B, vielleicht lesen. Einen Moment lang glaubt B, M wolle ihm etwas sagen, aber am Ende bleibt sie stumm. An diesem Abend versucht B tatsächlich einen von den Romanen zu lesen, die er nicht in Paris liegengelassen hat, aber nach wenigen Zeilen gibt er sich geschlagen und wirft sie ans Fußende des Bettes. Er verlässt das Hotel. Nachdem er lange ziellos herumgelaufen ist, kommt er in ein Viertel, wo es von farbigen Menschen wimmelt. Das denkt er, das äußert er in dem Moment, wo er die Augen aufschlägt und sich durch diese Straßen laufen sieht. Den Ausdruck farbige Menschen hat er nie gemocht. Warum kommt ihm dann diese Formulierung in den Sinn? Schwarze, Asiaten, Maghrebiner, das schon, aber nicht farbige Menschen, denkt er. Kurz darauf betritt er eine Topless-Bar. Er bestellt einen Kamillentee. Die Kellnerin sieht ihn an und lacht. Sie ist eine hübsche Frau, um die dreißig, blond und groß. B lacht ebenfalls. Ich bin krank, sagt er lachend. Die Frau macht ihm den Kamillentee. In dieser Nacht schläft B mit einem schwarzen Mädchen, das im Schlaf spricht. Ihre Stimme hat B als sanft und wohlklingend in Erinnerung, im Schlaf wird sie rau und durchdringend, als wäre irgendwann in der Nacht (ohne dass B es mitbekommen hat) eine Veränderung an den Stimmbändern des Mädchens vorgegangen. Tatsächlich ist es diese Stimme, die ihn weckt, als verpasste man ihm einen Hammerschlag, und dann, als er erkennt, dass es nur seine Bettgenossin ist, die im Schlaf spricht, hört er ihr, auf den Ellbogen gestützt, eine Weile lang zu, bis er beschließt, sie zu wecken. Was hast du geträumt?, fragt er. Das Mädchen erwidert, es habe von ihrer kürzlich verstorbenen Mutter geträumt. Die Toten sind still, denkt B, während er sich im Bett ausstreckt. Als könne es seine Gedanken lesen, antwortet das Mädchen, niemand, der auf Erden gelebt habe, sei still. Weder in dieser Zeit noch in irgendeiner anderen, sagt sie aus tiefer Überzeugung. B möchte weinen, aber stattdessen schläft er ein. Als er am nächsten Morgen aufwacht, ist er allein. Er frühstückt nicht. Er verlässt sein Zimmer nicht und liest, bis eine Reinigungsfrau fragt, ob sie das Bett machen könne. Während er in der Lobby wartet, ruft M an. Sie fragt ihn, was er vorhabe. Bevor B weiß, wie ihm geschieht, hat sich M angeboten, ihn am Hotel abzuholen.

Wie B geahnt hatte, gehen sie an diesem Tag wieder in ein Museum und essen anschließend in einem Restaurant, das sich neben einem Park befindet, in dem unzählige Gruppen von Kindern und Jugendlichen Rollschuh laufen. Wie lange wirst du hierbleiben?, fragt M. B antwortet, dass er vorhabe, morgen abzureisen. Nach Masnuy Saint-Jean, sagt er, bevor M ihn fragt, wohin. M hat keine Ahnung, wo in Belgien das Dorf liegt. Ich auch nicht, sagt B. Wenn es nicht weit weg ist, kann ich dich hinfahren, sagt M. Hast du Freunde dort? B verneint. Als sie sich schließlich an der Tür des Hotels trennen, läuft B noch durch das Viertel, bis er eine Apotheke findet. Er kauft Kondome. Dann macht er sich auf den Weg zu der gestrigen Topless-Bar, aber so viele Runden er auch dreht (und mehrmals verläuft er sich bei seinem Versuch), er findet sie nicht wieder. Am folgenden Tag frühstückt er mit M in einer Autobahnraststätte. M erzählt ihm, dass sie manchmal, wenn sie sehr traurig ist, in den Wagen steigt und losfährt, ohne klare Vorstellung, wohin, bloß weil sie das Gefühl mag, unterwegs zu sein. Einmal, sagt sie, bin ich nach Bremen gekommen und wusste nicht, wo ich war. Ich wusste nur, dass ich mich in Deutschland befand, ich wusste nur, dass ich morgens in Brüssel losgefahren bin und es bereits Abend war. Und was hast du gemacht?, fragt B, der die Antwort ahnt. Ich bin zurückgefahren, sagt M.

In Masnuy Saint-Jean sehen sie Kühe. Bäume. Brachliegende Felder. Einen Wellblechschuppen. Zweistöckige Häuser. Auf Bitten von B fragt M eine alte Frau, die Gemüse und Postkarten verkauft, nach dem Haus von Julia Nys. Die Alte zuckt mit den Schultern, aber dann lacht sie und lässt einen langen Sermon vom Stapel, den B durch das Seitenfenster mit anhört. Beide, M und die Alte, gestikulieren mit den Händen, als sprächen sie über den Regen oder das Wetter, denkt B. Das Haus befindet sich in der Rue Colombier: Es hat einen großen, verwahrlosten Garten und ein zur Garage umfunktioniertes Gartenhäuschen. Die Wände sind gelb, ein mächtiger Baum, den schon lange niemand mehr gestutzt hat, überschattet seine linke Hälfte, in der es keine Fenster gibt. Die Alte war verrückt, sagt M, möglich, dass es dieses Haus ist, es könnte aber auch jedes andere sein. B klingelt an der Tür. Im Innern ertönt eine Art Glocke. Nach einer Weile erscheint ein etwa fünfzehnjähriges Mädchen in Jeans und mit nassem Haar. M fragt, ob dies das Haus von Julia Nys und ihrem Sohn Henri sei. Das Mädchen sagt, dass hier das Ehepaar Marteau wohne. Seit wann, fragt B. Schon immer, sagt das Mädchen. Warst du beim Haarewaschen, fragt M. Ich habe sie mir gefärbt, sagt das Mädchen. Es folgt ein kurzer Dialog, den B jedoch in dem Moment nicht versteht. M mit ihren hohen Absätzen auf der einen Seite des Zauns und das Mädchen mit seinen engen Jeans auf der anderen wirken wie Protagonistinnen eines Gemäldes, das jenseits eines Anscheins von Frieden und Harmonie in hohem Maße beunruhigend auf ihn wirkt. Später, nachdem sie das Dorf von Nord nach Süd und Süd nach Nord abgelaufen haben, betreten sie ein Gebäude, das eine Bibliothek zu sein scheint. Ist Henri aus Masnuy zum Lesen hierhergekommen? Es scheint unmöglich. Die Bibliothek ist neu, und Lefebvre muss die frühere benutzt haben, die es vor dem Krieg gab. Zwischen der Bibliothek deines Henri und dieser liegen mindestens zwei Bibliotheken, sagt M, die die öffentlichen Einrichtungen ihres Landes besser zu kennen scheint. Zu Mittag bestellt B ein Beefsteak und M einen Salat, den sie nur zur Hälfte isst. Ich war noch nicht einmal geboren, als dein Freund starb, sagt M mit wehmütiger Stimme. Er war nicht mein Freund, sagt B. Aber du warst schon geboren, sagt M mit einem leicht spöttischen Lächeln. Als er starb, war ich auf Reisen, sagt B.

Als sich dann das Restaurant, in dem sie gegessen haben, leert und nur noch sie beide an einem Tisch am Fenster übrig sind, liest M in »Luna Park« Nr. 2 und verweilt auf der letzten Seite, wo die Beiträge von »Luna Park« Nr. 3 oder »Luna Park« Nr. 4 angekündigt sind, sofern jemals eine Nummer vier das Licht der Welt erblickt hat. Sie liest laut die Liste der zukünftigen Mitarbeiter: Jean-Jacques Abrahams, Pierrette Berthoud, Sylvano Bussoti, William Burroughs, John Cage, bis sie zu Henri Lefebvre, Julia Nys und Sophie Podolski kommt. Wirkt alles sehr vertraut, sagt M mit einem spöttischen Lächeln.

Alle sind tot, denkt B.

Und dann: Wie schade, dass M nicht öfter lächelt.

Du hast ein sehr schönes Lächeln, sagt er. M schaut ihm in die Augen. Versuchst du mich zu verführen? Nein, nein, Gott bewahre, murmelt B.

Am späten Nachmittag verlassen sie das Restaurant und gehen zurück zum Auto. Wohin fahren wir jetzt?, fragt M. Nach Brüssel, sagt B. M überlegt eine Weile und sagt schließlich, dass sie das keine gute Idee findet. Dennoch startet sie den Motor. Ich habe hier nichts mehr zu tun, sagt B. Dieser Satz wird ihn die gesamte Rückfahrt über wie die Scheinwerfer eines Geisterautos verfolgen.

Als sie in Brüssel ankommen, will B wieder in das Hotel gehen, das er am Morgen verlassen hat. M hält es für Unsinn, Geld für ein paar Stunden zu verschwenden, wo sie über ein Bettsofa verfügt. Eine Weile diskutieren sie, ohne aus dem Auto zu steigen, das vor M's Haus parkt. Schließlich willigt B ein, die Nacht in ihrer Wohnung zu verbringen. Am nächsten Morgen gedenkt er sehr früh aufzubrechen und den ersten Zug nach Paris zu nehmen. Sie essen in einem vegetarischen Restaurant zu Abend, das von einem brasilianischen Ehepaar geführt wird und um drei Uhr morgens schließt. Erneut sind sie die letzten Gäste, die das Lokal verlassen.

Während des Essens spricht M von ihrem Leben. Einen Moment lang glaubt B, M analysiere ihr gesamtes Leben. Stimmt nicht: M spricht von ihrer Jugend, dem Hin und Her zwischen Brüssel und New York, ihren schlaflosen Nächten. Sie spricht nicht von Lebensgefährten, nicht von Jobs, nicht von Wahnsinn. M trinkt Wein, und B raucht eine Zigarette nach der anderen. Manchmal hören sie auf, einander anzuschauen, und betrachten durchs Fenster ein vorbeifahrendes Auto. In der Wohnung angekommen, hilft M B, das Bettsofa aufzuklappen, und verschwindet dann in ihrem Zimmer. Unausgezogen, einen Roman lesend, als wäre er in der Sprache eines fremden Planeten verfasst, schläft B ein. Er wird von M's Stimme geweckt. Wie letztens bei der Prostituierten, die im Schlaf gesprochen hat, denkt B. Aber bevor er zu der nötigen Entschlusskraft findet, aufzustehen, in M's Zimmer zu gehen und sie aus ihrem Albtraum zu wecken, schläft er wieder ein.

Am nächsten Morgen steigt er in einen Zug nach Paris. Er zieht wieder in das Hotel in der Rue Saint-Jacques, in ein anderes Zimmer, und verbringt die ersten Tage damit, in den Antiquariaten nach irgendeinem Buch von André du Bouchet zu stöbern. Er findet nichts. Du Bouchet ist, wie schon Henri aus Masnuy, von der Bildfläche getilgt. Am vierten Tag geht er nicht mehr hinaus. Er lässt sich das Essen aufs Zimmer bringen, isst aber fast nichts. Er beendet das letzte Buch, das er gekauft hat, und wirft es in den Papierkorb. Er schläft und hat Albträume, aber als er aufwacht, ist er sich sicher, dass er nicht im Schlaf gesprochen hat. Am nächsten Tag geht er, nachdem er lange geduscht hat, hinaus und im Jardin du Luxembourg spazieren. Dann nimmt er die Metro und steigt in Pigalle aus. Er isst in einem Restaurant in der Rue La Bruyère und schläft mit einer Prostituierten, die das Haar im Nacken ganz kurz geschnitten und auf dem Kopf lang trägt, in einem kleinen Hotel in der Rue Navarin. Die Prostituierte sagt, sie wohne im vierten Stock.

Einen Aufzug gibt es nicht. Und es ist offensichtlich, dass dort niemand wohnt. Es ist nur ein unpersönliches Zimmer, das sie und ihre Freundinnen nutzen.

Während sie miteinander schlafen, erzählt die Prostituierte ihm Witze. B lacht. In seinem Makkaroni-Französisch erzählt er ihr seinerseits einen Witz, den sie nicht versteht. Als sie fertig sind, geht die Prostituierte ins Bad und fragt B, ob er duschen möchte. B verneint, er habe schon am Morgen geduscht, geht aber trotzdem ins Bad, um eine Zigarette zu rauchen und ihr beim Duschen zuzuschauen.

Ohne Überraschung (zumindest lässt er sich keine anmerken) beobachtet er, wie sie ihre Perücke abnimmt und auf den Klodeckel legt. Sie hat einen vollständig rasierten Schädel, und auf der nackten Kopfhaut sieht man zwei relativ frische Narben. B zündet sich eine Zigarette an und fragt, woher sie stammen. Die Prostituierte ist unter der Dusche und kann ihn nicht hören. B wiederholt die Frage nicht. Er verlässt aber auch nicht das Bad. Im Gegenteil, er kauert sich auf die weißen Fliesen und betrachtet ruhig und gedankenverloren den Dampf, der hinter dem Duschvorhang hervorquillt, bis weder die Perücke noch das Klo und nicht einmal mehr seine Hand, die die Zigarette hält, zu erkennen ist.

Als sie das Hotel verlassen, ist es Abend, und nachdem sie sich getrennt haben, geht er ohne Eile, aber auch fast ohne anzuhalten vom Friedhof in Montmartre zum Pont Royal, eine Route, die ihm vage vertraut ist, mit der Station Saint-Lazare auf halber Strecke. Bei der Ankunft im Hotel betrachtet er sich in einem Spiegel und erwartet, einen geprügelten Hund zu sehen, tatsächlich aber sieht er einen Typen mittleren Alters, ziemlich dünn, ein wenig verschwitzt von seinem Spaziergang, der im Bruchteil einer Sekunde seinen Blick sucht, findet und ihm ausweicht. Am nächsten Morgen ruft er M in Brüssel an. Er erwartet nicht, sie anzutreffen. Und doch nimmt jemand den Hörer ab. Ich bin es, sagt B. Wie geht es dir?, fragt M. Gut, sagt B. Hast du Henri Lefebvre gefunden?, fragt M. Sie schläft eigentlich noch, denkt B. Dann sagt er: Nein. M lacht.

Sie hat ein schönes Lachen. Warum machst du dir solche Gedanken um ihn?, fragt sie, ohne ihr Lachen zu unterbrechen. Weil es sonst niemand tut, sagt B. Und weil er gut war. Gleich darauf denkt er: Das hätte ich nicht sagen dürfen. Und denkt: M wird auflegen. Er beißt die Zähne zusammen, unwillkürlich verkrampft sich sein Gesicht zu einer gespannten Miene. Aber M legt nicht auf.

PRÄFIGURATION VON LALO CURA

Es klingt wie gelogen, aber ich kam wirklich im Barrio de los Empalados, im Viertel der Gepfählten, zur Welt. Der Name leuchtet wie der Mond. Der Name bahnt sich mit seinem Horn einen Weg im Schlaf, und auf diesem Pfad wandelt der Mensch. Ein unsicherer Pfad. Immer unwegsam. Der Pfad zur Hölle oder aus ihr heraus. Darauf läuft letztlich alles hinaus. Auf die Hölle zu oder von ihr fort. Ich, zum Beispiel, habe befohlen zu töten. Habe die tollsten Geburtstagsgeschenke gemacht. Habe pharaonische Projekte finanziert. Habe im Dunkeln die Augen geöffnet. Habe unendlich langsam im Dunkeln die Augen geöffnet und nur diesen Namen gesehen oder mir vorgestellt: Barrio de los Empalados, strahlend hell wie der Stern des Schicksals. Natürlich werde ich euch alles erzählen. Mein Vater war ein abtrünniger Pfarrer. Ich weiß nicht, ob er Kolumbianer war oder woher er stammte. Aus Lateinamerika jedenfalls. Arm wie eine Kirchenmaus tauchte er eines Nachts in Medellín auf, wo er in Kneipen und Bordellen predigte. Einige hielten ihn für einen Geheimagenten, aber meine Mutter verhinderte, dass man ihn lynchte, und nahm ihn mit in ihr Penthouse dort im Viertel. Soweit ich weiß, lebten sie vier Monate zusammen, dann verschwand mein Vater im Evangelium. Lateinamerika rief ihn, und er verstieg sich immer weiter in den Worten vom Opfertod, bis er verschwand, spurlos verschwand. Ob er katholischer oder evangelischer Priester war, werde ich wohl nie erfahren. Er war allein, das weiß ich, und bewegte sich hektisch und lieblos, voller Leidenschaft und bar jeder Hoffnung inmitten der Massen. Bei meiner Geburt gab man mir den Namen Olegario, aber genannt hat man mich immer Lalo. Meinen Vater nannten alle nur El Cura, den Pfaffen, und so trug meine Mutter mich im Standesamt ein. Alles ganz legal. Olegario Cura. Sogar katholisch getauft hat man mich. Meine Mutter war zweifellos eine Traumtänzerin. Sie hieß Connie Sánchez, und wärt ihr jünger und versauter, käme euch der Name nicht so fremd vor. Sie war eine der drei weiblichen Stars der Filmproduktionsfirma Olimpo. Die anderen beiden waren Doris Sánchez, die jüngere Schwester meiner Mutter, und Mónica Farr, geborene Leticia Medina, aus Valparaíso. Drei gute Freundinnen. Die Produktionsfirma Olimpo drehte Pornofilme, und obwohl das Geschäft halb illegal war und das Umfeld unverhohlen feindlich, hielt sich die Firma bis Mitte der Achtziger über Wasser. Der Hauptverantwortliche war ein Deutscher namens Helmut Bittrich, eine schillernde Persönlichkeit, der es schaffte, als Geschäftsführer, Regisseur, Dramaturg, Musiker, PR-Manager und zeitweiliger Leibwächter der Firma aufzutreten. Manchmal stand er sogar vor der Kamera. Dafür benutzte er dann den Namen Abelardo Bello. Ein seltsamer Typ, dieser Bittrich. Nie sah man ihn mit erigiertem Schwanz. Er stemmte mit Vorliebe Gewichte im Fitnessstudio Salud y Amistad, aber schwul war er nicht. Bloß dass er im Film niemandem einen reinschob. Weder Mann noch Frau. Wenn Sie genau hinschauen, können Sie ihn als Voyeur erleben. Als Lehrer oder Spitzel im Priesterseminar, immer diskret im Hintergrund. Am besten gefiel er sich in der Rolle eines Arztes. Eines deutschen Arztes, versteht sich, obwohl er die meiste Zeit über stumm blieb: Er war Doktor Schweigsam. Der Doktor mit den blauen, hinter einem opportunen Samtvorhang geschützten Augen. Bittrich besaß ein Haus am Stadtrand, auf der Grenze zwischen dem Barrio de los Empalados und dem Gran Baldío. Den Bungalow, den man in seinen Filmen sieht. Das Haus der Einsamkeit, das später zum Haus des Verbrechens wurde und in einer verbotenen Zone lag, inmitten von Dornengestrüpp und dichter Bewaldung. Connie nahm mich regelmäßig mit. Ich blieb im Hof und spielte mit den Hunden und den Gänsen, die der Deutsche aufzog, als wären es seine Kinder. Die Blumen wuchsen wild zwischen dem Unkraut und den Kuhlen der Hunde. An einem gewöhnlichen Morgen kamen zwischen zehn und fünfzehn Personen ins Haus. Die geschlossenen Fenster konnten nicht verhindern, dass man das Stöhnen bis nach draußen hörte. Manchmal wurde auch gelacht. Mittags stellten Connie und Doris hinten im Garten einen Klapptisch unter einen Baum, und die Belegschaft der Produktionsfirma Olimpo bediente sich nach Herzenslust aus Konservendosen, die Bittrich in einem Gasofen warm machte. Die Leute aßen direkt aus der Dose oder von Papptellern. Einmal bin ich in die Küche gegangen, um zu helfen, und als ich die Küchenschränke öffnete, fand ich nur Klistiere, Hunderte von Klistieren, in Reih und Glied wie zu einer Militärparade. Alles in der Küche war falsch. Es gab keine richtigen Teller, kein richtiges Besteck, keine richtigen Töpfe. So ist das Kino, sagte Bittrich zu mir, wobei er mich aus jenen blauen Augen ansah, die mir damals Angst einjagten und heute nur noch Mitleid einflößen. Die Küche war falsch. Alles im Haus war falsch. Wer schläft hier nachts? Manchmal Onkel Helmut, sagte Connie. Onkel Helmut schläft hier, um die Hunde und die Gänse zu versorgen und weiterzuarbeiten. Am Schnitt seiner künstlerischen Filme weiterzuarbeiten. Kunst hin oder her, das Geschäft ruhte nie: Die Filme wurden an Abnehmer in Deutschland, Holland und der Schweiz verschickt. Einige blieben in Lateinamerika und andere verkauften sich in die USA, aber die meisten gingen nach Europa, wo Bittrichs Großabnehmer saßen. Vielleicht aus diesem Grund schilderte eine Stimme aus dem Off, Bittrichs Stimme, auf Deutsch die dargestellten Szenen. Wie ein Reisetagebuch für Schlafwandler. Und die Obsession für Muttermilch, auch so eine europäische Eigenart. Connie arbeitete weiter, als ich in ihr war. Und Bittrich drehte Muttermilch-Filme. Also Filme über Muttermilch- und Schwangerschaftsphantasien, die auf den Markt von Männern zielten, die glaubten oder glauben wollten, Schwangere hätten Milch. Connie mit Achtmonatsbauch presste ihre Brüste, und die Milch floss wie weiße Lava. Sie hockte sich über Pajarito Gómez oder über Sansón Fernández oder über beide, und die Milch strömte auf sie nieder. Tricks des Deutschen. Connie hatte nie Milch. Oder nur ein bisschen, zwei Wochen lang, genug, damit ich sie probierte. Aber mehr nicht. In Wirklichkeit drehten sich die Filme um Schwangerschaftsphantasien, nicht um Milch. Man sieht Connie – blond, rund, und ich zusammengekauert in ihr drin –, wie sie lacht und Pajarito Gómez' Arsch mit Vaseline schmiert. Ihre Handgriffe sind schon die genauen und vorsichtigen Handgriffe einer Mutter. Von meinem Vater, dem Schwachkopf, verlassen, sieht man Connie zusammen mit Doris und Mónica Farr, wie sie sich gegenseitig anlächeln und unmerklich oder heimlich durch Grimassen und Gesten verständigen, während Pajarito wie hypnotisiert auf Connies Bauch starrt. Das Geheimnis des Lebens in Lateinamerika. Wie ein Kaninchen vor einer Schlange. Die Macht ist mit mir, sagte sie zu mir, als ich mit neunzehn den Film zum ersten Mal sah, Rotz und Wasser heulte, mit den Zähnen knirschte und mich kniff, ob ich nicht träumte, die Macht ist mit mir. Alle Träume sind wirklich. Ich hätte gern geglaubt, dass die Schwänze, die in meine Mutter drangen, am Ende ihres Weges auf meine Augen trafen. Ich hatte oft davon geträumt: Meine geschlossenen, lichtdurchlässigen Augen in der schwarzen Suppe des Lebens. Des Lebens? Nein: der Geschäfte, die das Leben imitieren. Meine blicklosen Augen, wie die Schlange, die das Kaninchen hypnotisiert. Ihr wisst schon, jugendliche Dummheiten im Film. Alles falsch, wie Bittrich sagte. Und er hatte recht, wie fast immer. Darum verehrten ihn die Mädchen. Es war ihnen angenehm, den Deutschen in der Nähe zu haben, die befreundete Stimme, die Trost oder Rat spenden würde. Die Mädchen: Connie, Doris und Mónica. Drei in der Nacht der Zeiten verlorene gute Freundinnen. Connie versuchte, am Broadway Karriere zu machen. Mir scheint, dass sie nie, nicht einmal in den schlimmsten Jahren, an der Möglichkeit gezweifelt hat, noch ihr Glück zu finden. Dort in New York lernte sie Mónica Farr kennen, und sie teilten Freud und Leid. Sie kellnerten, spendeten Blut, gingen auf den Strich. Immer auf der Suche nach dem Schlupfloch, quer durch die Stadt, mit einem gemeinsamen Walkman verkabelt, wie es Tänzerinnen machen, jeden Tag dünner und vertrauter, Revuegirls, Ballethäschen. Auf der Suche nach Bob Fosse. Auf einem Fest in der Wohnung von Kolumbianern trafen sie Bittrich, der gerade mit einer Auswahl seiner Videoware in New York Station machte. Sie sprachen, bis der Morgen graute. Nichts von Bettgeschichten, nur Musik und Worte. In dieser Nacht probierten sie ihr Würfelglück auf der Seventh Avenue, der preußische Filmkünstler und die lateinamerikanischen Huren. Es war nichts mehr zu machen. Wenn ich träume, in manchen Albträumen, sehe ich mich wieder in den Limbus versetzt, und dann höre ich, anfangs noch von fern, das Klackern der Würfel auf dem Pflaster. Ich schlage die Augen auf und schreie. Etwas hatte sich an jenem frühen Morgen für immer verändert. Das Band der Freundschaft entspann sich wie die Pest. Connie und Mónica Farr erhielten daraufhin einen Vertrag für einen Dreh in Panama, wo sie nach Strich und Faden ausgebeutet wurden. Der Deutsche bezahlte ihnen den Flug nach Medellín, Connies Heimat und für Mónica ein Ort so gut wie jeder andere. Es gibt ein paar Fotos von ihnen auf dem Treppchen beim Ausstieg aus dem Flugzeug: Sie wurden von Doris gemacht, der einzigen Person, die sie am Flughafen erwartete. Connie und Mónica tragen dunkle Sonnenbrillen und hautenge Hosen. Sie sind nicht sehr groß, aber wohlproportioniert. Die Sonne von Medellín wirft ihre Schatten weit hinaus auf die Rollbahn, die völlig leer ist, abgesehen von einem Flugzeug ganz am Ende, das gerade seine Nase aus einem Hangar schiebt. Keine Wolke steht am Himmel. Connie und Mónica strahlen. Sie trinken Cola am Taxistand und simulieren turbulente Posen. Luftturbulenzen und Erdturbulenzen. Mit ihren Gesten geben sie zu verstehen, dass sie direkt aus New York kommen, vom Nimbus des Geheimnisvollen umgeben. Dann gesellt sich die blutjunge Doris zu ihnen. Die drei haben einander die Arme um die Schultern gelegt, während ein unbekannter Kavalier sie fotografiert, und lehnen am Kotflügel eines Taxis, aus dessen Innern sie ein Taxifahrer beobachtet, der so alt und verbraucht ist, dass man ihn kaum für echt halten mag. So beginnen die leidenschaftlichsten Exkursionen. Einen Monat später drehen sie bereits ihren ersten Film: *Hecatombe*. Während die Welt in Konvulsionen liegt, dreht der Deutsche *Hecatombe*. Ein Film über die Konvulsionen des Geistes. Im Gefängnis sitzend erinnert sich ein Heiliger an die Nächte erfüllten Vögelns. Connie und Mónica treiben es mit vier schattenhaft wirkenden Typen. Doris und Bittrichs größte Gans gehen am Ufer eines wenig Wasser führenden Flusses spazieren. Es ist eine ungewöhnlich sternenklare Nacht. Bei Tagesanbruch begegnet Doris Pajarito Gómez, und sie schlafen miteinander im rückwärtigen Teil von Bittrichs Haus. Es gibt einen großen Aufruhr unter den Gänsen. Connie und Mónica stehen am Fenster und applaudieren. Der fleischige Schwanz des Heiligen glänzt vom eigenen Saft. Ende. Der Abspann läuft vor dem Bild eines schlafenden Polizisten. Bittrichs Humor. Von Drogenhändlern und Geschäftsleuten gefeierte Filme. Schlichte Typen wie Auftragskiller und Paketboten verstehen sie nicht, sie hätten den Deutschen am liebsten umgelegt. Ein anderer Film: *Kundalini*. Totenwache für einen Viehzüchter. Während die Trauernden weinen und Kaffee mit Schnaps trinken, betritt Connie ein stockdunkles Zimmer voll mit landwirtschaftlichem Gerät. Aus einem riesigen Schrank springen zwei Typen, der eine als Stier, der andere als Kondor verkleidet. Ohne lange zu fackeln, nehmen sie sich Connie von vorn und hinten vor. Connies Lippen formen einen Buchstaben. Mónica und Doris gehen sich in der Küche an die Wäsche. Dann sieht man Ställe, in denen dicht gedrängt das Vieh steht, und einen Mann, der sich mühsam einen Weg durch die Rinder zu bahnen versucht. Es ist Pajarito Gómez. Er wird nie ankommen: Die folgende Szene zeigt ihn, wie er zwischen den Kothaufen und Hufen der Tiere im Schlamm liegt. Mónica und Doris machen eine schwarze 69 in einem weißen Bett. Der tote Viehzüchter öffnet die Augen. Er richtet sich auf und steigt zum fassungslosen Entsetzen von Angehörigen und Freunden aus dem Sarg. Connie, von Stier und Kondor gedeckt, artikuliert das Wort Kundalini. Die

Rinder fliehen aus den Ställen, und der Abspann läuft über dem hingestreckten und allmählich sich verdunkelnden Körper von Pajarito Gómez. Noch ein Film: *Impluvio*. Zwei echte Bettler schleifen jeder einen Sack über eine unbefestigte Straße hinter sich her. Sie betreten den Hof von Bittrichs Haus. Dort treffen sie auf eine völlig nackte, gezwungenermaßen stehend angekettete Mónica Farr. Die Bettler leeren ihre Säcke: Zum Vorschein kommt eine reichhaltige Kollektion von Sexspielzeug aus Edelstahl und Leder. Die Bettler ziehen sich Masken mit phallischen Protuberanzen über, knien sich vor und hinter Mónica und penetrieren sie mit Kopfstößen, die zumindest zweideutig wirken, weil man nicht weiß, ob es sie erregt oder die Masken sie ersticken. Auf einem Feldbett liegt Pajarito Gómez und raucht. Auf einem anderen Feldbett holt sich der Rekrut Sansón Fernández einen runter. Die Kamera fährt langsam über Mónicas Gesicht: Sie weint. Die Bettler ziehen mit ihren Säcken auf einer elenden, staubigen Straße von dannen. Noch immer angekettet, schließt Mónica die Augen und scheint einzuschlafen. Sie träumt von den Masken, den Latexnasen, den alten Hungerleidern, die kaum so viel Luft enthalten, wie sie atmen, aber mit Feuereifer bei der Sache sind. Übernatürlichen Hungerleidern, von allem Wesentlichen entkernt. Dann zieht Mónica sich an, läuft durch die Innenstadt von Medellín, wird zu einer Orgie eingeladen, bei der sie Connie und Doris trifft, sie küssen sich und lächeln, erzählen sich ihre Geschichten. Den Tarnanzug halb angezogen, ist Pajarito Gómez eingeschlafen. Bevor es Nacht wird, als die Orgie vorbei ist, möchte der Hausherr ihnen seinen liebsten Besitz zeigen. Die Mädchen folgen ihrem Gastgeber zu einem Garten, der von einem Stahl-Glas-Bau überdacht ist. Der üppig beringte Finger des Hausherrn deutet auf etwas am anderen Ende. Die Mädchen betrachten ein Wasserbecken aus Beton in Form eines Sarges. Als sie sich darüberbeugen, sehen sie ihre im Wasser sich abzeichnenden Gesichter. Dann senkt sich die Dämmerung herab und die Bettler kommen in eine Zone mit großen Fabrikhallen. Die anschwellende Paukenmusik wird düsterer und unheimlicher, bis schließlich das Gewitter losbricht. Bittrich liebt diese Art von akustischen Effekten. Der Donner in den Bergen, das Krachen der Blitze, getroffen umstürzende Bäume, der gegen die Scheiben klatschende Regen. Er sammelte sie auf hochwertigen Tonbändern. Für seine Filme, sagte er, für etwas lokale Atmosphäre, aber in Wirklichkeit lag ihm an ihnen selbst. Die ganze Bandbreite an Geräuschen, die ein Urwaldregen erzeugt. Das rhythmische oder unrhythmische Tosen des Windes oder Meeres. Geräusche, um sich einsam zu fühlen oder um eine Gänsehaut zu bekommen. Sein Prunkstück war das Brüllen eines Orkans. Als Kind habe ich es gehört. Die Schauspieler tranken Kaffee unter einem Baum, und Bittrich hantierte mit einem riesigen deutschen Tonbandgerät herum, abseits von den anderen und gesalbt mit der Bleichgesichtigkeit übermäßiger Arbeit. Jetzt wirst du den Orkan von innen hören, sagte er zu mir. Zuerst hörte ich nichts. Ich glaube, ich erwartete ein Getöse von tausend Dämonen, etwas Trommelfellzerreißendes, weshalb ich enttäuscht war, als ich nur eine Art knatternden Wirbel hörte. Zerrissen und knatternd. Wie ein Propeller aus Fleisch. Und dann hörte ich Stimmen, aber das war natürlich nicht der Orkan, sondern waren die Piloten eines Flugzeugs, das an ihm vorbeiflog. Harte Stimmen, die spanisch und englisch sprachen. Bittrich lauschte mit einem Lächeln im Gesicht. Und dann hörte ich wieder den Orkan, diesmal aber hörte ich ihn wirklich. Die Leere. Eine vertikale Brücke und Leere, Leere, Leere. Nie werde ich dieses Lächeln von Bittrich vergessen. Es war, als würde er weinen. Das ist alles?, fragte ich, ohne zugeben zu wollen, dass es mir schon gereicht hatte. Das ist alles, sagte Bittrich mit versonnenem Blick auf das stumm sich drehende Band. Dann stoppte er die Maschine, schloss vorsichtig den Deckel und kehrte zu den anderen ins Haus zurück, um weiterzuarbeiten. Noch ein Film: *Fährmann*. Den Ruinen nach könnte man meinen, es ginge um das Leben in Lateinamerika nach einem dritten Weltkrieg. Die Mädchen laufen über Müllkippen und menschenleere Wege. Dann sieht man einen breiten, träge fließenden Fluss. Pajarito Gómez und zwei andere Typen spielen beim Schein einer Kerze Karten. Die Mädchen kommen zu einer Spelunke, wo die Männer Waffen tragen. Nach und nach schlafen sie mit allen. Von der Böschung aus betrachten sie den Fluss und ein paar schlecht befestigte Fensterläden. Pajarito Gómez ist der Fährmann, zumindest wird er von allen so genannt, obwohl er niemals den Tisch verlässt. Er hat die besten Karten. Die Gauner reden darüber, wie gut er spielt. Wie gut der Fährmann spielt. Was für ein Schwein der Fährmann hat. Nach und nach werden die Lebensmittel knapp. Der Koch und der Küchenjunge martern Doris, penetrieren sie mit den Griffen riesiger Fleischermesser. Der Hunger bemächtigt sich der Spelunke: Einige verlassen nicht das Bett, andere durchstreifen auf der Suche nach Essen das Dickicht am Fluss. Während die Männer krank werden, schreiben die Mädchen wie besessen in ihre Tagebücher. Verzweifelte Piktogramme. Die Bilder vom Fluss werden mit denen einer niemals endenden Orgie überblendet. Das Ende ist absehbar. Die Männer verkleiden die Mädchen als Hühner, und nachdem sie sie zerstückelt haben, verzehren sie sie bei einem von schwebenden Federn umflorten Festmahl. Im Hof der Spelunke sieht man die Knochen von Connie, Mónica und Doris. Pajarito Gómez sitzt wieder beim Poker. Das Glück klebt an seinen Händen. Die Kamera positioniert sich hinter ihm, und der Zuschauer kann ihm in die Karten schauen. Die Karten sind weiß. Über ihren sämtlichen Leichen läuft der Abspann. Drei Sekunden vor dem Ende wechselt der Fluss die Farbe und färbt sich tiefschwarz. Ein selten tiefgründiger Film, pflegte Doris zu sagen, auf diese erbärmliche Weise enden wir Pornodarstellerinnen alle, von unsensiblen Allerweltstypen abserviert, die uns zuvor gnadenlos und am laufenden Band benutzt haben. Es scheint, als habe Bittrich mit diesem Film den Pornokannibalenfilmen Konkurrenz machen wollen, die damals für Aufsehen sorgten. Aber wenn man nur etwas aufmerksamer hinschaut, wird einem klar, dass sich alles um den Poker spielenden Pajarito Gómez drehte. Pajarito Gómez, der es verstand, innerlich zu vibrieren, bis er sich in den Augen des Zuschauers eingenistet hatte. Ein großer Schauspieler, den das Leben ausgespuckt hat, unser Leben, Freunde. Aber da sind die noch makellosen Filme des Deutschen. Und da ist Pajarito Gómez, jene staubbedeckten Karten auf der Hand, schmutzig die Fingernägel und der Hals, mit seinen ewig hängenden Lidern und vibrierend, ohne sich eine Atempause zu gönnen. Pajarito Gómez, eine paradigmatische Gestalt im Pornofilm der Achtziger. Er hatte weder einen großen Schwanz noch machte er Bodybuilding, noch gefiel er den potenziellen Konsumenten dieser Art von Filmen. Er ähnelte Walter Abel. Ein Amateur, den Bittrich aus der Gosse gezogen hatte, um ihn vor eine Kamera zu stellen: Alles andere ergab sich wie von selbst, kaum zu glauben. Pajarito Gómez vibrierte, er vibrierte, und plötzlich sah sich der Zuschauer, mal schneller, mal weniger schnell, von der Energie dieses so schwächlich wirkenden Kerls gepackt. Dieses Hänflings und Hungerhakens. Dieses seltsamen Triumphators. Der Pornodarsteller par excellence an Bittrichs kolumbianischem Filmhimmel. Der, der am besten den Toten gab, und der, der am besten den Abwesenden gab. Auch war er der Einzige, der von Bittrichs Filmset noch nicht tot war: 1999 lebte nur noch Pajarito Gómez, die anderen waren ermordet worden oder von der Krankheit dahingerafft. Sansón Fernández, gestorben an Aids. Praxíteles Barrionuevo, gestorben in der Hölle von Bogotá. Ernesto San Román, erstochen in der Sauna Arearea in Medellín. Alvarito Fuentes, an Aids gestorben im Gefängnis von Cartago. Alles junge Männer mit überdurchschnittlich großem Riemen. Frank Moreno, erschossen in Panama. Oscar Guillermo Montes, erschossen in Puerto Berrío. David Salazar, genannt der Ameisenbär, erschossen in Palmira. Sie alle Opfer von Racheakten oder zufälligen Streitigkeiten. Evelio Latapia, erhängt in einem Hotelzimmer in Popoayán. Carlos José Santelices, erstochen von Unbekannten in einer Seitenstraße in Maracaibo. Reinaldo Hermosilla, verschwunden in El Progreso, Honduras. Dionisio Aurelio Pérez, erschossen in einer Pulquería in México Distrito Federal. Maximiliano Moret, ertrunken im Fluss Marañen. Schwänze zwischen 25 und 30 Zentimeter, manchmal so groß, dass ihre Träger sie nicht hoch bekamen. Junge Mestizen, Schwarze, Weiße oder Indios, Söhne Lateinamerikas, deren einziger Reichtum ein Paar Eier waren und ein vom Leben gezeichneter oder aus irgendeiner Laune der Natur heraus wundersamerweise rosiger Schwanz. Die Traurigkeit der Schwänze, Bittrich verstand sie wie niemand sonst. Will sagen: Die Traurigkeit monumentaler Schwengel in der öden Weite dieses Kontinents. Da ist Oscar Guillermo Montes in der Szene eines Films, den ich schon vergessen habe: Der Schauspieler ist von der Hüfte abwärts nackt, sein Glied hängt schlaff herab und tropft. Der Penis ist dunkel und runzlig, und die Tropfen sind schimmernde Milch. Hinter dem Schauspieler öffnet sich die Landschaft: Berge, Schluchten, Flüsse, Wälder, Gebirgszüge, Wolkenaufbauschungen, vielleicht eine Stadt und ein Vulkan und eine Wüste. Oscar Guillermo Montes steht auf einem Felsvorsprung, und ein eisiges Lüftchen liebkost eine Haarsträhne. Das ist alles. Wie ein Gedicht von Tablada, nicht wahr?, aber von Tablada habt ihr noch nie gehört. Bittrich auch nicht, ist aber auch nicht wichtig, da ist der Film, ich muss irgendwo noch das Video haben, da ist die Einsamkeit, die ich meine. Die unmögliche Landschaft und der unmögliche Körper. Was hatte Bittrich im Sinn, als er diese Szene drehte? Die Erinnerungslosigkeit rechtfertigen, unsere Erinnerungslosigkeit? Oscar Guillermos müde Augen porträtieren? Uns einfach einen unbeschnittenen Penis zeigen, in den Weiten des Kontinents? Einen Eindruck nutzloser Größe vermitteln, von hübschen, skrupellosen Burschen, zur Opferung bestimmt: in den Weiten des Chaos zu verschwinden. Wer weiß. Nur der Amateur Pajarito Gómez, dessen Männlichkeit sich mit viel Mühe zu achtzehn Zentimetern aufschwang, war ungreifbar. Bittrich kokettierte mit dem Tod, der Tod schreckte ihn nicht die Bohne!, er kokettierte mit der Einsamkeit und den schwarzen Löchern, aber mit Pajarito wollte und konnte er das nie. Unfassbar, unbeherrschbar, geriet Pajarito wie zufällig in den Blick der Kamera, als wäre er einfach nur vorbeigekommen und stehen geblieben, um zuzuschauen. Und fing dann an zu vibrieren, ohne sich seine

Kräfte einzuteilen, und den Zuschauern, es mochten einsame Onanisten oder Geschäftsleute sein, die das Video aus schlechter Gewohnheit einlegten, fast ohne richtig hinzuschauen, fuhren die Säfte des Männchens bis ins Mark. Die Ergüsse von Pajarito Gómez waren der reinste Prostatalikör! Und das war etwas anderes, das in den Überlegungen des Deutschen keinen Platz fand. Bittrich wusste das, und wenn Pajarito Gómez auftrat, gab es in der Regel keine zusätzlichen Effekte, weder Musik noch irgendwelche Klänge, nichts, was die Aufmerksamkeit des Zuschauers vom eigentlich Wichtigen hätte ablenken können: ein hieratischer Pajarito Gómez, der blies oder geblasen wurde, der stieß oder gestoßen wurde, aber immer, wie als wenn er das nicht mochte, vibrierend. Bittrichs Gönnern war diese Fähigkeit zutiefst suspekt, ihnen wäre es lieber gewesen, Pajarito Gómez hätte auf dem Großmarkt Lastwagen entladen, würde benutzt bis zum Gehtnichtmehr und dann verschwinden. Trotzdem hätten sie nicht sagen können, was genau ihnen an ihm nicht gefiel, sie hatten nur das vage Gefühl, dass er jemand war, der das Unglück anzog und anderen die Stimmung vermieste. Wenn ich an meine Kindheit denke, frage ich mich manchmal, was Bittrich für seine Gönner empfunden haben muss. Er respektierte die Drogenbosse, letztlich waren sie es, die das Geld gaben, und als guter Europäer respektierte Bittrich das Geld, Fixpunkt im allgemeinen Chaos. Aber was muss er von den korrupten Polizisten und Militärs gedacht haben, er als Deutscher, der Bücher über Geschichte las? Wie lächerlich müssen sie ihm vorgekommen sein, wie muss er sich nach Treffen, auf denen es hoch herging, nachts über sie totgelacht haben. Affen in SS-Uniformen, nicht mehr, nicht weniger. Und Bittrich, allein in seinem Haus, umgeben von seinen Videos und seinen tollen Klangaufnahmen, wie muss er gelacht haben. Und es waren diese Affen mit ihrem sechsten Sinn, die Pajarito ausbooten wollten. Diese infamen, pathetischen Affen, die es wagten, ihm, einem deutschen Filmemacher im Dauerexil, vorzuschlagen, wen er unter Vertrag nehmen sollte und wen nicht. Stellt euch Bittrich nach einem dieser Treffen vor: in dem dunklen Haus im Barrio de los Empalados, wenn er im größten Zimmer, das ihm als Schlaf- und Arbeitszimmer diente, als Einziger übrig blieb, Rum trinkend und mexikanische Delicados rauchend. Auf dem Tisch Pappbecher mit Whiskyresten. Auf dem Fernseher zwei oder drei Videos, die neusten Produktionen von Olimpo. Terminkalender und herausgerissene Blätter voller Zahlen, Gehälter, Schmiergelder, Bonifikationen. Spesen. Und im Raum noch die Worte des Polizeikommissars, des Oberleutnants der Luftwaffe, des Obersts vom militärischen Geheimdienst: Wir wollen diesen Pechvogel hier nicht. Den Leuten wird schlecht, wenn sie ihn in unseren Filmen sehen. Es ist ekelhaft, wie dieser Wicht sich durch unsere Mädchenriege rammelt. Aber Bittrich ließ sie reden, musterte sie stumm und tat dann, wozu er Lust hatte. Es war ja doch nur Pornokino, nichts wirklich Profitables. So dass Pajarito also bei uns blieb, obwohl seine Gegenwart die Geldgeber der Produktionsfirma so verstörte. Pajarito Gómez. Ein stiller, nicht sehr zärtlicher Typ, den die Mädchen aus welchen Gründen auch immer besonders lieb gewonnen hatten. Von Berufs wegen wurden sie alle von ihm flachgelegt, und bei allen hinterließ Pajarito einen eigenartigen Nachgeschmack, etwas, wovon man nicht wusste, was es war, und das zur Wiederholung einlud. Ich vermute, mit Pajarito zusammen zu sein war, als wäre man gleich nirgendwo. Doris hatte sogar kurze Zeit ein Verhältnis mit ihm, aber aus der Sache wurde nichts. Doris und Pajarito: sechs Monate zwischen dem Hotel Aurora, wo er lebte, und ihrer Wohnung in der Avenida de los Libertadores. Zu schön, um zu dauern, ihr wisst schon, unverwechselbare Geister ertragen keine so große Liebe, nicht den Zufallsfund einer so großen Vollkommenheit. Hätte Doris nicht diesen Körper gehabt und wäre außerdem stumm gewesen, und hätte Pajarito niemals vibriert. Während des Drehs zu *Cocaína*, einem von Bittrichs schlechtesten Filmen, ging die Beziehung in die Brüche. Jedenfalls aber blieben sie Freunde bis zuletzt. Viele Jahre später, als schon alle tot waren, habe ich mich auf die Suche nach Pajarito gemacht. Er lebte in einer winzigen Einzimmerwohnung in einer zum Meer hin liegenden Straße in Buenaventura. Er arbeitete als Kellner im Restaurant eines pensionierten Polizisten, La Tinta del Pulpo, dem idealen Ort für jemanden, der fürchtet, entdeckt zu werden. Von der Wohnung zur Arbeit und von der Arbeit zur Wohnung, mit kurzem Zwischenhalt in einem Videoladen, wo er gewöhnlich jeden Tag zwei oder drei Filme entlieh. Walt-Disney-Filme und das alte kolumbianische, venezolanische und mexikanische Kino. Alle Tage pünktlich wie eine Schweizer Uhr. Von seinem Appartement ohne Aufzug zum La Tinta del Pulpo und spätabends mit den Filmen unterm Arm wieder zurück. Nie brachte er Essen mit, immer nur Filme. Die er mal auf dem Hin-, mal auf dem Rückweg auslieh, in ein und demselben Laden, einer neun Quadratmeter großen Kaschemme, die achtzehn Stunden täglich geöffnet hatte. Ich suchte aus purer Laune nach ihm, weil es mich überkam. Ich suchte und fand ihn im Jahr 1999, was leicht war und mich nur eine Woche kostete. Pajarito war damals neunundvierzig und sah zehn Jahre älter aus. Er war nicht überrascht, als er nach Hause kam und mich auf seinem Bett sitzen sah. Ich sagte ihm, wer ich sei, erinnerte ihn an die Filme, die er mit meiner Mutter und meiner Tante gemacht hatte. Pajarito griff sich einen Stuhl, und als er sich hinsetzte, fielen ihm die Videos aus der Hand. Bist du gekommen, mich umzubringen, Lalito?, fragte er. Der eine Film war mit Ignacio López Tarso, der andere mit Matt Dillon, zwei seiner Lieblingsschauspieler. Ich erinnerte ihn an die alten Zeiten von Pregnant Fantasies. Wir grinsten beiden. Ich habe deinen Pimmel gesehen, regenwurmmäßig durchsichtig, ich hatte nämlich die Augen offen, du weißt schon, dein Glasauge immer im Blick. Pajarito nickte, dann zog er die Nase hoch. Du warst immer ein cleverer Bursche, sagte er, auch ein cleverer Fötus, mit offenen Augen, warum nicht. Ich habe dich gesehen, das ist das Entscheidende. Dadrinnen warst du anfangs rosa, aber dann wurdest du durchsichtig und machtest dir vor Staunen ins Hemd, Pajarito. Damals hattest du keine Angst, hast dich so schnell bewegt, dass nur die winzigen Viecher und Föten dich sehen konnten. Nur Kakerlaken, Nissen, Filzläuse und Föten. Pajarito schaute zu Boden. Ich hörte ihn murmeln: Und so weiter und so fort. Dann sagte er: Mir hat diese Art von Filmen nie gefallen, ein oder zwei, na gut, aber so viele, das ist ein Verbrechen. Im Rahmen des Möglichen bin ich ein normaler Mensch. Doris habe ich ehrlich geliebt, deine Mutter hat in mir immer einen Freund gefunden, als du klein warst, habe ich dir nie etwas getan. Weißt du noch? Ich war nicht die treibende Kraft in dem Geschäft, habe nie jemanden verraten, nie jemanden umgebracht. Ich habe ein bisschen gedealt, ein bisschen geklaut, so wie alle, aber du siehst ja, ein toller Lebensabend ist dabei nicht herausgesprungen. Dann sammelte er die Videos vom Boden auf, legte den mit López Tarso ein, und während sich die Bilder ohne Ton in Bewegung setzten, fing er an zu weinen. Nicht weinen, Pajarito, sagte ich zu ihm, das lohnt nicht. Er vibrierte nicht mehr. Oder vielleicht vibrierte er noch ein ganz bisschen, und ich saß auf dem Bett und sog die Reste von Energie mit der Gier eines Ertrinkenden auf. Es ist schwer zu vibrieren in einer so winzigen Wohnung, wo der Geruch nach Hühnersuppe aus allen Ritzen drang. Es ist schwer, ein Vibrieren wahrzunehmen, wenn du nur Augen für den stumm grimassierenden López Tarso hast. Die Augen von López Tarso in Schwarzweiß: Wie passte so viel Unschuld mit so viel Bosheit zusammen? Ein guter Schauspieler, warf ich ein, um etwas zu sagen. Eine Säule des Vaterlandes, bekräftigte Pajarito. Er hatte recht. Dann murmelte er: Und so weiter und so fort. Mieser, abgehalfterter Pajarito. Wir sagten lange nichts: López Tarso bewegte sich in seiner Rolle wie ein Fisch im Innern eines Wals, für Sekunden leuchteten die Bilder von Connie, Mónica und Doris in meinem Kopf auf, und Pajaritos Vibrieren war nicht mehr wahrnehmbar. Ich bin nicht gekommen, um dich zu liquidieren, sagte ich schließlich. Zu jener Zeit, als ich noch jung war, fiel es mir schwer, das Wort töten zu benutzen. Ich tötete nie: Ich beförderte ins Jenseits, beseitigte, erledigte und massakrierte, machte kalt, kurzen Prozess, einen Kopf kürzer, blies Lebenslichter aus, ließ das Lächeln gefrieren, über die Klinge springen und ins Gras beißen, brachte zum Schweigen, um die Ecke und unter die Erde. Legte um. Aber Pajarito legte ich nicht um, ich wollte ihn nur sehen und eine Weile mit ihm plaudern. Spüren, wie er tickte, und mich an meine Vergangenheit erinnern. Danke, Lalito, sagte er, stand dann auf und füllte eine Schüssel mit Wasser aus einer Karaffe. Mit präzisen, künstlerischen und resignierten Bewegungen wusch er sich Hände und Gesicht. Alle, Connie, Mónica, Doris, Bittrich, Pajarito, Sansón Fernández, alle nannten mich so, als ich klein war: Lalito. Lalito Cura, der mit den Gänsen und den Hunden spielte, im Garten des Hauses des Verbrechens, das für mich das Haus der Langeweile und manchmal des Staunens und des Glücks war. Jetzt fehlt die Zeit für Langeweile, das Glück ist in irgendeinem Winkel der Erde verschwunden, nur das Staunen ist übrig geblieben. Ein unablässiges Staunen, das aus Leichen und ganz gewöhnlichen Leuten wie Pajarito bestand, der sich bei mir bedankte. Ich hatte nie vor, dich zu töten, sagte ich, ich besitze alle deine Filme, sehe sie, zugegeben, nicht oft, nur zu besonderen Anlässen, aber ich hebe sie sorgsam auf. Ich bin ein Sammler deiner filmischen Vergangenheit, sagte ich. Pajarito setzte sich wieder hin. Er vibrierte nicht mehr: Aus dem Augenwinkel verfolgte er den Film mit López Tarso, und durch seine Ruhe schimmerte die Geduld einer Felsformation. Der Wecker am Bett zeigte zwei Uhr morgens. Nachts zuvor hatte ich geträumt, ich hätte Pajarito nackt vorgefunden und ihm, während ich ihn bestieg, unverständliche Worte über einen versteckten Schatz ins Ohr gebrüllt. Oder über eine unterirdische Stadt. Oder über einen Toten, eingewickelt in ein Papier, das der Verwesung und dem Lauf der Zeit widerstand. Aber ich legte ihm nicht einmal eine Hand auf die Schulter. Ich lasse dir Geld da, Pajarito, damit du nicht mehr arbeiten brauchst. Ich kaufe dir, was du willst. Ich bringe dich an einen ruhigen Ort, wo du dir deine Lieblingsschauspieler anschauen kannst. Im Barrio de los Empalados gab es niemanden wie dich, sagte ich. In Stein gehauene Geduld, sahen Ignacio López Tarso und Pajarito Gómez mich an. Beide stumm wie verrückt. Mit Augen voller Menschlichkeit und Angst und in den Weiten des Gedächtnisses verschollener Föten.

Föten und anderer kleiner Wesen mit weit offenen Augen. Für einen Moment, Freunde, hatte ich das Gefühl, die ganze Wohnung würde vibrieren. Dann stand ich auf und machte mich behutsam aus dem Staub.

MÖRDERISCHE HUREN

für Teresa Ariño

– Ich habe dich im Fernsehen gesehen, Max, und dachte mir, das ist mein Typ.

– (Der Typ bewegt hartnäckig den Kopf, versucht zu schnauben, schafft es nicht.)

– Ich habe dich mit deiner Gruppe gesehen. Nennst du sie so? Vielleicht sagst du Bande oder Clique, aber nein, ich glaube, du sagst Gruppe, das ist ein schlichtes Wort und du bist ein schlichter Mensch. Ihr hattet euch die T-Shirts ausgezogen und stelltet eure nackten Oberkörper zur Schau, Jungenbrüste, starke Bizepse, wenn auch nicht so muskulös, wie ihr gern gewollt hättet, unbehaart die meisten, allerdings habe ich ehrlich gesagt auf die Brustkörbe, Thoraxe, der anderen kaum geachtet, sondern auf deinen, etwas an dir hat mich aufhorchen lassen, dein Gesicht, deine Augen, die in die Richtung schauten, in der sich die Kamera befand (wahrscheinlich ohne zu wissen, dass man dich filmte und wir in unseren Häusern euch sahen), Augen ohne Tiefe, anders als deine Augen jetzt, unendlich anders als die, die du in Kürze haben wirst, Augen, die den Ruhm und das Glück, die erfüllten Sehnsüchte und den Triumph im Blick hatten, Dinge eben, die nur im Reich der Zukunft existieren und auf die man besser nicht wartet, da sie nie eintreffen.

– (Der Typ bewegt den Kopf von links nach rechts. Kämpft weiter mit der Luft, schwitzt.)

– Dich im Fernsehen zu sehen, war tatsächlich wie eine Einladung. Stell dir einmal kurz vor, ich sei eine wartende Prinzessin. Eine ungeduldige Prinzessin. Eines Nachts sehe ich dich, sehe dich, weil ich dich in gewisser Weise gesucht habe (nicht dich, sondern den Prinzen, der du auch bist, und das, wofür der Prinz steht). Deine Gruppe tanzt, die T-Shirts habt ihr um Hals oder Hüfte geknotet. Man könnte auch »geschlungen« sagen, was den nichtsnutzigen Alten zufolge von Schlaufe kommt oder mit Bändern und Armen gemacht wird, für mich aber, die ich jung und zu nichts nutze bin, das bezeichnet, was man mit einem Kleidungsstück tut, welches man um Hals, Brust oder Hüfte trägt. Die Alten und ich wandeln auf verschiedenen Pfaden, das merkst du schon. Aber lassen wir uns nicht von den wirklich interessanten Dingen ablenken. Ihr seid alle jung, entbietet der Nacht eure Gesänge, manche, die Anführer der Polonaisen, schwingen Fahnen. Der Sprecher, ein armer Teufel, ist hin und weg von dem Stammestanz, an dem du teilnimmst. Er kommentiert das gegenüber dem anderen Sprecher. Sie tanzen, sagt er mit einfältiger Stimme, als würden wir das in unseren Wohnungen, vor dem Fernseher, nicht mitkriegen. Ja, sie amüsieren sich, sagt der andere Sprecher. Genauso einfältig. Euer Tanz scheint sie wirklich zu amüsieren. Tatsächlich handelt es sich nur um eine Conga. In der ersten Reihe stehen acht oder neun. In der zweiten sind es zehn. In der dritten sieben oder acht. In der vierten fünfzehn. Alle verbunden durch mancherlei Abzeichen und die Entblößung des Oberkörpers (die T-Shirts um den Hals, um die Hüfte oder wie ein Turban um den Kopf geknotet oder geschlungen) und durch den tanzenden Zug (wobei das Wort tanzen hier vielleicht zu hoch gegriffen ist) durch den Bereich, in dem man euch zuvor eingeschlossen hat. Euer Tanz ist wie ein Blitz in einer Frühlingsnacht. Müde, aber noch mit einem Rest Begeisterung, feiern der oder die Sprecher eure Initiative. Ihr lauft die Betonstufen entlang von rechts nach links, kommt an die Metallzäune und macht kehrt, von links nach rechts. Die ersten jeder Reihe tragen eine Fahne, eine mit eurem Abzeichen oder die spanische; die Übrigen, einschließlich dem Letzten in der Reihe, schwenken kleinere Fähnchen oder Schals oder die T-Shirts, deren ihr euch zuvor entledigt habt. Die Nacht ist frühlingshaft, aber noch kühl, so dass euer Auftritt schließlich die gewünschte und letztlich auch angemessene Zackigkeit bekommt. Dann lösen sich die Reihen auf, ihr beginnt mit euren Gesängen, einige recken den Arm zum römischen Gruß. Dir ist klar, was das für ein Gruß ist? Bestimmt ist es das, und wenn es dir gerade nicht klar ist, ahnst du es. Unter dem Nachthimmel meiner Stadt grüßt du in Richtung der Fernsehkameras, und von meiner Wohnung aus sehe ich dich und beschließe, dir meinen Gruß zu entbieten, deinen Gruß zu erwidern.

– (Der Typ schüttelt den Kopf, es sieht aus, als füllten sich seine Augen mit Tränen, als zitterten seine Schultern. Liegt Liebe in seinem Blick? Ahnt sein Körper eher als sein Verstand, was ihn unvermeidlich erwartet? Beides, die Tränen und das Zittern, könnten der Anstrengung geschuldet sein, die er in diesem Moment unternimmt – eine vergebliche Anstrengung –, oder ehrlicher Reue, die wie eine Klaue all seine Nerven packt.)

– Ich entledige mich also meiner Kleidung, ziehe mein Höschen aus, ziehe meinen Büstenhalter aus, dusche, parfümiere mich, ziehe ein frisches Höschen an, ziehe einen frischen Büstenhalter an, ziehe eine schwarze Seidenbluse an, ziehe meine besten Jeans an, ziehe meine Stiefel an, ziehe ein Jackett an, das beste, das ich habe, und gehe in den Garten hinaus, denn um zur Straße zu gelangen, muss ich durch den dunklen Garten laufen, der dir so gefallen hat. Alles in weniger als zehn Minuten. Normalerweise bin ich nicht so schnell. Sagen wir, dass es dein Tanzen war, das mein Handeln so beschleunigt hat. Während ich mich anziehe, tanzt du. In irgendeiner anderen Dimension als dieser. In einer anderen Dimension und einer anderen Zeit, wie Prinz und Prinzessin, wie bei den Tieren, die sich im Frühling paaren, in der sogenannten Hitze, ziehe ich mich an, und du tanzt dazu frenetisch im Fernsehen, deine Augen starr auf etwas gerichtet, das die Ewigkeit oder der Schlüssel zur Ewigkeit sein könnte, wären deine Augen dabei nicht stumpf, inhaltslos und nichtssagend.

– (Der Typ nickt mehrmals. Was eben noch Gesten der Verneinung oder der Verzweiflung waren, verwandelt sich in Gesten der Zustimmung, als wäre ihm plötzlich eine Idee gekommen oder als hätte er eine *neue* Idee.)

– Schließlich – keine Zeit, mich im Spiegel zu betrachten, um den Perfektionsgrad meines Aufzugs zu überprüfen, obwohl ich wahrscheinlich auch dann, wenn ich Zeit gehabt hätte, mein Spiegelbild lieber gemieden hätte (was wir tun, du und ich, ist geheim) – gehe ich aus dem Haus, lasse nur das Licht am Eingang brennen, steige aufs Motorrad und fahre durch Straßen, in denen sich seltsamere Leute als du und ich auf einen vergnüglichen Samstag vorbereiten, einen Samstag auf dem Niveau ihrer Erwartungen, also auf einen tristen Samstag, der niemals das verkörpern wird, was erträumt und minutiös geplant war, einen Samstag wie jeder andere, einen billigen und lohnenden, kleinwüchsigen und liebenswerten, einen mangelhaften und tristen Samstag. Schreckliche Adjektive, die nicht zu mir passen, die zu übernehmen mir schwerfällt, die ich letzten Endes aber immer wie einen Abschiedsgruß akzeptiere. Mein Motorrad und ich passieren die Lichter, die christlichen Vorbereitungen, die grundlosen Erwartungen, biegen ein in die noch einsame Gran Avenida beim Stadion und halten unter den Bogen der Zugangsbrücken, aber stell dir vor, wie seltsam, gib acht, das Gefühl, das ich unter den Beinen spüre, als wir anhalten, ist, dass die Welt sich weiterdreht, was auch wirklich geschieht, ich vermute, das weißt du, die Erde bewegt sich unter meinen Füßen, unter den Rädern meines Motorrads, und für einen Moment, für den Bruchteil einer Sekunde, ist es nicht mehr von Bedeutung, dich zu treffen, du kannst mit deinen Freunden fortgehen, dich betrinken oder in den Bus steigen, der dich zurück in deine Stadt bringt. Aber das Gefühl von Verlassenheit, als würde mich ein Engel vögeln, ohne in mich einzudringen, während er mich eigentlich bis in die Eingeweide durchdringt, währt kurz, und während ich noch zweifle oder es noch erstaunt zu ergründen suche, öffnen sich die Gitter, und die Menschen strömen aus dem Stadion, Geierschwärme, Krähenschwärme.

– (Der Typ senkt den Kopf. Hebt ihn. Seine Augen wollen ein Lächeln zustande bringen. Seine Gesichtsmuskeln ziehen sich in einem oder mehreren Anläufen zusammen, die vieles bedeuten können: Wir sind füreinander geschaffen, denk an die Zukunft, das

Leben ist wunderbar, mach keine Dummheiten, ich bin unschuldig, es lebe Spanien.)

– Nach dir zu suchen ist anfangs ein Problem. Wirst du auf fünf Meter Entfernung genauso aussehen wie im Fernsehen? Deine Größe ist ein Problem: Ich weiß nicht, ob du groß oder von mittlerer Statur bist (klein bist du nicht). Deine Kleidung ist ein Problem: Um die Zeit wird es schon langsam kühl, und an deinem Oberkörper und an den Oberkörpern deiner Kameraden hängen wieder T-Shirts, Jacken sogar: Manch einer kommt mit einem Schal heraus, um den Hals geschlungen (wie ein Kringel), manch einer schlingt ihn sich sogar ums halbe Gesicht. Der Mond fällt lotrecht auf meine Schritte auf dem Beton. Ich suche dich geduldig, obwohl ich gleichzeitig die Ungeduld der Prinzessin empfinde, die in den leeren Rahmen schaut, in dem das Lächeln des Prinzen erstrahlen sollte. Deine Freunde sind ein zum Quadrat erhobenes Problem: Sie sind eine Versuchung. Ich sehe sie, werde von ihnen gesehen, werde von ihnen begehrt, weiß, dass sie es sich nicht zweimal überlegen würden, mir die Hosen herunterzuziehen, einige verdienen zweifellos meine Gesellschaft, genauso wie du, aber letzten Endes bleibe ich dir treu. Endlich tauchst du auf, umringt von Conga-Tänzerinnen, Lieder grölend, deren Texte von düsterer Vorbedeutung für unsere Begegnung sind, mit ernster Miene und von einer Wichtigkeit durchdrungen, die nur du ermessen, in ihrem ganzen Ausmaß ersehen kannst; du bist groß, um einiges größer als ich, und hast lange Arme, genau so, wie ich sie mir vorgestellt habe, nachdem ich dich im Fernsehen sah, und als ich dir zulächele, als ich sage, hallo Max, weißt du nicht, was du sagen sollst, anfangs weißt du nicht, was du sagen sollst, kannst nur lachen, etwas weniger dröhnend als deine Kameraden, aber du lachst nur, Prinz aus der Zeitmaschine, du lachst, aber gehst schon nicht mehr weiter.

– (Der Typ schaut sie an, die Augen verengen sich, er versucht seine Atmung zu kontrollieren, und in dem Maße, wie ihm das gelingt, scheint er nachzudenken: einatmen, ausatmen, nachdenken, einatmen, ausatmen, nachdenken…)

– Anstatt zu sagen, dass du nicht Max bist, versuchst du dann, deiner Gruppe zu folgen, und einen Moment lang überkommt mich Panik, eine Panik, die sich in der Erinnerung mehr mit dem Lachen als mit der Angst vermischt. Ich folge dir, ohne genau zu wissen, was ich weiter tun werde, aber du und drei andere bleiben stehen, kommen zurück und taxieren mich mit ihren kalten Augen, und ich sage, Max, wir müssen reden, und dann sagst du, ich bin nicht Max, das ist nicht mein Name, was ist los, nimmst du mich auf den Arm, verwechselst du mich mit jemandem oder was, und dann entschuldige ich mich, du siehst Max extrem ähnlich, und sage auch, dass ich mit dir reden möchte, worüber, na, über Max, und da grinst du und bleibst endgültig zurück, deine Begleiter gehen, rufen noch den Namen der Bar, von der aus ihr diese Stadt verlassen werdet, ich gehe nicht verloren, sagst du, wir sehen uns dort, und deine Kameraden werden immer kleiner, so wie das Stadion immer kleiner wird, ich steuere das Motorrad mit sicherer Hand und drehe das Gas voll auf, die Gran Avenida ist um diese Zeit fast menschenleer, außer den Leuten, die aus dem Stadion kommen, und du hinter mir umfasst meine Taille, ich spüre deinen Körper am Rücken, der sich anschmiegt wie eine Molluske am Fels, die Luft der Avenida ist um diese Zeit wirklich so kalt und geballt wie die Wellen, die auf die Molluske einstürmen, du schmiegst dich an mich, Max, mit der Selbstverständlichkeit dessen, der ahnt, dass das Meer nicht nur ein feindliches Element ist, sondern ein Zeittunnel, du umschlingst meine Taille wie zuvor das T-Shirt deinen Hals, aber die Conga tanzt jetzt die Luft, die wie ein Sturzbach in das von der Straße gebildete, gestrichelte Rohr einschießt, und du lachst oder sagst etwas, vielleicht hast du unter dem Mantel der Bäume, der die dahinziehenden Passanten beschirmt, irgendwelche Freunde entdeckt, vielleicht beleidigst du nur irgendwelche Unbekannten, ach, Max, du sagst nicht tschüss, nicht hallo, nicht bis bald, du rufst Parolen, die älter sind als das Blut, aber sicher nicht älter als der Fels, an den du dich klammerst, glücklich, die Wellen zu spüren, die unterseeischen Strömungen der Nacht, und das sichere Gefühl, nicht von ihnen fortgerissen zu werden.

– (Der Typ murmelt unverständliches Zeug, etwas wie Speichel tropft ihm vom Kinn, vielleicht ist es auch nur Schweiß. Seine Atmung hat sich jedoch beruhigt.)

– So erreichen wir unbeschadet mein Haus am Stadtrand. Du nimmst den Helm hab, fasst dir an die Eier, legst mir einen Arm um die Schultern. Deine Geste verbirgt eine unerwartete Portion Sanftheit und Schüchternheit. Aber deine Augen sind noch nicht sanft und schüchtern genug. Dir gefällt mein Haus. Dir gefallen meine Bilder. Du fragst mich nach den darauf abgebildeten Figuren. Der Prinz und die Prinzessin, sage ich. Sehen aus wie die Katholischen Könige, sagst du. Ja, der Gedanke ist mir auch schon mal gekommen, Katholische Könige an den Grenzen des Reichs, Katholische Könige, die sich in permanentem Schrecken, permanenter Förmlichkeit gegenseitig bespitzeln, aber für mich, für die ich mindestens fünfzehn Stunden am Tag bin, sind sie ein Prinz und eine Prinzessin, die Liebenden, die durch die Zeiten gehen, verwundet, vom Pfeil getroffen, die auf der Jagd ihre Pferde verlieren, oder sogar nie Pferde besessen haben und zu Fuß fliehen, aufrecht gehalten von ihren Augen, von einem idiotischen Willen, den manche Güte nennen, andere eine natürliche gute Laune, als könnte man Natur adjektivieren, gut oder schlecht, wild oder zahm, Natur ist Natur, Max, mach dir keine Illusionen, und sie wird immer da sein, wie ein unlösbares Geheimnis, und damit meine ich nicht die Wälder, die verbrennen, sondern die Neuronen, die verbrennen, die linke und die rechte Hälfte des Gehirns, das in einem jahrhundertelangen Feuer verbrennt. Aber du, mein Dummerjan, findest mein Haus schön und fragst obendrein, ob ich allein bin, und wunderst dich dann, dass ich lache. Glaubst du, ich hätte dich eingeladen, wenn ich nicht allein wäre? Glaubst du, wenn ich nicht allein wäre, hätte ich die Stadt von einem Ende zum anderen auf meinem Motorrad durchquert, mit dir im Rücken wie eine an den Felsen geklammerte Molluske, während mein Kopf (oder meine Galionsfigur) in die Zeit eintaucht, in dem alleinigen Bemühen, dich wohlbehalten an diesen Rückzugsort zu bringen, den wahren Fels, der sich wundersamerweise aus seinen Wurzeln erhebt und emporragt? Und ganz praktisch gedacht: Glaubst du, ich hätte einen Ersatzhelm mitgebracht, einen Helm, der dein Gesicht vor indiskreten Blicken verbirgt, wenn ich nicht vorgehabt hätte, dich hierherzubringen, in meine lauterste Einsamkeit?

– (Der Typ senkt den Kopf, nickt, seine Augen wandern bis in den letzten Winkel über die Wände des Zimmers. Erneut strömt sein Schweiß wie ein launischer Fluss, eine Lücke in der Zeit?, und die Wimpern hängen bald voller Tropfen, die bedrohlich über seinen Augen hängen.)

Du verstehst nichts von Malerei, Max, aber ich ahne, dass du viel von Einsamkeit verstehst. Du magst die Katholischen Könige, du magst Bier, du magst dein Vaterland, du magst Respekt, du magst deine Fußballmannschaft, du magst deine Freunde oder Kumpel oder Kameraden, die Bande oder Gruppe oder Clique, die Meute, die dich zurückbleiben sah, im Gespräch mit einer hübschen Tussi, die du nicht kanntest, und du magst keine Unordnung, magst keine Schwarzen, magst keine Schwulen, magst nicht, dass man es an Respekt fehlen lässt, dass man dir deinen Platz streitig macht. Unterm Strich gibt es so vieles, was du nicht magst, dass wir uns im Grunde sehr ähnlich sind. Du und ich, wir nähern uns einander von den entgegengesetzten Enden des Tunnels, und obwohl wir bloß unsere Silhouetten sehen, steuern wir entschlossen auf unsere Begegnung zu. In der Mitte des Tunnels werden sich unsere Arme endlich finden können, und obwohl die Dunkelheit dort so groß ist, dass wir uns nicht sehen können, weiß ich, dass wir furchtlos voranschreiten und das Gesicht des anderen berühren werden (das Erste, was du berühren wirst, ist mein Arsch, aber auch das ist Teil deines Wunschs, mein Gesicht kennenzulernen), dass wir unsere Augen betasten und vielleicht ein oder zwei Worte der Anerkennung äußern werden. Dann wird mir bewusst werden (könnte mir bewusst werden), dass du nichts von Malerei verstehst, dafür aber von Einsamkeit, was fast das Gleiche ist. Eines Tages werden wir uns mitten in diesem Tunnel treffen, Max, und ich werde dein Gesicht betasten, deine Nase, deine Lippen, die in der Regel besser als irgendetwas sonst deine Dummheit ausdrücken, deine leeren Augen, die winzigen Fältchen, die sich auf deinen Wangen bilden, wenn du lächelst, die falsche Härte deines Gesichts, wenn du ernst wirst, wenn du deine Gesänge anstimmst, jene Gesänge, die du nicht verstehst, dein Kinn, das manchmal wirkt wie ein Stein, öfter aber, vermute ich, wie Gemüse, dieses typische Kinn von dir, Max (so typisch, so archetypisch, dass ich jetzt denke, es war das, was dich verraten hat, dein Verhängnis war). Und dann werden wir wieder miteinander reden oder zum ersten Mal miteinander reden, aber bis dahin müssen wir herumwirbeln, uns unsere Kleider ausziehen und sie um unsere Hälse oder um die Hälse der Toten schlingen. Die in der unbeweglichen Schlaufe leben.

– (Der Typ weint, auch möchte es so scheinen, als versuchte er zu sprechen, aber es handelt sich nur um Schluchzer, durch Weinen verursachte Zuckungen, die Wangen und Backenknochen und jene Stelle in Bewegung bringen, wo sich seine Lippen erahnen lassen.)

– Wie Gangster immer sagen, es ist nichts Persönliches, Max. Natürlich liegt in dieser Behauptung ein Stück Wahrheit und ein Stück Lüge. Immer ist es etwas Persönliches. Wir sind unbeschadet durch einen Tunnel der Zeit gekommen, weil es etwas Persönliches ist. Ich habe dich ausgewählt, weil es etwas Persönliches ist. Selbstverständlich habe ich dich nie zuvor gesehen. Persönlich hast du mir nie etwas getan. Ich sage das deinem Seelenfrieden zuliebe. Du hast mich nie vergewaltigt. Du hast nie jemanden vergewaltigt, den ich kenne. Möglich, dass du überhaupt noch nie jemanden vergewaltigt hast. Es ist nichts Persönliches. Vielleicht bin ich krank. Vielleicht ist alles das Ergebnis eines Albtraums, den keiner von uns beiden träumt, obwohl er dir weh tut und der Schmerz real und persönlich ist. Ich fürchte allerdings, dass das Ende nicht persönlich sein wird. Das Ende, die Auslöschung, die Geste, die unwiderruflich Schluss macht. Mehr noch, persönlich oder unpersönlich, werden wir, du und ich, wieder in mein Haus gehen, meine Bilder anschauen (Prinz und Prinzessin), Bier trinken, uns ausziehen, ich werde wieder deine Hände spüren, die ungeschickt über meinen Rücken, meinen Hintern, die Innenseite meiner Schenkel streichen, vielleicht auf der Suche nach meiner Klitoris, aber ohne zu wissen, wo genau sie sich befindet, ich werde dich wieder ausziehen, deinen Schwanz in beide Hände nehmen und dir sagen, dass du einen sehr großen hast, obwohl er in Wirklichkeit nicht sehr groß ist, das hättest du wissen müssen, Max, und werde ihn wieder in den Mund nehmen und ihn lutschen, wie ihn dir noch keine gelutscht hat, und dann werde ich dich ausziehen und zulassen, dass du mich ausziehst, deine eine Hand mit meinen Nippeln beschäftigt, die andere um ein Glas Whisky gekrallt, und werde dir in die Augen schauen, in die Augen, die ich im Fernsehen sah (und die ich im Traum wiedersehen werde) und die bewirkt haben, dass du es warst, auf den meine Wahl fiel, und werde mir noch einmal sagen, dass es nichts Persönliches ist, werde dir, werde deiner ekelerregenden, elektrischen Erinnerung sagen, dass es nichts Persönliches ist, und selbst da werde ich noch meine Zweifel haben, werde frösteln, so wie jetzt, versuchen, mich an all deine Worte zu erinnern, selbst an die belanglosesten, und in ihnen keinen Trost finden.

– (Erneut signalisiert der Typ mit dem Kopf seine Zustimmung. Was möchte er sagen? Man kann es unmöglich wissen. An seinem Körper, besser gesagt seinen Beinen, zeigt sich ein eigenartiges Phänomen: mal bedeckt sie ein so reichlicher, dichter Schweiß wie schon seine Stirn, vor allem sein inneres Gesicht, mal scheint er zu frieren, und die Haut von den Leisten bis zu den Knien bekommt eine raue Oberfläche, zumindest sieht sie so aus, auch wenn sie sich nicht so anfühlt.)

– Deine Worte, muss ich zugeben, waren liebenswürdig. Ich fürchte jedoch, du hast nicht gut genug über das nachgedacht, was du sagst. Noch weniger über das, was ich gesagt habe. Achte genau auf das, Max, was Frauen sagen, während sie gefickt werden. Wenn sie nicht sprechen, gut, dann musst du auf nichts achten und über nichts nachdenken, aber wenn sie sprechen, und sei es nur ein Flüstern, achte auf ihre Worte und mach dir Gedanken, überlege dir, was es bedeutet, überlege dir, was sie sagen und was sie nicht sagen, versuche zu verstehen, was sie eigentlich sagen wollen. Frauen sind mörderische Huren, Max, sind vor Kälte starre Affen, die von einem kranken Baum aus den Horizont betrachten, sind Prinzessinnen, die dich in der Dunkelheit suchen, weinend um Worte ringend, die sie nie werden sagen können. Im Missverständnis leben und planen wir unsere Lebenszyklen. Für deine Freunde, Max, war ich in jenem Stadion, das sich jetzt in deiner Erinnerung zum Inbegriff des Albtraums verdichtet, nur ein schräges Flittchen, ein Stadion innerhalb des Stadions, in das manche gelangen, nachdem sie mit um Hals oder Hüfte geschlungenem T-Shirt eine Conga getanzt haben. Für dich war ich eine Prinzessin auf der jetzt von Wind und Angst zerstückelten Gran Avenida (so dass die Avenida jetzt in deinem Kopf der Tunnel der Zeit ist), die besondere Trophäe nach einer magisch-kollektiven Nacht. Für die Polizei werde ich ein unbeschriebenes Blatt sein. Niemand wird meine Liebesworte je verstehen. Erinnerst du dich, Max, an irgendetwas von dem, was ich sagte, während du ihn mir reinstecktest?

– (Der Typ bewegt den Kopf, das Signal ist eindeutig affirmativ, seine feuchten Augen sagen ja, seine verkrampften Schultern, sein Bauch, seine Beine, die sich unaufhörlich bewegen, wenn sie nicht hinschaut, und sich loszumachen versuchen, seine pochende Halsschlagader.)

– Erinnerst du dich, dass ich sagte, *der Wind*? Erinnerst du dich, dass ich sagte, *die unterirdischen Straßen*? Erinnerst du dich, dass ich sagte, *du bist die Fotografie*? Nein, in Wirklichkeit erinnerst du dich nicht. Du trankst zu viel und warst zu sehr mit meinen Titten und meinem Arsch beschäftigt. Und hast nichts verstanden, sonst wärst du bei erster Gelegenheit auf und davon gelaufen. Das würdest du jetzt gern, stimmt's, Max? Dein Ebenbild, dein Alter Ego, das durch den Garten meines Hauses liefe, über den Zaun spränge, mit langen Schritten die Straße hinaufsprintete wie ein Fünfzehnhundertmeterläufer, noch halb bekleidet, einen deiner Gesänge trällernd, um dir Mut zu machen, und dann, nach zwanzigminütigem Rennen, erschöpft in der Bar ankäme, wo die Mitglieder deiner Gruppe, Bande, Clique, Schar oder Kohorte auf dich warten, ein großes Bier tränke und sagte, Leute, ihr könnt euch nicht vorstellen, was mit passiert ist, man hat versucht, mich umzubringen, eine verdammte Vorstadthure, eine von außerhalb der Stadt oder der Zeit, eine Hure aus dem Jenseits, die mich im Fernsehen gesehen hat (wir waren im Fernsehen!), die mich auf ihrem Motorrad mitgenommen und mir einen geblasen hat, die mir ihren Arsch angeboten und mir Sachen gesagt hat, deren Bedeutung mir anfangs rätselhaft vorkam, die ich aber später verstand oder besser gesagt am eigenen Leib spürte, eine Hure, die mir Sachen gesagt hat, die ich mit der Leber und mit den Eiern spürte und die mir anfangs harmlos vorkamen oder aufreizend oder als der Effekt meiner Lanze, die ihr bis in die Eingeweide drang, die mir aber dann nicht mehr so unschuldig vorkamen, Leute, ich will es euch erklären, während ich sie bestieg, murmelte oder flüsterte sie ununterbrochen, normal, oder?, aber es war nicht normal, nichts daran war normal, eine Hure, die vor sich hin murmelt, während sie gefickt wird, und dann lauschte ich dem, was sie sagte, Leute, Kameraden, lauschte ihren verdammten Worten, die wie ein Schiff durch ein Meer von Testosteron pflügten, und dann schien es, als würde dieses Meer von Testosteron, dieses Samenmeer, vor einer übernatürlichen Stimme erzittern, und dann schrumpfte das Meer zusammen, zog sich in sich zurück, das Meer verschwand, Leute, und der ganze Ozean blieb ohne Meer, die ganze Küste ohne Meer, nur Felsen und Hügel, Abgründe und Gebirgszüge, Gräben, dunkel und feucht von Angst, und dann stand ich auf, wobei ich mich bemühte, mir nichts anmerken zu lassen, mir nicht anmerken zu lassen, dass ich Schiss hatte, und sagte, ich müsse aufs Klo, Piepmatz trocken legen und ein Weilchen scheißen, und sie sah mich an, als hätte ich John Donne zitiert, Leute, als hätte ich Ovid zitiert, und ich zog mich zurück, ohne sie aus dem Auge zu lassen, ohne das Schiff aus dem Auge zu lassen, das sich unbeirrt durch ein Meer von Nichts und Elektrizität vorankämpfte, als würde der Planet Erde erneut geboren, und ich wäre als Einziger zugegen, um die Geburt zu bezeugen, aber wem gegenüber bezeugen, Leute?, den Sternen gegenüber, vermute ich, und als ich dann im Flur stand, außerhalb der Reichweite ihres Blicks, ihres Begehrens, öffnete ich nicht die Klotür, sondern schlich zur Eingangstür, durchquerte in einem Stoßgebet den Garten, sprang über die Gartenmauer und rannte die Straße hinauf wie der letzte Marathonläufer, der nicht die Nachricht vom Sieg bringt, sondern die von der Niederlage, der nicht angehört und gefeiert wird und von niemandem eine Schale Wasser bekommt, aber der lebend ankommt, Leute, und seine Lektion gelernt hat: Dieses Schloss werde ich nicht betreten, diesem Pfad nicht folgen, dieses Land nicht durchqueren. Auch wenn alle mit dem Finger auf mich zeigen. Auch wenn sich alles gegen mich verschworen hat.

– (Der Typ nickt mit dem Kopf. Es ist klar, dass er sein Einverständnis bekunden will. Die Anstrengung lässt sein Gesicht ziemlich rot anlaufen, seine Venen und die Augen treten hervor.)

– Aber du hast nicht auf meine Worte gelauscht, warst nicht imstande, von meinem Stöhnen jene letzten Worte zu unterscheiden, die dich vielleicht gerettet hätten. Ich habe dich gut ausgesucht. Das Fernsehen lügt nicht, das ist das einzig Gute an ihm (das und die alten Filme, die in den frühen Morgenstunden laufen), und dein Gesicht neben dem Absperrgitter nach der allseits beklatschten Conga war mir ein Vorgeschmack auf (und ein Ansporn für) das unvermeidliche Ende. Ich habe dich auf meinem Motorrad hergebracht, dich ausgezogen, dich bewusstlos gemacht, dich an Händen und Füßen an einen alten Stuhl gefesselt, dir den Mund mit Heftpflaster verklebt, nicht weil ich fürchtete, deine Schreie könnten jemanden alarmieren, sondern weil ich nicht das Bedürfnis hatte, mir deine flehentlichen Bitten, dein Entschuldigungsgestammel, deine schwachen Beteuerungen anzuhören, du seiest gar nicht so, alles sei nur Spaß gewesen, ich hätte mich geirrt. Kann sein, dass ich mich irre. Kann sein, dass alles nur Spaß war. Kann sein, dass du nicht so bist. Aber niemand ist ja so, Max. Ich war auch nicht so. Natürlich werde ich mit dir nicht über meinen Schmerz reden, einen Schmerz, den du nicht hervorgerufen hast, im Gegenteil, du hast einen Orgasmus hervorgerufen. Du warst der verlorene Prinz, der einen Orgasmus hervorgerufen hat, du kannst mit dir zufrieden sein. Und ich habe dir Gelegenheit gegeben zu fliehen, aber du warst auch der taube Prinz. Jetzt ist es zu spät, der Morgen graut, du musst ganz gefühllose, verspannte Beine haben, deine Handgelenke sind geschwollen, du hättest nicht so zerren dürfen, als wir anfingen, habe ich dich gewarnt, Max, das ist unvermeidlich. Akzeptier das, so gut du kannst. Jetzt ist nicht der Moment zu heulen, sich an Congas, Drohungen, Schlägereien zu erinnern, jetzt ist der Moment, in dich zu gehen und verstehen zu lernen, dass es einen manchmal unerwartet trifft. Du bist nackt in meiner Kammer des Schreckens, Max, und deine Augen folgen der Pendelbewegung meiner Klinge, als wäre sie eine Standuhr oder der Kuckuck einer Kuckucksuhr. Schließ die Augen, Max, es ist nicht nötig, das du weiter hinschaust, schließ die Augen und denk mit aller Kraft an etwas Schönes…

– (Statt sie zu schließen, reißt der Typ verzweifelt die Augen auf, und alle seine Muskeln spannen sich zu einer letzten Anstrengung: Der Impuls ist so heftig, dass der Stuhl, an den er festgebunden ist, mit ihm umstürzt. Er prallt mit Kopf und Hüfte auf, verliert die Kontrolle über den Schließmuskel und kann sein Wasser nicht halten, bekommt Krämpfe, der Staub und Schmutz der Fliesen klebt an seinem nassen Körper.)

– Ich werde dir nicht aufhelfen Max, du liegst da gut. Lass die Augen auf oder mach sie zu, egal, denk an etwas Schönes oder denk an nichts. Der Tag bricht an, aber in diesem Fall könnte genauso gut die Nacht hereinbrechen. Du bist der Prinz und kommst im rechten Moment. Du bist willkommen, egal wie und woher du kommst, ob dich ein Motorrad gebracht hat oder dich die eigenen Füße getragen haben, ob du weißt, was dich erwartet, oder nicht, ob du durch Täuschung hier gelandet bist oder in dem Wissen, dass du deinem Schicksal entgegentreten würdest. Dein Gesicht, das eben noch nur Dummheit oder Wut oder Hass auszudrücken vermochte, ist jetzt gefasst und vermag auszudrücken, was sich nur im Innern eines Tunnels ahnen lässt, wo physische Zeit und sprachliche Zeit zusammenfließen und sich mischen. Entschlossen schreitest du die Flure meines Palastes entlang, bleibst kaum die wenigen Sekunden stehen, die es braucht, um die Bilder der Katholischen Könige zu betrachten, ein Glas kristallklares Wasser zu trinken, mit den Fingerspitzen das Quecksilber der Spiegel zu berühren. Das Schloss ist nur scheinbar totenstill, Max. Für Momente glaubst du, allein zu sein, aber im Grunde weißt du, dass du es nicht bist. Zurück lässt du deinen erhobenen Arm, deinen nackten Oberkörper, dein um die Hüfte geschlungenes T-Shirt, deine markigen, Reinheit und Zukunft beschwörenden Gesänge. Dieses Schloss ist dein Berg, den du mit all deiner Kraft erklimmen und kennenlernen musst, denn danach gibt es nichts mehr, der Berg und seine Besteigung kosten dich den höchsten Preis, den du zahlen kannst. Denk jetzt an das, was du zurücklässt, an das, was du hast zurücklassen können, an das, was du hast zurücklassen müssen, und denk auch an den Zufall, diesen größten Verbrecher, der je die Erde betreten hat. Mach dich frei von Angst und Reue, Max, denn du bist bereits im Schloss, und hier führen alle Wege unausweichlich in meine Arme. Jetzt bist du im Schloss und hörst, ohne dich umzudrehen, wie die Türen sich schließen. Im Traum schreitest du durch Flure und Säle aus nacktem Stein voran. Welche Waffen trägst du, Max? Nur deine Einsamkeit. Du weißt, dass ich hier irgendwo auf dich warte. Weißt, dass auch ich nackt bin. Für Momente spürst du meine Tränen, siehst das Rinnsal meiner Tränen auf dem dunklen Stein und glaubst, du hättest mich schon gefunden, aber das Zimmer ist leer, und das macht dich untröstlich, und zugleich macht es dich scharf. Steig weiter empor, Max. Das nächste Zimmer ist schmutzig und will nicht zu einem Schloss passen. Es gibt einen alten Fernseher, der nicht funktioniert, und eine Pritsche mit zwei Matratzen. Irgendwo weint jemand, du siehst Kinderzeichnungen, alte, verschimmelte Kleidung, getrocknetes Blut und Staub. Du öffnest eine weitere Tür. Rufst hinein. Sagst, wein doch nicht. Der Staub im Flur bewahrt deine Spuren. Für Momente glaubst du, die Tränen würden von der Decke tropfen. Nicht wichtig. In diesem Fall könnten sie auch aus der Spitze deines Schwanzes quellen. Für Momente scheinen alle Zimmer dasselbe, von der Zeit verwüstete Zimmer zu sein. Wenn du zur Decke schaust, wirst du meinen, einen Stern oder einen Kometen oder eine Kuckucksuhr zu sehen, die den Raum durchmessen, der sich zwischen den Lippen von Prinz und Prinzessin spannt. Für Momente ist alles wieder wie immer. Das Schloss ist dunkel, riesig, kalt, und du bist allein. Aber du weißt, dass sich irgendwo eine andere Person versteckt hält, spürst ihre Tränen, spürst ihre Nacktheit. In ihren Armen erwartet dich der Frieden, die Wärme, und in dieser Hoffnung schreitest du voran, weichst Kisten voller Andenken aus, die niemand je wieder ansehen wird, Koffern mit alter Kleidung, die jemand vergessen hat oder nicht wegwerfen wollte, und rufst ab und zu nach ihr, nach deiner Prinzessin, wo bist du, sagst du mit kältestarrem Körper und lässt die Zähne klappern, genau in der Mitte des Tunnels, und lächelst im Dunkeln, vielleicht zum ersten Mal ohne Angst, ohne anderen Angst machen zu wollen, tatendurstig, frohgemut, quicklebendig, dich im Dunkeln vorwärtstastend, Türen öffnend, Flure durchquerend, die dich den Tränen näher bringen, im Dunkeln, geleitet nur von dem Bedürfnis deines Körpers nach einem anderen Körper, fällst hin, stehst auf, und endlich gelangst du in das zentrale Gemach, endlich siehst du mich dort und schreist. Ich rühre mich nicht und weiß nicht, welcher Art dein Schrei ist. Ich weiß nur, dass wir uns endlich gefunden haben, und dass du der beherzte Prinz bist und ich die unbarmherzige Prinzessin.

DIE WIEDERKEHR

Ich habe eine gute und eine schlechte Nachricht. Die gute Nachricht ist, es gibt ein Leben (oder etwas Ähnliches) nach dem Leben. Die schlechte, Jean-Claude Villeneuve ist nekrophil.

Der Tod ereilte mich um vier Uhr morgens in einer Pariser Diskothek. Mein Arzt hatte mich gewarnt, aber es gibt Dinge, da zieht die Vernunft den Kürzeren. Ich lebte in dem irrigen Glauben (was ich bis heute bereue), Tanzen und Trinken wären nicht meine gefährlichsten Leidenschaften. Im Übrigen trug auch mein Alltag als mittlerer Angestellter bei FRACSA dazu bei, jede Nacht in den angesagten Läden von Paris das zu suchen, was ich bei meiner Arbeit nicht fand, auch nicht in dem, was die Leute ihr Innenleben nennen: das Feuer einer gewissen Hemmungslosigkeit.

Aber ich möchte darüber nicht oder so wenig wie möglich sprechen. Ich war frisch geschieden und vierunddreißig Jahre alt, als sich mein Ableben ereignete. Es geschah für mich selbst fast unbemerkt. Plötzlich ein Stich im Herzen und das unverändert unerschrockene Gesicht von Cécile Lamballe, der Frau meiner Träume, und die Tanzfläche, die auf ziemlich heftige Weise Kapriolen schlug und Tänzer und Schatten verschluckte, und dann ein kurzer Moment der Dunkelheit.

Anschließend ging alles so weiter, wie es in einigen Filmen dargestellt wird, und zu diesem Punkt möchte ich dann doch etwas sagen.

Im Leben war ich nicht übermäßig intelligent oder brillant. Das ist immer noch so (obwohl ich mich stark verbessert habe). Wobei ich mit intelligent eigentlich nachdenklich meine. Aber ich habe doch Geschmack und einen gewissen Elan. Will sagen, ich bin kein Trottel. Objektiv betrachtet, war ich immer alles andere als ein Trottel. Ich habe Betriebswirtschaft studiert, das stimmt, aber das hinderte mich nicht daran, hin und wieder einen guten Roman zu lesen, hin und wieder ein Theaterstück anzusehen und häufiger als der Durchschnitt ins Kino zu gehen. Manche Filme sah ich nur gezwungenermaßen, auf Drängen meiner Exfrau. In alle anderen trieb mich die cineastische Leidenschaft.

Wie so viele habe auch ich mir *Ghost* angesehen, ich weiß nicht, ob ihr euch an den noch erinnert, ein Kassenschlager, ein Film mit Demi Moore und Whoopi Goldberg, in dem Patrick Swayze erschossen wird und sein Körper auf einer Straße in Manhattan, womöglich einer Seitenstraße, jedenfalls einer schmutzigen Straße, liegen bleibt, während Patrick Swayzes Geist sich unter (vor allem für die damalige Zeit) protziger Zurschaustellung von Spezialeffekten von seinem Körper löst und verdutzt den eigenen Leichnam betrachtet. Also, ich fand das idiotisch (von den Spezialeffekten ganz abgesehen). Eine billige Lösung, typisches Hollywood-Kino, oberflächlich und absolut unglaubwürdig.

Als ich an die Reihe kam, passierte jedoch genau das. Ich war wie versteinert. Erstens, weil ich gestorben war, was ja immer unerwartet kommt, außer vermutlich in einigen Fällen von Selbstmord, und zweitens, weil ich unwillentlich eine der schlechtesten Szenen von *Ghost* interpretierte. Neben tausend anderen Dingen gibt mir auch meine Erfahrung zu bedenken, dass sich hinter der kindischen Art der US-Amerikaner manchmal etwas versteckt, das wir Europäer nicht verstehen können oder wollen. Aber kurz nachdem ich gestorben war, dachte ich daran nicht. Kurz nachdem ich gestorben war, hätte ich am liebsten schallend gelacht.

Man gewöhnt sich an alles, außerdem fühlte ich mich an jenem frühen Morgen schwindlig oder betrunken, nicht weil ich in der Nacht meines Ablebens alkoholische Getränke zu mir genommen hätte, was nicht der Fall war, ich hatte mich in der Nacht eher an Ananassaft mit Bier ohne Alkohol gehalten, sondern wegen des Eindrucks, tot zu sein, wegen der Angst, tot zu sein und nicht zu wissen, was auf einen zukommt. Wenn einer stirbt, *bewegt* sich die wirkliche Welt ein wenig, und das trägt zu dem Schwindelgefühl bei. Als würdest du plötzlich eine Brille mit einer anderen Sehstärke aufsetzen, nicht sehr verschieden von deiner, aber anders. Und das Schlimmste ist, dass du weißt, dass die Brille, die du aufgesetzt hast, deine Brille ist, nicht eine falsche. Und die wirkliche Welt *bewegt* sich ein bisschen nach rechts und ein bisschen nach unten, die Entfernung, die dich von einem bestimmten Gegenstand trennt, verändert sich unmerklich, und diese Veränderung nimmt man als Abgrund wahr, und der Abgrund trägt zum Schwindelgefühl bei, ist aber auch egal.

Man möchte weinen oder beten. Die ersten Minuten eines Geistes sind die Minuten unmittelbar vor einem Knockout. Du bist wie ein angeschlagener Boxer, der in jenem ausgedehnten Moment durch den Ring taumelt, in dem dieser sich in Luft auflöst. Aber dann beruhigst du dich, und in der Regel folgst du dann den Leuten, mit denen du zusammen warst, deiner Freundin, deinen Freunden oder, im Gegenteil, deiner Leiche.

Ich war mit Cécile Lamballe unterwegs, der Frau meiner Träume, war mit ihr unterwegs, als ich starb, und sah sie, bevor ich starb, aber als mein Geist sich von meinem Körper löste, konnte ich sie nirgends mehr sehen. Die Überraschung war beträchtlich und die Enttäuschung enorm, vor allem, wenn ich jetzt dran denke, obwohl ich damals keine Zeit hatte, das zu bedauern. Da war ich und betrachtete meinen in einer grotesken Pose am Boden liegenden Körper, als hätte man mir in vollem Tanz und Herzinfarkt die Luft abgelassen oder als wäre ich nicht an einem Herzanfall gestorben, sondern durch den Sprung vom Dach eines Wolkenkratzers, und tat nichts anderes als zu schauen, mich zu drehen und hinzufallen, weil mir fürchterlich schwindlig war, während einer der Freiwilligen, an denen es nie mangelt, mich (oder vielmehr meinen Körper) künstlich beatmete, dann ein anderer mir eine Herzmassage gab und dann jemand auf die Idee kam, die Musik auszuschalten, und in der trotz der späten Stunde recht gut gefüllten Diskothek eine Art missbilligendes Murmeln aufbrandete und die tiefe Stimme eines Kellners oder Sicherheitsmanns befahl, niemand solle mich anfassen, man müsse auf die Polizei und den Untersuchungsrichter warten, und so groggy ich war, hätte ich ihnen gern gesagt, sie sollten weitermachen, sollten weiter versuchen, mich wiederzubeleben, aber die Leute waren müde, und als jemand von Polizei sprach, wichen alle zurück, und meine Leiche blieb am Rand der Tanzfläche liegen, allein und mit geschlossenen Augen, bis eine mitleidige Seele eine Decke über mich breitete, um zu bedecken, was jetzt endgültig tot war.

Dann kam die Polizei, und ein paar Typen bestätigten, was schon alle wussten, und dann kam der Untersuchungsrichter, und erst da bemerkte ich, dass sich Cécile Lamballe verflüchtigt hatte, daher folgte ich, als man meinen Körper nahm und in einen Notarztwagen schob, den Rettungssanitätern, stieg hinten in den Wagen und verlor mich mit ihnen im fahlen, traurigen Pariser Morgengrauen.

Wie armselig kam mir damals mein Körper oder Exkörper vor (ich weiß nicht, wie ich mich diesbezüglich ausdrücken soll) auf seinem Weg in die Mühlen der Todesbürokratie. Zunächst brachte man mich ins Untergeschoss eines Krankenhauses, obwohl ich nicht beschwören könnte, dass es sich um ein Krankenhaus handelte, wo eine bebrillte junge Frau meine Entkleidung anordnete und mich, als sie mit mir allein war, eine Weile betrachtete und befühlte. Dann breitete man ein Laken über mich, und in einem anderen Raum nahm man meine sämtlichen Fingerabdrücke. Anschließend brachte man mich in den ersten Saal zurück, wo sich jetzt niemand mehr befand und wo ich eine Weile, die mir lang vorkam und die ich nicht in Zeit beziffern könnte, allein blieb. Vielleicht waren es nur Minuten, aber meine Langeweile wurde immer stärker.

Nach einer Weile holte mich ein schwarzer Sanitäter ab und brachte mich in ein anderes Kellergeschoss, wo er mich an zwei junge Burschen übergab, die ebenfalls weiß gekleidet waren, mir aber vom ersten Moment an suspekt erschienen. Vielleicht war es ihre gewollt hochgestochene Art zu reden, die auf ein eingebildetes

Künstlertum übelster Sorte hindeutete, vielleicht der Schmuck, der an ihren Ohren baumelte, sechseckige Anhänger, die entfernt an Tiergestalten aus einem phantastischen Bestiarium erinnerten, wie sie in jener Saison von besonders coolen Leuten getragen wurden, die in jenen Diskotheken verkehrten, die ich mit unverantwortlicher Regelmäßigkeit frequentierte.

Die neuen Krankenpfleger schrieben etwas in ein Buch, sprachen ein paar Minuten mit dem Schwarzen (worüber, weiß ich nicht), dann ging der Schwarze und ließ uns allein. In dem Raum befanden sich also die beiden Formulare ausfüllenden und miteinander palavernden jungen Typen hinter dem Schreibtisch, meine vollständig zugedeckte Leiche auf einer Bahre und ich daneben, die linke Hand auf den Metallrahmen der Bahre gestützt, während ich versuchte, mir gedanklich über die kommenden Tage Klarheit zu verschaffen, wenn es denn kommende Tage geben sollte, was mir zu diesem Zeitpunkt überhaupt nicht klar war.

Dann trat einer der Burschen an die Bahre und deckte mich auf (oder deckte meine Leiche auf), und einige Sekunden lang musterte er mich mit einem nachdenklichen Ausdruck, der nichts Gutes verhieß. Nach einer Weile zog er das Laken wieder hoch, und zu zweit schoben sie die Bahre in den Nachbarraum, eine Art eisiger Wabe, wo, wie ich schnell merkte, sämtliche Toten deponiert wurden. Nie hätte ich gedacht, dass im Laufe einer x-beliebigen Nacht in Paris so viele Menschen starben. Sie schoben meine Leiche in ein Kühlfach und gingen. Ich folgte ihnen nicht.

Dort in der Leichenkammer verbrachte ich den ganzen Tag. Manchmal trat ich an die Tür, die ein kleines Fensterchen hatte, und schaute auf die Wanduhr des Nachbarraums. Nach und nach legte sich das Schwindelgefühl, obwohl ich irgendwann einen Panikanfall bekam, als ich an Hölle und Paradies dachte, an Belohnung und Strafe, aber diese Art irrationaler Angst hielt nicht lange an. In Wirklichkeit begann ich mich besser zu fühlen.

Im Laufe des Tages trafen weitere Leichen ein, aber kein Geist begleitete seinen Körper, und gegen vier Uhr am Nachmittag wurde ich von einem kurzsichtigen jungen Mann obduziert, der dann die natürlichen Umstände meines Todes feststellte. Ich muss gestehen, dass mein Magen es mir nicht erlaubte, zuzusehen, wie man meinen Körper aufschnitt. Aber ich ging bis zum Obduktionssaal mit und hörte, wie der Gerichtsmediziner und seine Assistentin, ein ziemlich ansehnliches Mädchen, arbeiteten, schnell und effizient, wie man es sich von allen im öffentlichen Dienst Beschäftigten wünschen würde, während ich mit dem Rücken zu ihnen wartete und die elfenbeinfarbenen Fliesen der Wand betrachtete. Anschließend wuschen sie mich und nähten mich zu, und ein Sanitäter brachte mich zurück in die Leichenkammer.

Bis elf Uhr abends blieb ich dort, saß auf dem Boden unter meinem Kühlfach, und obwohl ich irgendwann dachte, ich würde einschlafen, war ich nicht mehr müde und fand keinen Schlaf, stattdessen machte ich mir weiter Gedanken über mein vergangenes Leben und die geheimnisvolle Karriere (um es einmal so zu sagen), die mir bevorstand. Die Verwirrung, die den Tag über wie ein stetes, wenn auch kaum merkliches Tropfen gewirkt hatte, ließ ab zehn Uhr abends nach oder schwächte sich stark ab. Fünf nach elf tauchten die Burschen mit den sechseckigen Ohrhängern wieder auf. Als sie die Tür öffneten, fuhr ich zusammen. Allerdings gewöhnte ich mich bereits an meine geisterhafte Existenz, und nachdem ich sie erkannt hatte, blieb ich am Boden sitzen und dachte an die Entfernung, die jetzt zwischen Cécile Lamballe und mir lag und die unendlich viel größer war als je zuvor in meinem Leben. Wir werden uns der Dinge immer erst bewusst, wenn es zu spät ist. Zu Lebzeiten hatte ich Angst, ein Spielzeug (oder weniger als ein Spielzeug) in Céciles Händen zu sein, und jetzt, wo ich tot war, schien mir dieses Schicksal, das mir zuvor schlaflose Nächte bereitet und eine unbezähmbare Unsicherheit verursacht hatte, süß und nicht einmal ohne eine gewisse Eleganz, eine gewisse Schwere: die Solidität des Realen.

Aber ich sprach von den cool aufgemotzten Sanitätern. Ich sah sie die Leichenhalle betreten, und obwohl mir an ihren Bewegungen eine Behutsamkeit auffiel, die mit ihrer auf schmierige Weise katzenhaften Art kontrastierte, schenkte ich ihrem geheimniskrämerischen Tun anfangs keine Beachtung, bis einer von ihnen das Fach öffnete, in dem mein Leichnam lag.

Da erhob ich mich und sah ihnen zu. Mit durch und durch professionellen Handgriffen legten sie meinen Körper auf eine fahrbare Liege. Dann schoben sie die Liege aus der Leichenhalle und verschwanden durch einen langen Flur mit einer leicht ansteigenden Schräge, die direkt zum Parkplatz des Gebäudes führte. Einen Moment lang dachte ich, sie wollten meine Leiche stehlen. In meinem Wahn stellte ich mir Cécile Lamballe vor, das weiße Gesicht von Cécile Lamballe, die aus der Dunkelheit des Parkplatzes auftauchte und ihnen den vereinbarten Lohn für die Rettung meines Leichnams aushändigte. Aber auf dem Parkplatz war niemand, was beweist, dass ich noch weit davon entfernt war, meinen klaren Kopf oder auch nur meine Gelassenheit wiederzuerlangen.

Wahr ist, dass ich tief im Innern von einer ruhigen Nacht ausgegangen war.

Für kurze Zeit spürte ich wieder den Schwindel der ersten Minuten meines Geisterdaseins, während ich ihnen mit einer gewissen Unsicherheit und Scheu durch die unwirtlichen Reihen der Fahrzeuge folgte. Dann beförderten sie meinen Leichnam in den Kofferraum eines grauen, mit kleinen Beulen übersäten Renaults, und wir verließen den Bauch des Gebäudes, das ich schon als mein Zuhause anzusehen begonnen hatte, und fuhren in die vogelfreie Nacht von Paris hinaus.

Ich erinnere mich nicht mehr, durch welche Avenuen und Straßen wir fuhren. Die Sanitäter standen unter Drogen, wie ich nach genauerem Hinsehen erkennen konnte, und sprachen von Leuten, die gesellschaftlich unerreichbar weit über ihnen rangierten. Nicht lange und ich fand meinen ersten Eindruck bestätigt: Es waren arme Teufel, und trotzdem bewirkte etwas in ihrer Haltung, das mal an Hoffnung, mal an Unschuld erinnerte, dass ich mich ihnen verwandt fühlte. Im Grunde waren wir uns ähnlich, nicht jetzt, und auch nicht in der Zeit unmittelbar vor meinem Tod, sondern in dem Bild, das ich von mir als Zweiundzwanzig- oder Fünfundzwanzigjährigem bewahrte, als ich noch studierte und glaubte, die Welt werde mir eines Tages zu Füßen liegen.

Der Renault hielt vor einem Anwesen in einem der exklusivsten Viertel von Paris. Zumindest glaubte ich das. Einer der Pseudokünstler stieg aus und drückte auf eine Klingel. Nach einer Weile erhob sich eine Stimme aus der Dunkelheit, die ihm befahl, nein, ihm *vorschlug*, sich ein bisschen nach rechts zu bewegen und das Kinn zu heben. Der Sanitäter folgte der Anweisung und hob den Kopf. Der andere beugte sich aus dem Wagenfenster und grüßte in Richtung einer Filmkamera, die uns von oberhalb eines Zauns beobachtete. Die Stimme räusperte sich (in diesem Moment *wusste* ich, dass ich binnen kurzer Zeit einen extrem verschüchterten Mann kennenlernen würde) und sagte, wir könnten hereinkommen.

Im selben Augenblick öffnete sich leise quietschend der Zaun, und der Wagen folgte einem gepflasterten Weg, der sich durch einen Garten voller alter Bäume und Pflanzen schlängelte, deren sich abzeichnende Verwahrlosung mehr auf eine Laune als auf Vernachlässigung zurückzugehen schien. Wir hielten an einer der Seiten des Hauses. Während die Sanitäter meinen Körper aus dem Kofferraum hoben, betrachtete ich es eingeschüchtert und bewundernd. Nie in meinem Leben war ich in einem solchen Haus gewesen. Es wirkte alt. Zweifellos musste es ein Vermögen wert sein. Viel mehr Ahnung von Architektur hatte ich nicht.

Wir betraten das Haus durch einen Dienstboteneingang. Durchquerten eine blitzsaubere, aseptische Küche, wie die Küche eines seit vielen Jahren geschlossenen Restaurants, und liefen einen düsteren Flur entlang, an dessen Ende wir einen Aufzug nahmen, der uns in den Keller brachte. Als die Türen des Aufzugs sich öffneten, stand da Jean-Claude Villeneuve. Ich erkannte ihn sofort. Das lange weiße Haar, die Brille mit den dicken Gläsern, der graue Blick, der einen schutzlosen Jungen erahnen ließen, die schmalen, festen Lippen, die im Gegenteil einen Mann verrieten, der genau wusste, was er wollte. Er trug Jeans und ein kurzärmliges weißes Hemd. Sein Aufzug erschien mir schockierend, denn die Fotos, die ich von Villeneuve gesehen hatte, zeigten ihn immer in eleganter Kleidung. Zurückhaltend, aber elegant. Der Villeneuve, den ich vor mir hatte, erinnerte dagegen an einen schlaflosen Altrocker. Sein Gang war jedoch unverwechselbar: Er bewegte sich mit derselben Unsicherheit, die ich etliche Mal im Fernsehen gesehen hatte, wenn er nach der Vorführung seiner Herbst-Winter- oder Frühjahr-Sommer-Kollektion auf den Laufsteg hinaustrat, fast gezwungenermaßen, könnte man meinen, gezogen von seinen Lieblingsmodels, um den einhelligen Applaus des Publikums entgegenzunehmen.

Die Sanitäter legten meinen Leichnam auf einen dunkelgrünen Diwan und wichen in Erwartung von Villeneuves Entscheidung ein paar Schritte zurück. Dieser trat heran und deckte mein Gesicht auf, um dann wortlos zu einem kleinen Schreibtisch aus Edelholz (vermute ich) zu gehen, dem er einen Umschlag entnahm. Die Sanitäter nahmen den Umschlag in Empfang, der sehr wahrscheinlich ein erkleckliches Sümmchen enthielt, wobei keiner der beiden sich die Mühe machte, nachzuzählen, und einer der beiden sagte, sie würden mich morgen früh um sieben Uhr wieder abholen, dann gingen sie. Villeneuve überhörte ihre Abschiedsworte. Die Sanitäter verließen das Haus, wie sie es betreten hatten, ich hörte das Geräusch des Aufzugs, anschließend Stille. Ohne meinem Körper Beachtung zu schenken, schaltete Villeneuve einen Monitor ein. Ich schaute ihm über die Schulter. Die Pseudokünstler standen vor dem Zaun und warteten, dass Villeneuve ihnen den Ausgang freigab. Dann verlor sich der Wagen in den Straßen dieses Nobelviertels, und mit kurzem Quietschen schloss sich das Metalltor wieder.

Von diesem Moment an wurde in meinem übernatürlichen Leben alles anders und beschleunigte sich phasenweise, wobei die einzelnen Stadien, trotz der Geschwindigkeit, in der sie abliefen, klar unterscheidbar blieben. Villeneuve ging zu einem Schränkchen, das große Ähnlichkeit mit der Minibar in einem Hotel besaß, und entnahm ihm einen Apfelsaft. Er öffnete den Deckel und trank direkt aus der Flasche, dann schaltete er den Überwachungsmonitor aus. Ohne die Flasche abzusetzen, machte er Musik an. Eine Musik, wie ich sie noch nie gehört hatte, oder vielleicht doch, aber diesmal hörte ich bewusst zu, so dass es mir vorkam wie das erste Mal: elektrische Gitarren, ein Klavier, ein Saxophon, leicht traurig und melancholisch, aber auch kraftvoll, als würde die in der Musik zum Ausdruck kommende Geisteshaltung sich durch nichts beirren lassen. Ich näherte mich der Anlage, weil ich hoffte, auf der CD-Hülle den Namen der Musiker zu finden, sah aber nichts. Nur das Gesicht von Villeneuve, das mir im Halbdunkel eigenartig erschien, als hätte ihn das Alleinsein und Apfelsafttrinken unversehens erhitzt. Ich entdeckte einen Schweißtropfen mitten auf seiner Wange. Ein winziger Tropfen, der langsam zum Kinn hinunterlief. Ich glaubte, auch ein leichtes Zittern zu bemerken.

Dann ließ Villeneuve die Flasche neben der Anlage stehen und näherte sich meinem Körper. Eine Weile schaute er auf mich herab, als wüsste er nicht, was er tun sollte, was nicht der Fall war, oder als versuchte er zu erahnen, welche Hoffnungen und Wünsche einmal in dem Inhalt des Plastiksacks pulsiert hatten, den er jetzt in seiner Gewalt hatte. Eine Zeitlang blieb er so stehen. Naiv wie immer, wusste ich nicht, was er im Schilde führte. Hätte ich es gewusst, wäre ich nervös geworden. Aber ich wusste es nicht, weshalb ich mich in einen der herumstehenden bequemen Ledersessel setzte und abwartete.

Alsdann öffnete Villeneuve mit äußerster Vorsicht den Plastiksack, der meinen Körper enthielt, bis die Hülle zusammengeknüllt unter meinen Beinen lag; anschließend (nach zwei oder drei endlosen Minuten) entfernte er die Hülle ganz und ließ meinen Körper nackt auf dem mit grünem Leder bezogenen Diwan liegen. Daraufhin stand er auf, denn alles Vorige hatte er auf Knien erledigt, zog sich das Hemd aus und machte eine Pause, ohne mich dabei aus den Augen zu lassen, und das war der Moment, wo ich aufstand und mich näherte und auf meinen nackten Körper schaute, der dicklicher schien, als mir lieb war, wenn auch nicht viel, die Augen geschlossen, mit einem abwesenden Ausdruck, und ich sah Villeneuves Oberkörper, etwas, das wenige gesehen haben, denn unser Modeschöpfer ist unter anderem für seine Diskretion bekannt, so wurden beispielsweise nie Strandfotos von ihm veröffentlicht, und dann versuchte ich in Villeneuves Gesichtszügen zu ergründen, was als Nächstes passieren würde, aber das Einzige, was ich sah, war ein schüchternes Gesicht, schüchterner als auf den Fotos, in der Tat *unendlich* viel schüchterner als auf den Fotos in den Modezeitschriften und in der Regenbogenpresse.

Villeneuve zog sich Hose und Unterhose aus und legte sich neben meinen Körper. Da wurde mir endlich alles klar und es verschlug mir die Sprache. Was dann passierte, kann sich jeder selbst vorstellen, ein Bacchanal war es allerdings auch nicht. Villeneuve umarmte mich, liebkoste mich, gab mir keusche Küsse auf die Lippen. Er streichelte meinen Schwanz und meine Hoden so sanft, wie es einmal auch Cécile Lamballe, die Frau meiner Träume, getan hatte, und nach viertelstündigem Geschmuse sah ich, dass er einen Ständer hatte. Mein Gott, dachte ich, jetzt wird er mich sodomisieren. Aber nein. Erstaunt sah ich, dass der Modeschöpfer kam, indem er sich an meinem Oberschenkel rieb. In diesem Moment hätte ich gern die Augen geschlossen, aber das konnte ich nicht. Ich hatte widersprüchliche Empfindungen: Abscheu gegen das, was ich sah, Dankbarkeit, nicht anal missbraucht worden zu sein, Überraschung darüber, wer Villeneuve wirklich war, Wut auf die Sanitäter, die meinen Körper verkauft oder vermietet hatten, sogar Stolz, ungewollt das Objekt der Begierde eines der berühmtesten Männer Frankreichs zu sein.

Nachdem er gekommen war, schloss Villeneuve die Augen und seufzte. In diesem Seufzen schien mir ein leichtes Anzeichen von Ekel mitzuschwingen. Im nächsten Moment richtete er sich auf und blieb einen Moment auf dem Diwan sitzen, wobei er meinem Körper den Rücken kehrte und sich mit einer Hand den noch tropfenden Schwanz säuberte. Sie sollten sich was schämen, sagte ich.

Es war seit meinem Tod das erste Mal, dass ich sprach. Villeneuve hob den Kopf, nicht im Geringsten überrascht oder jedenfalls viel weniger überrascht, als ich es an seiner Stelle gewesen wäre, und tastete mit einer Hand nach seiner Brille, die auf dem Teppich lag.

Sofort begriff ich, dass er mich gehört hatte. Es kam mir vor wie ein Wunder. Ich fühlte mich auf einmal so glücklich, dass ich ihm seine vorherigen Unzüchtigkeiten verzieh. Trotzdem wiederholte ich wie ein Idiot: Sie sollten sich was schämen. Wer ist da, sagte Villeneuve. Ich bin es, der Geist des Körpers, den Sie gerade missbraucht haben. Villeneuve erbleichte, dann röteten sich seine Wangen, beides fast gleichzeitig. Ich fürchtete, er würde an einem Herzinfarkt oder vor Schreck sterben, obwohl er, ehrlich gesagt, keinen sehr erschreckten Eindruck machte.

Schon gut, sagte ich versöhnlich, es sei Ihnen verziehen.

Villeneuve machte Licht und durchsuchte jeden Winkel des Zimmers. Ich glaubte, er sei verrückt geworden, denn es war sonnenklar, dass er im Zimmer allein war, und sollte sich eine andere Person im Zimmer verstecken wollen, hätte sie ein Pygmäe oder noch kleiner sein müssen, ein Zwerg. Dann verstand ich, dass der Modeschöpfer, anders als gedacht, nicht verrückt war, sondern vielmehr mit Nerven wie Drahtseilen aufwarten konnte: Er suchte keine zweite Person, sondern ein Mikrofon. Während ich mich beruhigte, spürte ich Sympathie für ihn in mir aufsteigen. Die methodische Art, wie er sich durchs Zimmer bewegte, fand ich bewundernswert. Ich an seiner Stelle wäre geflohen wie eine Seele, hinter der der Teufel her ist.

Ich bin nicht irgendein Mikrofon, sagte ich. Ich bin auch keine Fernsehkamera. Bitte versuchen Sie sich zu beruhigen, setzen Sie sich und lassen Sie uns reden. Haben Sie vor allem keine Angst. Ich werde Ihnen nichts tun. Das sagte ich ihm, und als ich fertig war, schwieg ich und sah, dass Villeneuve nach kurzem, unmerklichem Zögern seine Suche fortsetzte. Ich ließ ihn gewähren. Während er das Zimmer auf den Kopf stellte, blieb ich in einem der bequemen Sessel sitzen. Dann kam mir eine Idee. Ich schlug ihm vor, wir sollten uns in ein kleines Zimmer zurückziehen (klein wie ein Sarg, war der Ausdruck, den ich verwendete), ein Zimmer, in dem unmöglich jemand Mikrofone oder Kameras installiert haben konnte und wo ich weiterreden würde, bis es mir gelänge, ihn von meiner Natur, besser gesagt meiner neuen Natur, zu überzeugen. Während er noch über meinen Vorschlag nachdachte, überlegte ich meinerseits, ob ich mich schlecht ausgedrückt hatte, denn unter keinen Umständen konnte ich meinen geisterhaften Zustand als Natur bezeichnen. Meine Natur blieb in jeder Hinsicht die eines lebendigen Wesens. Trotzdem war offenkundig, dass ich nicht lebendig war. Einen Moment lang zog ich die Möglichkeit in Betracht, es könnte alles ein Traum sein. Mit dem Mut eines Geistes sagte ich mir, das Beste (und Einzige), was in so einem Fall zu tun wäre, könnte nur darin bestehen, weiter zu träumen. Aus Erfahrung weiß ich, dass es nichts nützt, schlagartig aus einem Albtraum erwachen zu wollen, weil es dem Schmerz nur weiteren Schmerz oder dem Entsetzen weiteres Entsetzen hinzufügt.

Ich wiederholte daher mein Angebot, und diesmal hörte Villeneuve auf zu suchen und hielt inne (ich betrachtete ausgiebig sein so viele Mal in Hochglanzmagazinen abgebildetes Gesicht, und der Ausdruck, den ich sah, war der Gleiche, also ein Ausdruck von Einsamkeit und Eleganz, wenngleich jetzt über seine Stirn und seine Wangen einige wenige, aber bezeichnende Schweißtropfen rannen). Er verließ das Zimmer. Ich folgte ihm. In einem langen Flur blieb er auf halbem Weg stehen und fragte, sind Sie noch da? Seine Stimme klang seltsam sympathisch, voller Nuancen, die sich auf verschiedenen Wegen einer, ich weiß nicht ob realen oder eingebildeten Wärme annäherten.

Hier bin ich, sagte ich.

Villeneuve machte ein Zeichen mit dem Kopf, das ich nicht deuten konnte, und setzte seinen Weg durchs Haus fort, wobei er in jedem Schlafzimmer, Wohnzimmer, auf jedem Treppenabsatz haltmachte und fragte, ob ich noch da sei, worauf ich jedes Mal bejahend antwortete, bemüht, meine Stimme (die im Leben ja doch eine eher gewöhnliche oder Allerweltsstimme gewesen war) entspannt oder wenigstens unverwechselbar klingen zu lassen, sicherlich beeinflusst, das stimmt, durch die dünne, (manchmal geradezu piepsige) und gleichwohl äußerst distinguierte Stimme des Modeschöpfers. Mehr noch, jede Antwort ergänzte ich in Hinblick auf eine größere Glaubwürdigkeit durch Einzelheiten der Umgebung, in der wir uns befanden, wenn es dort also beispielsweise eine Lampe mit goldbraunem Schirm und Metallfuß gab, dann sagte ich ihm das. Ich bin noch da, bei Ihnen, und jetzt sind wir in einem Zimmer, dessen einzige Lichtquelle aus einer Lampe mit hell goldbraunem Schirm und Metallfuß besteht, und Villeneuve nickte oder verbesserte mich, der Fuß der Lampe sei aus Schmiede oder Gusseisen, könne er mir sagen, wobei er allerdings angestrengt zu Boden schaute, als fürchtete er, ich könnte plötzlich vor ihm Gestalt annehmen oder als wollte er mich nicht beschämen, und dann sagte ich: Entschuldigen Sie, ich habe nicht genau hingeschaut, oder: Das hatte ich gemeint. Und Villeneuve nickte zögerlich, als akzeptierte er meine Entschuldigung tatsächlich oder als machte er sich eine genauere Vorstellung von dem Geist, den der Zufall ihm beschert hatte.

Und so liefen wir durchs ganze Haus, und während wir so unterwegs waren, war oder wirkte Villeneuve immer ruhiger und wurde ich immer nervöser, da die Beschreibung von Gegenständen nie meine Stärke war, vor allem, wenn es keine gewöhnlichen Gebrauchsgegenstände waren oder wenn es sich um Gemälde von zeitgenössischen Malern handelte, die sicher ein Vermögen gekostet hatten, deren Schöpfer mir aber völlig unbekannt waren, oder wenn es um Statuetten ging, die Villeneuve auf seinen (inkognito unternommenen) Reisen um die Welt zusammengetragen hatte.

Bis wir in ein Zimmer kamen, in dem sich nichts befand, kein einziges Möbelstück und kein Licht, ein mit einer Zementschicht ausgekleidetes Zimmer, in dem wir uns einschlossen und im Dunkeln blieben. Auf den ersten Blick schien es eine peinliche Situation zu sein, aber für mich war es wie eine zweite oder dritte Geburt, das heißt, für mich war es der Beginn der Hoffnung und gleichzeitig das verzweifelte Bewusstsein von der Hoffnung. Dort sagte Villeneuve: Beschreiben Sie mir den Ort, an dem wir uns jetzt befinden. Und ich sagte zu ihm, der Ort sei wie der Tod, aber nicht wie der wirkliche Tod, sondern wie wir ihn uns als Lebende vorstellen. Und Villeneuve sagte: Beschreiben Sie ihn mir. Alles ist dunkel, sagte ich. Es ist wie in einem Atombunker. Und ich fügte hinzu, an einem solchen Ort würde sich einem die Seele zusammenschnüren, und zählte weiter auf, was ich empfand, die Leere, die sich lange vor meinem Tod in meiner Seele eingenistet hatte und der ich mir erst jetzt bewusst war, aber Villeneuve unterbrach mich und sagte, das reiche schon, er glaube mir, und stieß abrupt die Tür auf.

Ich folgte ihm in das zentrale Wohnzimmer des Hauses, wo er sich einen Whisky einschenkte und sich sodann mit wenigen und gemessenen Sätzen für das entschuldigte, was er mit meinem Körper getan hatte. Es sei Ihnen verziehen, sagte ich. Ich bin ein geistig offener Mensch. In Wirklichkeit war ich mir nicht einmal sicher, ob ich wusste, was es hieß, geistig offen zu sein, aber ich spürte, dass es meine Pflicht war, reinen Tisch zu machen und unser künftiges Verhältnis von Groll und Schuldgefühlen zu entlasten.

Sie werden sich fragen, warum ich tue, was ich tue, sagte Villeneuve.

Ich versicherte ihm, dass ich nicht die Absicht hätte, von ihm Erklärungen zu verlangen. Villeneuve bestand jedoch darauf, sie mir zu geben. Mit jedem anderen Menschen wäre das der Auftakt zu einer höchst unerquicklichen Nacht gewesen, aber es war Jean-Claude Villeneuve, der sprach, der größte Modeschöpfer Frankreichs, also der Welt, und die Zeit verging wie im Flug, während ich die knappe Geschichte einer Kindheit und Jugend, seiner Kindheit und Jugend, hörte, von seiner Gehemmtheit in sexuellen Dingen, von seinen Erfahrungen mit einigen Männern und Frauen, von seiner tief verwurzelten Einsamkeit, von seinem morbiden Wunsch, niemandem weh zu tun, der vielleicht nur den heimlichen Wunsch verbarg, dass niemand ihm weh tat, von seinem künstlerischen Geschmack, den ich aus tiefster Seele bewunderte und beneidete, von seiner chronischen Unsicherheit, von seinen Auseinandersetzungen mit einigen berühmten Modeschöpfern, von seinen ersten Arbeiten für ein Haute-Couture-Haus, von seinen initiatorischen Reisen, über die er sich nicht weiter auslassen wollte, von seiner Freundschaft mit drei der größten Filmschauspielerinnen, von seiner Bekanntschaft mit den beiden Pseudokünstlern aus dem Leichenschauhaus, die ihm von Zeit zu Zeit Leichen besorgten, mit denen er nur eine Nacht verbrachte, von seiner Zerbrechlichkeit, einer Zerbrechlichkeit, die einer wie in Zeitlupe ablaufenden, unendlichen Zerstörung ähnelte, bis durch die Vorhänge des Wohnzimmers das erste Licht des Tages sickerte und Villeneuve seinen langen Bericht beendete.

Einige Zeit sagte keiner ein Wort. Ich wusste, dass wir beide vielleicht nicht gerade vor Freude platzten, aber doch ziemlich glücklich waren.

Kurz darauf kamen die Sanitäter. Villeneuve senkte den Blick und fragte mich, was er tun solle. Immerhin war der Körper, den sie holen kamen, der meinige. Ich dankte ihm für das Feingefühl, mich zu fragen, versicherte ihm aber zugleich, dass ich über solche Sorgen hinaus sei. Tun Sie, was Sie sonst auch tun, sagte ich. Gehen Sie jetzt fort?, fragte er. Meine Entscheidung war schon gefallen, trotzdem tat ich so, als überlegte ich ein paar Sekunden, bevor ich antwortete, nein, ich würde nicht gehen. Wenn es ihm nichts ausmachte, natürlich. Villeneuve schien erleichtert. Es macht mir nichts aus, im Gegenteil, sagte er. Dann summte die Klingel, und Villeneuve schaltete die Monitore ein und gab den Weg frei für die Leichenverleiher, die wortlos hereinkamen.

Erschöpft von den Ereignissen der Nacht, blieb Villeneuve auf dem Sofa sitzen. Die Pseudokünstler grüßten ihn, einer der beiden, schien mir, hatte Lust zu plaudern, aber der andere stieß ihm in die Seite, und beide gingen wortlos nach unten, um meinen Leichnam abzuholen. Villeneuve hatte die Augen geschlossen und schien zu schlafen. Ich folgte den Sanitätern in den Keller. Meine Leiche war halb bedeckt von der Hülle aus dem Leichenschauhaus. Ich sah, wie sie ihn darin einschlossen und davontrugen und schließlich erneut im Kofferraum verstauten. Ich stellte mir vor, wie er im Kalten lag, bis ein Verwandter oder meine Exfrau kam und seine Herausgabe verlangte. Aber man darf der Sentimentalität keinen Raum geben, dachte ich, und als der Wagen der Sanitäter das Grundstück verließ und sich in der baumbestandenen, eleganten Straße verlor, spürte ich nicht den leisesten Anflug von Nostalgie oder Traurigkeit oder Melancholie.

Als ich ins Wohnzimmer zurückkehrte, saß Villeneuve im Sessel und redete vor sich hin (wobei ich bald merkte, dass er dachte, er spräche mit mir), er hatte die Arme um sich geschlungen und fror vor Kälte. Ich setzte mich neben ihm in einen Sessel, einen Sessel mit gedrechselten Lehnen und samtbezogenen Polstern, den Blick aufs Fenster und den Garten und das schöne Morgenlicht gerichtet und ließ ihn reden, so viel er wollte.

BUBA

für Juan Villoro

Stadt der Vernunft. Stadt des gesunden Menschenverstands. So nannten ihre Bewohner Barcelona. Mir gefiel sie. Es war eine schöne Stadt, und ich glaube, vom zweiten Tag an hatte ich mich an sie gewöhnt (zu sagen, vom ersten Tag an, wäre übertrieben), aber die Erfolge ließen den Club im Stich, und die Leute begannen einen irgendwie schief anzugucken, das läuft immer so, ich spreche aus Erfahrung, am Anfang bitten dich die Fans um Autogramme, warten auf dich vor dem Hotel, um dich zu begrüßen, lassen dir mit ihrer Anhänglichkeit keine Ruhe, aber dann reiht sich eine Pechsträhne an die nächste, und sofort schlägt die Stimmung um, du seist vielleicht ein Versager, verbringst die Nächte in Diskotheken, treibst dich mit Prostituierten rum, ihr wisst schon, die Leute fangen an, sich dafür zu interessieren, was du verdienst, spekulieren, ziehen Bilanz, und immer gibt es irgendeinen Clown, der dich öffentlich einen Gauner oder noch tausendmal Schlimmeres nennt. Will sagen, solche Dinge passieren überall, auch mir persönlich ist so was Ähnliches schon passiert, aber damals spielte ich zu Hause, im eigenen Land, jetzt dagegen ist mein Status der eines Ausländers, und von den Ausländern erwarten Presse und Fans immer besondere Leistungen, schließlich hat man sie dafür geholt, oder nicht?

Ich zum Beispiel bin, wie jeder weiß, extrem links. Als ich in Lateinamerika spielte (in Chile und später in Argentinien), schoss ich in jeder Saison im Schnitt zehn Tore. Hier dagegen hatte ich einen fürchterlichen Start, ich wurde gleich im dritten Spiel verletzt, musste an den Bändern operiert werden, und meine Genesung, die theoretisch schnell hätte sein sollen, gestaltete sich langwierig und mühsam, was soll ich euch sagen? Mit einem Schlag fühlte ich mich wieder mutterseelenallein. Das ist die Wahrheit. Ich gab Unsummen für Telefonate nach Santiago aus, und alles, was ich damit erreichte, war, dass meine Mama und mein Papa, die nichts verstanden, sich Sorgen machten. Irgendwann beschloss ich, zu Prostituierten zu gehen. Ich will das nicht abstreiten. Das ist die Wahrheit. Eigentlich folgte ich damit nur einem Rat, den mir irgendwann mal Cerrone, der argentinische Torhüter, gegeben hat. Cerrones Worte waren: Wenn du nichts Besseres zu tun hast, Junge, und die Probleme dich auffressen, versuchs mal mit Prostituierten. Ein echt netter Typ, dieser Cerrone. Ich kann damals höchstens neunzehn gewesen sein und war gerade zu Gimnasia y Esgrima La Plata gekommen. Cerrone ging schon auf die fünfunddreißig oder vierzig zu, sein genaues Alter kannte keiner, und war unter den Veteranen der einzige Junggeselle. Manche sagten, Cerrone sei irgendwie anders. Ich war ein eher zur Schüchternheit neigender Bursche und dachte, wenn ich einen Homosexuellen kennenlernte, würde der sofort mit mir ins Bett wollen. Egal, vielleicht war er's, vielleicht auch nicht, sicher ist nur, dass er mich eines Nachmittags, als ich so deprimiert war wie noch nie, beiseitenahm, ich glaube, es war das erste Mal, das wir miteinander sprachen, und sagte, er würde mich heute Abend mitnehmen und mit ein paar Mädchen aus Buenos Aires bekannt machen. Diese Nacht werde ich nie vergessen. Es war eine Wohnung im Zentrum, und während Cerrone im Wohnzimmer blieb, sich ein paar Drinks genehmigte und das Nachtprogramm im Fernsehen verfolgte, schlief ich zum ersten Mal mit einer Argentinierin, und meine Depression begann nachzulassen. Am nächsten Morgen auf dem Nachhauseweg wusste ich, alles würde besser werden und meine Karriere im argentinischen Fußball mir noch viele ruhmreiche Nachmittage bescheren. Depressionen waren unvermeidlich, sagte ich mir, aber Cerrone hatte mir das Mittel gezeigt, mit dem man sie lindern konnte.

Und das war es, was ich bei meinem ersten Club in Europa tat:

Ich ging in den Puff und half mir so über die Verletzung, die Zeit der Genesung, die Einsamkeit hinweg. Ob es mir zur Gewohnheit wurde? Kann sein, kann nicht sein, ich will darüber kein pauschales Urteil fällen. Die Huren hier sind echte Leckerbissen, die mit Niveau, meine ich, außerdem in der Regel ziemlich intelligente Mädchen mit recht viel Ahnung, so dass es nicht sonderlich schwerfällt, ein Fan von ihnen zu werden, wenn ich so sagen darf.

Kurz gesagt, ich ging jede Nacht aus, auch sonntags, wenn Spiel war und von uns, die wir verletzt waren, erwartet wurde, dass wir uns sozusagen als Luxus-Fanblock auf der Tribüne zeigten. Aber so erholt man sich nicht von Verletzungen, und ich verbrachte die Sonntagnachmittage lieber in irgendeinem Massagestudio mit meinem Whisky und ein oder zwei Freundinnen an der Seite und Gesprächen über ernstere Dinge. Anfangs fiel das natürlich niemandem auf. Ich war nicht der einzige Verletzte, es müssen sechs oder sieben gewesen sein, die wir im Trockendock lagen, die Pechsträhne schien unserem Club an den Fersen zu kleben. Aber natürlich gibt es auch immer irgendeinen scheiß Journalisten, der dich um vier Uhr morgens aus einer Diskothek kommen sieht, und das war's dann. In Barcelona, so groß und zivilisiert die Stadt auch scheint, verbreiten sich Nachrichten wie ein Lauffeuer. Fußballnachrichten, meine ich.

Eines Morgens rief mich der Trainer an und sagte, er habe erfahren, ich würde einen Lebenswandel führen, der einem Sportler nicht gut anstünde, und dass das aufhören müsse. Natürlich sagte ich ja, ich hätte ausnahmsweise mal über die Stränge geschlagen, und machte dann so weiter, denn, Leute, was hätte ich sonst tun können, solange meine Verletzungspause andauerte und das Team so zügig in den Keller rutschte, dass man montags erst gar nicht die Zeitung aufschlagen und auf die Tabelle schauen mochte. Außerdem dachte ich, logisch, dass mir das, was in Argentinien geholfen hatte, hier in Spanien erst recht helfen sollte, und das Schlimmste war, ich hatte recht: es half. Aber damals kamen die Bürokraten des Vereins zu mir und sagten: Hören Sie, Acevedo, das muss aufhören, Sie erweisen sich als schlechtes Beispiel für die Jugend und als völlige Fehlinvestition für unseren Verein, der nur seriöse Leute beschäftigt, darum ist ab jetzt Schluss mit diesen nächtlichen Eskapaden, Sie werden sehen. Und ehe ich michs versah, hatte ich plötzlich eine Geldstrafe am Hals, Geld, das ich bezahlen konnte, klar, aber das ich, wenn ich es loswerden sollte, lieber nach Chile geschickt hätte, keine Ahnung, zu meinem Onkel Julio, zum Beispiel, damit er es für Reparaturen an seinem Haus ausgeben konnte.

Aber solche Sachen passieren, da muss man durch. Also hielt ich durch und nahm mir fest vor, weniger auszugehen, sagen wir: einmal alle zwei Wochen, aber dann traf Buba ein, und die vom Verein entschieden, dass es das Beste für mich wäre, aus dem Hotel auszuziehen und mir die Wohnung, die man Buba zur Verfügung gestellt hatte, mit ihm zu teilen, eine ziemlich hübsche kleine Wohnung mit zwei Schlafzimmern und einem Balkon, der winzig war, aber eine tolle Aussicht bot, direkt neben unserem Trainingsgelände. Und das hatte ich zu akzeptieren. Ich packte also meine Koffer und ging mit einem Vereinsfunktionär zu der Wohnung, und weil Buba nicht da war, suchte ich mir mein Zimmer einfach selbst aus und verstaute meine Sachen im Wandschrank, daraufhin übergab mir der Vereinsfunktionär die Schlüssel und ging, und ich machte erst einmal Siesta.

Es war gegen fünf Uhr nachmittags, und vorher hatte ich mir noch eine Fideuà zwischen die Kiemen geschoben, ein für Barcelona typisches Gericht, das ich schon kannte und klasse finde, obwohl es nicht leicht verdaulich ist, und als ich mich auf mein neues Bett fallen ließ, überkam mich eine so bleierne Müdigkeit, dass ich mir gerade noch die Schuhe ausziehen konnte und sofort einschlief. Ich hatte daraufhin einen sehr merkwürdigen Traum. Ich träumte, ich sei wieder in Santiago, in meinem Viertel La Cisterna, und würde mit meinem Vater über den Platz laufen, wo einmal die Che-Statue stand, das erste Che-Denkmal auf amerikanischem Boden, von Kuba abgesehen, und das war es, was mir mein Vater im Traum erzählte, die Geschichte der Statue und aller Anschläge, die sie zu erdulden hatte, bis die Militärs kamen und sie endgültig in die Luft jagten, und während wir so gingen, schaute ich mich nach allen Seiten um, und es war, als würden wir mitten durch einen Urwald laufen, und mein Vater sagte, hier müsse die Statue irgendwo sein, aber man sah nichts, das Gras stand hoch, die Bäume ließen kaum ein paar Sonnenstrahlen durch, ausreichend, um sehen zu können, um festzustellen, dass es Tag war und wir auf einem steinigen Feldweg gingen, aber nach den Seiten hin, wo sogar Lianen hingen, sah man nichts, nur Schatten, bis wir plötzlich zu einer Art Lichtung kamen, einer von Urwald umgebenen Lichtung, wo mein Vater stehen blieb und mir eine Hand auf die Schulter legte und mit der anderen auf etwas zeigte, das sich mitten auf der Lichtung erhob, ein Sockel aus hellgrauem Beton, und auf dem Sockel nichts, nicht die kleinste Spur von der Statue des Che, aber das wussten mein Vater und ich, und wir waren darauf gefasst, den Che hatte man vor langer Zeit von hier entfernt, das überraschte uns nicht, wichtig nur, dass wir zusammen waren, mein Alter und ich, und dass wir genau den Ort gefunden hatte, wo früher die Statue stand, aber während wir die Lichtung betrachteten, reglos, wie berauscht von unserem Fund, bemerkte ich, dass es unterhalb des Sockels, auf der anderen Seite, etwas gab, etwas Dunkles, das sich bewegte, und ich löste mich von der Hand meines Vaters (er hatte mich bei der Hand gefasst) und ging langsam um den Sockel herum.

Und dann sah ich ihn: auf der anderen Seite war ein splitternackter Schwarzer damit beschäftigt, Zeichnungen in den Boden zu ritzen, und ich wusste auf der Stelle, dass der Schwarze Buba war, mein Vereinskamerad und Mitbewohner, obwohl ich, wenn ich euch die Wahrheit sagen soll, Buba bislang nur auf einigen Fotos gesehen hatte, ich und die Spielerkollegen, und niemand macht sich ein genaues Bild von einer Person, wenn er sie nur in der Presse, zumal flüchtig, gesehen hat. Aber es war Buba, da hatte ich nicht den geringsten Zweifel. Und dann dachte ich: Leck mich doch, das träume ich nur, ich bin nicht in Chile, ich bin nicht in La Cisterna, mein Vater hat mich nicht zu diesem Platz mitgenommen, und dieser Nacktarsch da ist nicht Buba, die afrikanische Sturmspitze, die unser Club gerade verpflichtet hat.

Kaum hatte ich das gedacht, schaute der Schwarze hoch und lächelte mich an, ließ das Stöckchen fallen, mit dem er seine Zeichnungen in die gelbe Erde (das allerdings eine vollkommen chilenische Erde) geritzt hatte, war mit einem Satz auf den Füßen und reichte mir die Hand. Du bist Acevedo, sagte er, freut mich, dich kennenzulernen, du Hemd, das sagte er. Und ich dachte: Vielleicht sind wir auf Rundreise. Aber wo auf Rundreise? Machten wir eine Rundreise durch Chile? Unmöglich. Und dann gaben wir uns die Hand, und Buba schüttelte sie kräftig und ließ sie nicht los, und während er mir die Hand schüttelte, schaute ich zu Boden und sah die Zeichnungen auf der Erde, Gekritzel, sonst nichts, was sollte es auch anderes sein, aber als wäre ich ihnen auf die Spur gekommen, wenn ihr versteht, was ich meine, besaßen die Kritzeleien einen Sinn, das heißt, es waren keine Kritzeleien, es war etwas anderes. Ich wollte daraufhin in die Knie gehen und die Zeichnungen aus der Nähe betrachten, aber Bubas Hand, die meine Hand schüttelte, hinderte mich daran, und als ich mich freimachen wollte (schon nicht mehr, um mir die Zeichnungen anzusehen, sondern um von ihm loszukommen, Abstand zu gewinnen, ich bekam es nämlich mit der Angst zu tun), konnte ich nicht, Bubas Hand, sein Arm, schienen die einer Statue zu sein, einer eben fertiggestellten Statue, und meine Hand war in ihr Material eingeschlossen, das mal Ton zu sein schien, mal glühende Lava.

Das war, glaube ich, der Moment, in dem ich erwachte. Ich hörte Geräusche in der Küche und dann Schritte vom Wohnzimmer ins andere Schlafzimmer, und ich erwachte mit einem tauben Arm (ich war in einer schlechten Stellung eingeschlafen, was mir regelmäßig passierte, bevor ich die Verletzung loswurde) und wartete ab, meine Zimmertür stand offen, weshalb er mich gesehen haben musste, aber so sehr ich auch wartete, Buba ließ sich an der Schwelle meines Zimmers nicht blicken. Ich vernahm seine Schritte, räusperte mich, hustete, stand auf, hörte, wie jemand die Haustür öffnete und dann fast geräuschlos wieder schloss. Den restlichen Tag verbrachte ich allein und mit wachsender Nervosität vor dem Fernseher. Ich warf einen Blick (ich bin nicht neugierig, aber ich konnte nicht anders) in sein Zimmer: In den Schubladen des Wandschranks hatte er seine Wäsche untergebracht, Sportkleidung, etwas Alltagskleidung und einige afrikanische Anzüge, die mir wie Kostüme vorkamen, aber eigentlich ganz gut aussahen. Im Bad lagen seine Waschutensilien, ein Rasiermesser (ich benutze einen Rasierer mit Wechselklingen, ein richtiges Rasiermesser habe ich ewig nicht gesehen), ein Aftershave, ein englisches oder in England gekauftes Parfüm, an der Badewanne ein sehr großer, erdfarbener Schwamm.

Um neun Uhr abends erschien Buba in unserer neuen Wohnung. Mir taten vom vielen Fernsehen die Augen weh, und er kam, wie er mir sagte, von einer Veranstaltung mit der örtlichen Sportpresse. Es fiel uns anfangs nicht ganz leicht, Freunde zu werden, obwohl ich manchmal, wenn ich ins Grübeln komme, zu der bitteren Einschätzung gelange, dass wir niemals das waren, was man Freunde nennt. Andere Male, gerade jetzt, um nicht weiter auszuholen, glaube ich, dass wir doch ziemlich gut befreundet waren, und dass, wenn Buba im Club überhaupt einen Freund hatte, ich das war.

Unser gemeinsames Leben war im Übrigen nicht kompliziert. Zweimal die Woche kam eine Frau, die für uns die Wohnung putzte, und die übrige Zeit machte jeder sauber, was er schmutzig machte, spülte seine Teller, brachte sein Bett in Ordnung, das Übliche. Abends ging ich manchmal mit Herrera aus, einem Burschen aus dem eigenen Nachwuchs, der in die erste Mannschaft aufgestiegen und mittlerweile Stammspieler in der spanischen Nationalmannschaft war, und manchmal schloss Buba sich uns an, aber selten, weil Buba für das Nachtleben nichts übrighatte.

Wenn ich zu Hause blieb, sah ich fern, und Buba zog sich in sein Zimmer zurück und hörte Musik. Afrikanische Musik. Anfangs fand ich seine Aufnahmen gar nicht angenehm. Das erste Mal hörte ich sie an unserem zweiten gemeinsamen Tag in der Wohnung, sie erschreckten mich richtig. Ich sah gerade einen Dokumentarfilm über den Amazonas, um die Zeit bis zum Beginn eines Films mit Van Damme zu überbrücken, als ich plötzlich glaubte, in Bubas Zimmer würde jemand umgebracht. Versetzt euch in meine Lage. Die Situation war außerordentlich und wäre dem Mutigsten an die Nieren gegangen. Was tat ich? Na, ich sprang auf, Bubas Zimmertür befand sich hinter mir, und ging gleichsam in Deckung, klar, bis ich begriff, dass ein Band lief und die Schreie aus dem Radiorekorder kamen. Dann verstummten die Geräusche, man hörte nur eine Art Trommel, und dann das Stöhnen eines Menschen, das Weinen eines Menschen, das nach und nach immer lauter wurde. Bislang hatte ich alles ertragen. Ich erinnere mich, dass ich an die Tür trat und klopfte. In diesem Moment dachte ich, das Stöhnen und Weinen käme nicht vom Band, sondern von Buba. Aber dann hörte ich seine Stimme, die fragte, was ich wolle, und wusste nicht, was ich antworten sollte. Die Situation war ziemlich peinlich. Ich sagte, er solle die Musik leiser machen. Ich sagte das mit einer Stimme, die ich mit aller Kraft normal klingen lassen wollte. Eine Weile blieb Buba still. Dann verstummte die Musik (eigentlich: der Klang der Trommeln, vielleicht auch eine Art Flöten), und Bubas Stimme sagte, er gehe schlafen. Gute Nacht, sagte ich und kehrte zu meinem Sessel zurück, aber eine Zeitlang schaute ich den Dokumentarfilm über die Indios im Amazonasgebiet ohne Ton.

Der Rest, unser Alltag, verlief geruhsam, wie man so schön sagt. Buba war gerade erst angekommen und hatte noch keine einzige Partie als Stammspieler absolviert. Der Verein hatte zu jenem Zeitpunkt einen Spielerüberschuss, was soll ich euch sagen. Da gab es Antoine García, den französischen Libero, Delève, den belgischen Stürmer, den holländischen Innenverteidiger Neuhuys, Jovanovic, Stürmer aus dem ehemaligen Jugoslawien, die Mittelfeldspieler Percutti aus Argentinien und Buzatti aus Uruguay, und dann noch die Spanier, vier davon im Aufgebot der Nationalmannschaft. Aber es lief schlecht für uns, und nach vier katastrophalen Spieltagen standen wir im Tabellenmittelfeld, mit Tendenz mehr nach unten als nach oben. Ehrlich gesagt weiß ich nicht, warum Buba überhaupt eingekauft wurde. Ich vermute, man wollte damit die immer ätzendere Kritik der eigenen Anhänger zum Verstummen bringen, aber zumindest der Theorie nach war es ein Schuss in den Ofen. Alle hatten eine Notlösung zur Besetzung meiner vakanten Position erwartet, sprich: Alle hatten mit der Verpflichtung eines Außenstürmers gerechnet, nicht mit der eines Mittelfeldspielers, denn auf dieser Position gab es bereits Percutti, aber Funktionäre sind eben überall ziemlich dämlich, und so nahmen sie den Ersten, der ihnen über den Weg lief, und das war dann Buba. Viele dachten, der Plan hätte darin bestanden, ihn eine Weile in der zweiten Mannschaft spielen zu lassen, einer zweiten Mannschaft, die in der dritten Liga vor sich hin dümpelte, aber Bubas Agent sagte, kommt nicht in Frage, der Vertrag sei da völlig eindeutig: Buba spiele entweder in der ersten Mannschaft, oder er spiele gar nicht. Da hatten wir also unsere Wohnung neben dem Trainingsgelände, er drückte Sonntag für Sonntag die Ersatzbank, und ich erholte mich von meiner Verletzung und versank in Trübsinn, ich kann euch sagen. Und wir waren die Jüngsten, wie gesagt, oder wenn ich es nicht gesagt habe, dann sage ich es jetzt, obwohl auch darüber einige Zeit spekuliert wurde. Ich war damals zweiundzwanzig, das stand fest. Von Buba hieß es, er sei neunzehn, obwohl er eher aussah wie neunundzwanzig, und natürlich fehlte es in der Presse nicht an witzigen Stimmen, die behaupteten, die Vereinsführung sei übers Ohr gehauen worden, in Bubas Heimat gäbe es Geburtsurkunden à la carte, Buba sehe nicht nur älter aus, sondern sei es auch, und seine Verpflichtung folglich ein Betrug.

Ich wusste wirklich nicht, was ich glauben sollte. Im Alltag jedenfalls war das Zusammenleben mit Buba keineswegs anstrengend. Manchmal zog er sich nachts in sein Zimmer zurück und hörte seine schreiende und stöhnende Musik, aber man gewöhnt sich an alles. Ich sehe auch gern laut Fernsehen bis spät in die Nacht, und meines Wissens hat sich Buba nie darüber beschwert. Wegen des Sprachunterschieds gestaltete sich die Kommunikation anfangs nicht ganz einfach, und wir verständigten uns mehr mit Gesten. Aber bald lernte Buba etwas Spanisch, und an manchen Morgen sprachen wir beim Frühstück sogar über Filme, ein ewiges Lieblingsthema von mir, wobei man sagen muss, dass Buba nicht sehr gesprächig war und sich nicht sonderlich fürs Kino interessierte. Tatsächlich war Buba, wenn ich jetzt darüber nachdenke, sogar ziemlich schweigsam. Und das nicht, weil er schüchtern war oder Angst hatte, in Fettnäpfchen zu treten, wie mir Herrera, der Englisch sprach, einmal sagte, der Grund sei einfach, dass Buba nichts zu sagen habe. Der verrückte Herrera. Wie nett Herrera war. Noch dazu ein guter Freund. Wie viele Nächte wir zusammen unterwegs waren. Herrera, Pepito Vila, ebenfalls aus der Kaderschmiede des Vereins, Buba und ich. Aber Buba, immer schweigend, schaute allem zu, als wäre er da und auch wieder nicht, und obwohl Herrera ihn sich manchmal vorknöpfte und anfing, auf Englisch mit ihm zu sprechen, ein flüssiges Englisch, das von Herrera, wich der Schwarze immer aus, als hätte er keine Lust, über Dinge aus seiner Kindheit und seinem Land zu reden, schon gar nicht über seine Familie, so beharrlich, dass Herrera überzeugt war, Buba müsse irgendetwas Schlimmes passiert sein, als er klein war, wegen seiner beharrlichen Weigerung, auch nur das winzigste persönliche Detail mitzuteilen, als hätte man sein Dorf niedergebrannt, sagte Herrera, der ein Linker war und ist, als wären vor seinen Augen seine Eltern und Geschwister ermordet worden, und als wollte er all diese Jahre aus seinem Kopf löschen, was völlig logisch schien, wenn Herrera mit seinen Vermutungen richtiglag, aber in Wirklichkeit, und das habe ich immer gewusst oder geahnt, irrte sich Herrera, Buba sprach wenig, weil er so war, und das allein zählte, jenseits von schrecklicher oder schöner Kindheit und Jugend: Bubas Leben war geheimnisumwittert, weil Buba so war, sonst nichts.

Sicher ist jedenfalls nur, dass es der Mannschaft damals schlechtging und Herrera und Buba dazu verdammt schienen, bis zum Ende der Saison die Ersatzbank zu drücken, während ich verletzt ausfiel, und jede Provinzmannschaft die Chance hatte, uns vor eigener Kulisse zu besiegen. In dieser Phase, als es uns so schlechtging wie nie und es schien, als könne der Verein nicht noch tiefer sinken, verletzte sich Percutti, und dem Boss blieb keine andere Wahl, als Buba aufzustellen. Ich erinnere mich, als sei es gestern gewesen. Wir hatten am Samstag Spiel, und im Training am Donnerstag prellte sich Percutti bei einem unglücklichen Zusammenstoß mit Palau, einem Innenverteidiger, das Knie. Also beorderte unser Trainer Buba beim Freitagstraining auf seine Position, und für Herrera und mich war klar, dass er am Samstag auflaufen würde.

Als wir ihm das am Nachmittag sagten, in dem Hotel, wo wir zusammengekommen waren (denn obwohl wir zu Hause und gegen einen vermeintlich schwachen Gegner spielten, hatte der Club entschieden, dass jede Partie von vitaler Bedeutung sei), sah Buba uns an, als mache er sich zum ersten Mal ein Bild von uns, und verdrückte sich dann unter irgendeinem Vorwand ins Badezimmer. Eine Weile lang sahen Herrera und ich fern, während wir noch überlegten, wann wir uns in die Glücksspielrunde einklinken sollten, die Buzatti in seinem Zimmer zusammengetrommelt hatte. Mit Buba rechneten wir gar nicht.

Kurz darauf hörten wir aus dem Badezimmer eine wilde Musik. Ich hatte Herrera bereits von Bubas musikalischen Vorlieben erzählt, von den Malen, wo er sich in unserer Wohnung hinter seinen höllischen Radiorekorder zurückzog, aber mit eigenen Ohren hatte er es noch nicht gehört. Eine Weile konzentrierte sich unsere Aufmerksamkeit auf das Stöhnen und Trommeln, dann sagte Herrera, der offen gestanden ein ziemlich kluger Bursche war, dass sei von einem gewissen Mango Schlagmichtot, einem Musiker aus Sierra Leone oder Liberia, einem der wichtigsten Exponenten der Ethnomusik, und unsere Aufmerksamkeit erlahmte wieder. Dann ging die Badezimmertür auf, Buba kam heraus und setzte sich schweigend neben uns, als interessierte auch er sich für das Fernsehen, und ich bemerkte einen etwas seltsamen Geruch, einen Geruch nach Schweiß, der kein Schweiß war, einen ranzigen Geruch, der aber auch nichts Ranziges hatte. Er roch nach Feuchtigkeit, nach Moder und Pilzen. Er roch seltsam. Ich muss gestehen, dass mich das nervös machte, und ich weiß, dass es auch Herrera nervös machte, wir waren beide nervös, hatten beide Lust, zu verschwinden, zu Buzattis Zimmer zu laufen, wo wir sicher auf sechs oder sieben Mannschaftskameraden beim Kartenspiel treffen würden, beim Stud Poker oder Once, einem zivilisierten Spiel. Tatsächlich aber rührte sich keiner von uns beiden, als hätte uns Bubas Geruch und Anwesenheit zu allem die Lust genommen. Angst war es nicht. Mit Angst hatte es nichts zu tun. Es war etwas viel Schnelleres. Als wäre die Luft um uns herum fest geworden und wir flüssig. Zumindest fühlte es sich für mich so an. Und dann begann Buba zu sprechen und sagte, er brauche Blut. Das Blut von Herrera und mir.

Ich glaube, Herrera hat gelacht, nicht sehr, nur ein bisschen. Und dann schaltete jemand den Fernseher aus, ich weiß nicht mehr wer, vielleicht Herrera, vielleicht ich. Und Buba sagte, er könne es schaffen, er brauche nur die Blutstropfen und unser Stillschweigen. Was kannst du schaffen?, fragte Herrera. Den Sieg, sagte ich. Keine Ahnung, woher ich das wusste, aber ich wusste es vom ersten Moment an. Ja, den Sieg, sagte Buba. Woraufhin Herrera und ich lachten und uns vielleicht anschauten, Herrera in einem Sessel, ich auf dem Fußende meines Bettes, und Buba hockte demütig am Kopfende seines Bettes und wartete. Ich glaube, Herrera stellte ein paar Fragen. Auch ich stellte eine Frage. Buba antwortete mit Zahlen. Er hob die Hand und zeigte uns drei Finger, Mittel-, Ring- und kleinen Finger. Er sagte, wir würden nichts verlieren, wenn wir es versuchten. Daumen und Zeigefinger hielt er gekreuzt, als bildeten sie eine Schlaufe oder einen Strick, in dem ein winziges Tier erstickte. Er prophezeite, Herrera werde spielen. Er sprach von Verantwortung für die Farben des Trikots und von günstiger Gelegenheit. Sein Spanisch war nach wie vor dürftig.

Das Nächste, woran ich mich erinnere, war, dass Buba zurück ins Bad ging, und als er wieder herauskam, hatte er ein Zahnputzglas und sein Rasiermesser in der Hand. Das werden wir nicht benutzen, sagte Herrera. Das Messer ist gut, sagte Buba. Mit deinem Messer nicht, sagte Herrera. Warum nicht?, fragte Buba. Weil wir keinen Bock darauf haben, sagte Herrera. Oder? Er schaute mich an. Nein, sagte ich. Ich mach das mit meinem eigenen Rasierer. Als ich aufstand, um ins Bad zu gehen, weiß ich noch, zitterten mir die Knie. Ich konnte meinen Rasierer nicht finden, wahrscheinlich hatte ich ihn zu Hause vergessen, daher nahm ich den Einwegrasierer, den das Hotel für seine Gäste bereitlegt. Herrera war noch nicht wieder zurück, und Buba saß scheinbar schlafend am Kopfende seines Bettes, obwohl er den Kopf hob, als ich die Badezimmertür schloss, und mich wortlos ansah. Wir verharrten schweigend, bis jemand an die Tür klopfte. Ich ging aufmachen. Es war Herrera. Wir setzten uns beide auf mein Bett. Buba setzte sich uns gegenüber auf seins und hielt das Glas zwischen beide Betten. Mit rascher Bewegung hob er dann einen Finger der das Glas haltenden Hand und versetzte sich einen sauberen Schnitt. Jetzt du, sagte er zu Herrera, der den Vorgang mit einer kleinen Krawattennadel ausführte, dem einzigen spitzen Gegenstand, den er hatte finden können. Danach kam ich an die Reihe. Als wir ins Bad gehen wollten, um uns die Hände zu waschen, kam Buba uns zuvor. Lass mich rein, Buba, rief ich durch die Tür. Als einzige Antwort hörten wir erneut die Musik, die Herrera vor wenigen Minuten etwas vorschnell (wie mir jetzt schien) als Ethnomusik bezeichnet hatte.

In dieser Nacht kam ich spät ins Bett. Ich war eine Weile bei Buzatti im Zimmer und ging dann in die Hotelbar, in der sich kein einziger Spieler mehr befand. Ich bestellte mir einen Whisky und setzte mich damit an einen Tisch, von dem aus man einen Blick auf die Lichter von Barcelona hatte. Nach einer Weile spürte ich, wie sich jemand neben mich setzte. Ich zuckte zusammen. Es war der Trainer, der auch nicht schlafen konnte. Er fragte mich, wieso ich um diese Zeit noch nicht schliefe. Ich sagte, ich sei nervös. Dabei spielst du doch morgen gar nicht, Acevedo, sagte er. Umso schlimmer, sagte ich. Der Trainer schaute auf die Stadt, nickte und rieb sich die Hände. Was trinkst du?, fragte er. Dasselbe wie Sie, sagte ich. Ach was, sagte er, ist gut für die Nerven. Daraufhin begann der Trainer von seinem Sohn und seiner Familie zu sprechen, die in England lebten, vor allem von seinem Sohn, dann standen wir auf und stellten unsere leeren Gläser an der Bar ab. Als ich unser Zimmer betrat, schlief Buba friedlich in seinem Bett. Normalerweise hätte ich kein Licht gemacht, aber diesmal tat ich es. Buba rührte sich nicht. Ich ging ins Bad: Alles in Ordnung. Ich zog meinen Schlafanzug an, legte mich hin und löschte das Licht. Minutenlang lauschte ich Bubas regelmäßigen Atemzügen. Wann ich einschlief, kann ich nicht sagen.

Am nächsten Tag gewannen wir drei zu null. Das erste Tor machte Herrera. Es war sein erstes Tor in dieser Saison. Die anderen beiden schoss Buba. Die Sportpresse erging sich in Mutmaßungen und sprach von substanzieller Veränderung in unserem Spiel, betonte, Buba habe eine hervorragende Partie geboten. Ich habe das Spiel gesehen. Ich weiß, was wirklich geschah. In Wirklichkeit hatte Buba nicht gut gespielt. Wer gut gespielt hatte, waren Herrera, Delève und Buzatti. Das Rückgrat der Mannschaft. In Wirklichkeit wirkte Buba während der meisten Zeit auf dem Platz wie abwesend. Aber er schoss zwei Tore, und das reichte.

Vielleicht sollte ich jetzt etwas zu seinen Toren sagen. Das erste (das zweite der Begegnung) folgte im Anschluss an eine Ecke, die Palau hereingab. Buba hielt im Getümmel sein Bein hin und traf. Das zweite war seltsam: Die gegnerische Mannschaft hatte sich bereits mit der Niederlage abgefunden, es lief die fünfundachtzigste Minute, alle Spieler waren müde, die unsrigen vermutlich noch mehr, der Charakter des Spiels war klar defensiv, und dann spielte jemand den Ball zu Buba, in der Erwartung, er werde den Ball zurückpassen oder auf Zeit spielen, aber Buba lief an seiner Außenlinie entlang, schnell, viel schneller als während des ganzen übrigen Spiels, näherte sich auf etwa vier Meter dem Sechzehner, und als alle dachten, er werde in die Mitte geben, ließ er einen Schuss vom Stapel, der die beiden Verteidiger vor ihm und den Torwart überraschte, einen angeschnittenen Ball, wie ich ihn nie gesehen habe, einen vergifteten Ball, wie ihn nur die Brasilianer draufhaben, der sich ins rechte Eck des gegnerischen Tors drehte und die Zuschauer von den Sitzen riss.

Nach der Siegesfeier an diesem Abend sprach ich mit ihm. Ich fragte ihn nach dem Zauber, nach der Hexerei, nach dem Blut im Glas. Buba schaute mich an und wurde ernst. Komm näher, sagte er. Wir befanden uns in einer Diskothek und konnten uns kaum verstehen. Buba flüsterte mir etwas ins Ohr, was ich anfangs nicht verstand. Wahrscheinlich war ich schon betrunken. Dann entfernte sich sein Mund von meinem Ohr, und er lächelte mich an. Du wirst bald bessere Treffer landen, sagte er. In Ordnung, bestens, sagte ich.

Von da an lief alles wie geschmiert. Das nächste Spiel gewannen wir Vier Zwei, und das auswärts. Herrera traf einmal mit dem Kopf, Delève verwandelte einen Elfer, die anderen beiden Tore schoss Buba, total merkwürdige Tore, zumindest kam es mir so vor, der ich die Geschichte kannte und der vor der Fahrt, zu der ich nicht mitkam, zusammen mit Herrera an der Zeremonie mit angeritzten Fingern, Blut und Wasserglas teilgenommen hatte.

Drei Wochen später wurde ich aufgestellt und in der zweiten Hälfte eingewechselt, in der fünfundsiebzigsten Minute. Wir spielten beim Tabellenführer und gewannen eins zu null. Das Tor schoss ich in der achtundachtzigsten Minute. Der Pass kam von Buba, zumindest dachten das alle, ich habe da so meine Zweifel. Ich weiß nur, dass Buba über rechts durchstartete und ich auf links mitlief. Es gab vier Abwehrspieler, einer hinter Buba, zwei auf der Innenposition und einer etwa drei Meter von mir entfernt. Dann geschah etwas, das ich mir bis heute nicht erklären kann. Die Innenverteidiger wirkten wie festgenagelt auf ihren Positionen. Ich lief weiter, der rechte Außenverteidiger mir dicht auf den Fersen. Buba näherte sich dem Sechzehner, auch er verfolgt vom linken Verteidiger. Plötzlich täuschte er an und gab dann nach innen. Ich schwenkte in den Strafraum, ohne die geringste Chance, an den Ball zu kommen, aber ob die Innenverteidiger nicht aufgepasst hatten oder ihnen plötzlich schwindlig wurde oder der merkwürdige Effet des Balls daran schuld war, jedenfalls sah ich mich wie durch ein Wunder im Strafraum den Ball kontrollieren, sah den gegnerischen Torhüter herauslaufen und den rechten Verteidiger an meiner linken Schulter, unschlüssig, ob er mich foulen sollte oder nicht, und dann hielt ich einfach drauf und traf, und wir gewannen.

Am folgenden Sonntag gehörte ich wie selbstverständlich zur Startformation. Von da an schoss ich mehr Tore als je zuvor in meinem Leben. Auch Herrera schoss ein Tor nach dem anderen. Und alle verehrten Buba. Und Herrera und ich wurden ebenfalls verehrt. Über Nacht waren wir die Könige der Stadt geworden. Uns lachte das Glück. Der Club setzte zu einem nie dagewesenen Höhenflug an. Wir gewannen und hatten Spaß.

Und unfehlbar vor jedem Spiel wiederholte sich unser Blutritual. Tatsächlich kauften Herrera und ich uns nach dem ersten Mal Rasiermesser, wie Buba eins hatte, und das Erste, was wir einpackten, wenn wir zu einem Auswärtsspiel fuhren, waren unsere Messer, und wenn wir zu Hause antraten, trafen wir uns am Abend vorher in unserer Wohnung (weil sie uns vor den Heimspielen nicht mehr irgendwo zusammentrommelten) zu einer gemeinsamen Sitzung, bei der Buba sein und unser Blut in einem Glas auffing und sich dann im Bad einschloss, und während wir der Musik lauschten, die nach außen drang, redete Herrera über Bücher und über Theaterstücke, die er gesehen hatte, und ich schwieg oder nickte zu allem, bis Buba wieder auftauchte und wir ihn anschauten, als wollten wir fragen, ob alles in Ordnung sei, und dann grinste Buba, holte aus der Küche Putzschwamm und Wassereimer und ging zurück ins Bad, wo er mindestens eine Viertelstunde lang alles sauber machte, und wenn wir dann ins Bad kamen, war alles wie vorher, und manchmal, wenn ich mit Herrera in eine Disko ging und Buba nicht mitkam (er mag Diskotheken nicht besonders), sprach Herrera mit mir darüber, fragte, was Buba meiner Ansicht nach mit unserem Blut im Bad veranstalte, denn fest stand, dass sich im Bad, wenn Buba es verließ, keinerlei Spuren von Blut fanden, das Glas, das es aufgefangen hatte, war strahlend sauber, der Fußboden blitzblank, meine Güte, das Bad sah aus, wie wenn die Frau da gewesen war, die bei uns putzte, und ich sagte zu Herrera, ich wisse es nicht, hätte keine Ahnung, was Buba trieb, wenn er sich einschloss, und Herrera schaute mich an und sagte: Würde ich mit ihm zusammenwohnen, hätte ich Angst, und ich schaute Herrera an, als wollte ich sagen: Meinst du das ernst oder machst du Witze?, und Herrera sagte: Quatsch mit Soße, Buba ist unser Freund, dank ihm bin ich jetzt in der Nationalmannschaft, dank ihm wird unser Club Meister werden, dank ihm winkt uns der Ruhm, und das war doch wahr.

Ich hatte im Übrigen nie Angst vor Buba. Manchmal, wenn wir vor dem Schlafengehen in unserer Wohnung fernsahen, beobachtete ich ihn aus dem Augenwinkel und dachte, wie seltsam alles war. Aber allzu lange dachte ich nicht darüber nach. Fußball ist seltsam.

Am Ende jenes Jahres, das so schlecht begonnen hatte, gewannen wir die Liga und zogen durch die Innenstadt von Barcelona, vorbei an einer begeisterten Menschenmenge, und sprachen vom Balkon des Rathauses vor noch einer begeisterten Menschenmenge, die unsere Namen skandierte, und widmeten den Titel der Jungfrau von Montserrat, eine Jungfrau, schwarz wie Buba, unglaublich, aber wahr, und gaben Interviews, bis uns die Stimme versagte. Die Ferien verbrachte ich in Chile. Buba in Afrika. Herrera fuhr mit seiner Freundin in die Karibik.

Wir trafen uns wieder in der Vorsaison, in einem Sportzentrum im Osten Hollands, am Rande einer hässlichen grauen Stadt, die schlimmste Vorahnungen in mir weckte.

Alle waren da, nur Buba nicht. Ich weiß nicht, welche Schwierigkeiten er in seinem Land durchzustehen hatte. Herrera, obwohl braungebrannt wie ein Spitzensportler, wirkte müde. Er sagte mir, er habe daran gedacht zu heiraten. Ich schilderte ihm meinen Urlaub, aber wie ihr wisst, herrscht, wenn in Europa Sommer ist, in Chile Winter, weshalb meine Ferien nur mittelprächtig waren. Der Familie ging es gut. Das war's im Wesentlichen. Bubas Verspätung beunruhigte uns. Wir wollten es nicht zugeben, aber wir waren unruhig. Wir spürten plötzlich, dass wir ohne ihn aufgeschmissen waren. Unser Trainer dagegen bemühte sich, die Sache mit Bubas Unpünktlichkeit herunterzuspielen.

Eines Morgens, nach einem Flug mit Zwischenstopp in Rom und Frankfurt, stieß Buba wieder zur Mannschaft. Trotzdem verliefen die Vorbereitungsspiele verheerend. Wir wurden von einem Team aus der dritten holländischen Liga geschlagen. Spielten unentschieden gegen die Amateurmannschaft unseres Aufenthaltsorts. Weder Herrera noch ich trauten sich, Buba um das Blutritual zu bitten, obwohl unsere Klingen bereitlagen.

Tatsächlich sah es so aus, und ich brauchte eine Weile, bis ich das verstand, als hätten wir Angst, Buba um ein wenig Zauberei zu bitten. Natürlich blieben wir Freunde, einmal gingen wir sogar zusammen in eine holländische Diskothek, aber über Blut sprachen wir nicht, dafür über die in der Vorsaison kursierenden Klatschgeschichten, über Spielerwechsel, die Neuverpflichtungen, die Champions League, die wir in diesem Jahr spielen würden, über auslaufende Verträge und solche, die aufzustocken waren. Wir sprachen auch über Filme und die Ferien, die wieder vorbei waren, und Herrera, nur Herrera, sprach über Bücher, unter anderem deshalb, weil er der Einzige war, der las.

Dann kehrten wir in die Stadt zurück, und ich fand mich wieder allein mit Buba und unserem Alltag in der gemeinsamen Wohnung gegenüber von unserem Trainingsgelände, und dann begann die Liga, das erste Spiel, und am Abend vorher tauchte Herrera bei uns auf und brachte die Situation zur Sprache. Er fragte Buba, was los sei. Gibt es dieses Jahr keine Zauberei? Buba grinste und sagte, das sei keine Zauberei. Und Herrera meinte, was zum Teufel ist es dann. Und Buba zuckte mit den Schultern und sagte, es sei etwas, das nur er verstünde. Und machte dann eine Geste, wie um die Sache abzutun. Herrera sagte, er wolle mehr davon, er glaube an Buba, ganz gleich, was das sei, was er tue. Und Buba sagte, er sei müde, und als er das sagte, sah ich ihm ins Gesicht, und er kam mir überhaupt nicht vor wie jemand, der neunzehn oder zwanzig war, sondern wie ein Spieler von über dreißig, der seinem Körper zu viel abverlangt hat. Und anders, als ich erwartet hatte, akzeptierte Herrera Bubas Antwort mit einer bewundernswerten Haltung. Er sagte:

Gut, sprechen wir nicht mehr davon, ich lade euch zum Essen ein. So war Herrera. Ein prima Typ.

So gingen wir denn also im teuersten Restaurant der Stadt essen, und ein Pressefotograf der vor Ort war, machte ein Foto von uns, das Foto, das bei mir im Esszimmer hängt, Herrera, Buba und ich, lächelnd, schick angezogen, vor einem erlesenen Tisch, wenn ihr mir den Ausdruck erlaubt (aber es gibt keinen anderen), willens, uns die ganze Welt einzuverleiben, obwohl wir tief im Innern stark bezweifelten (vor allem Herrera und ich), dass wir irgendwas zu beißen bekommen würden. Und solange wir dort saßen, fiel kein Wort über Blut und Zauberei: Wir sprachen über Filme, über Reisen – private, nicht berufliche Reisen – und über wenig sonst. Und als wir das Restaurant verließen, nicht ohne vorher Autogramme an Kellner, Koch und Küchenjungen verteilt zu haben, liefen wir einige Zeit durch die leeren Straßen der Stadt, jener Stadt der Vernunft und des gesunden Menschenverstands, wie einige sie überschwänglich nennen, die aber auch die Stadt des Glanzes war, in dem man sich spiegeln und gut fühlen konnte, und die für mich heute die Stadt meiner Jugend ist, gut, wir liefen also durch die Straßen von Barcelona, denn als Sportler weiß man, dass es nach einem reichlichen Essen das Beste ist, wenn man sich ein wenig die Beine vertritt, und nachdem wir schon eine Weile unsere Runden gedreht und die angestrahlten Gebäude betrachtet hatten (das Werk großer Architekten, deren Namen Herrera nannte, als würde er sie persönlich kennen), sagte Buba mit einem eher traurigen Lächeln, wir könnten, wenn wir wollten, die Erfahrung des letzten Jahres wiederholen.

Das war das Wort, das er benutzte. Erfahrung. Herrera und ich blieben stumm. Dann gingen wir zurück zum Parkhaus, stiegen in mein Auto und fuhren wortlos zu unserer Wohnung. Ich machte den Schnitt mit meinem Rasiermesser. Herrera nahm ein Küchenmesser. Als Buba aus dem Bad kam, schaute er uns an und machte zum ersten Mal, während er aus der Küche Lappen und Eimer holte, die Tür nicht zu. Ich erinnere mich, dass Herrera aufstand, sich aber gleich wieder hinsetzte. Dann schloss Buba sich im Bad ein, und als er wieder herauskam, war alles wie vorher. Ich schlug vor, zur Feier des Tages noch einen Whisky zu trinken. Herrera stimmte zu. Buba schüttelte den Kopf. Keiner hatte Lust zu reden, nehme ich an, denn der Einzige, der etwas sagte, war Buba. Er sagte: Das ist nicht nötig, wir sind schon reich. Das war alles. Dann leerten Herrera und ich unsere Whiskys in einem Zug, und wir gingen alle schlafen.

Am nächsten Tag gewannen wir zum Auftakt der Liga mit sechs zu null. Buba schoss drei Tore, Herrera eins und ich zwei. Es wurde eine glorreiche Saison, ich kann es kaum glauben, dass die Leute sich noch daran erinnern, weil es schon so lange her ist, aber wenn ich es recht bedenke, wenn ich mein Gedächtnis bemühe, scheint es mir logisch (entschuldigt die Eitelkeit), dass die zweite und letzte Saison, die ich mit Buba in Europa gespielt habe, noch nicht in Vergessenheit geraten ist. Ihr habt die Spiele im Fernseher gesehen. Hättet ihr in Barcelona gelebt, ihr wärt verrückt geworden. Wir gewannen die Liga mit mehr als fünfzehn Punkten Vorsprung und wurden europäischer Meister, ohne ein einziges Spiel zu verlieren, nur Milan holte im Stadio San Siro ein Unentschieden und ein zweites die Bayern zu Hause in München. Alles andere lupenreine Siege.

Buba wurde zum Star der Stunde, Torschützenkönig in der spanischen Liga und in der Champions League, und sein Marktwert stieg ins Unermessliche. Nach der Hälfte der Saison versuchte sein Agent, sein Jahreseinkommen kurzerhand zu verdreifachen, und der Club sah sich gezwungen, ihn zum Beginn der nächsten Saison an Juventus zu verkaufen. Auch Herrera wurde ein von vielen Vereinen umworbener Spieler, aber als *canterano*, will sagen, weil er das Fußballspielen im Club von der Pike auf gelernt hatte, wollte er nicht weg, obwohl ich noch weiß, dass ihm Angebote von Manchester vorlagen und er dort mehr verdient hätte. Auch ich konnte mich vor Angeboten kaum retten, aber nachdem sich der Club schon von Buba getrennt hatte, konnte er es sich nicht leisten, mich ziehen zu lassen, also besserten sie mein Gehalt auf, und ich blieb.

Damals war ich bereits mit einer Katalanin liiert, die schon bald meine Frau wurde, was meinen Entschluss, nicht fortzugehen, beeinflusst haben dürfte. Ich bereue es nicht, geblieben zu sein. In jener Saison wurden wir wieder spanischer Meister, aber in der Champions League trafen wir im Halbfinale auf die Mannschaft von Buba und schieden aus. In Italien kassierten wir ein null zu drei, und eines der Tore schoss Buba, eines der schönsten Tore, die ich je gesehen habe, ein Foul-Tor, oder wie ihr sagen würdet, Leute, ein Freistoß-Tor, aus über zwanzig Meter Entfernung, das, was die Brasilianer *folha seca*, welkes Blatt, nennen, ein Ball, der über die Latte zu gehen scheint und sich dann plötzlich senkt wie ein welkes Blatt, ein Ball, den Didi beherrscht haben soll und den ich bei Buba nie gesehen habe, auch erinnere ich mich, dass mir Herrera nach dem Tor einen Blick zuwarf, ich stand in der Mauer und Herrera dahinter, wo er einen Italiener deckte, und als unser Torhüter den Ball aus dem Netz klaubte, warf mir Herrera einen Blick zu und grinste, als würde er sagen, schau an, schau an, und auch ich musste grinsen. Es war das erste Tor der Italiener, und von da an war von Buba nichts mehr zu sehen. In der fünfzigsten Minute wurde er ausgewechselt. Bevor er vom Platz ging, umarmte er Herrera und mich. Nach dem Spiel standen wir eine Weile im Durchgang zu den Umkleiden mit ihm zusammen.

Beim Rückspiel auf eigenem Platz kamen wir gegen die Italiener nicht über ein null zu null hinaus. Es war eine der merkwürdigsten Partien, die ich je gespielt habe. Alles schien wie in Zeitlupe abzulaufen, und am Ende warfen uns die Italiener aus dem Turnier. Aber insgesamt war es eine unvergessliche Saison. Wir gewannen wieder die Liga, Herrera und ich wurden für den Weltmeisterschaftskader unserer jeweiligen Nationalmannschaften nominiert, die Nachrichten, die wir von Buba bekamen, waren großartig. Auch seine Mannschaft holte die Meisterschaft (den berühmten scudetto) und zum zweiten Mal hintereinander die Champions League. Er war der Spieler der Stunde. Manchmal riefen wir ihn an und sprachen eine Weile über Belanglosigkeiten. Kurz bevor wir zu einem Urlaub aufbrachen, der kürzer ausfallen sollte als üblich (in jenem Jahr wurde die Nationalmannschaft für die WM zusammengetrommelt, und es blieb fast keine Zeit für etwas anderes), beherrschte eine Nachricht die Titelseiten der Sportpresse: Auf dem Weg zum Turiner Flughafen war Buba bei einem Autounfall ums Leben gekommen.

Wir waren wie versteinert. Viel mehr kann ich nicht sagen. Ganz ehrlich: Wir waren wie versteinert, Ende, aus. Die WM ging total in die Hose. Chile schied im Achtelfinale aus, ohne dass wir ein einziges Spiel gewannen. Spanien schaffte es nicht einmal bis ins Achtelfinale, obwohl sie ein Spiel gewonnen hatten. Und Bubas Team? Nichts, sie waren schon in der Qualifikation an Kamerun oder Nigeria gescheitert, ich weiß nicht mehr. Buba hätte weder tot noch lebendig zur WM kommen können. Als Spieler, meine ich.

Die Zeit verging, es folgten andere Titelkämpfe, andere Weltmeisterschaften, andere Freunde. In Barcelona blieb ich noch sechs Jahre. In Spanien noch zehn. Natürlich habe ich noch viele ruhmreiche Nächte erlebt, aber das lässt sich nicht vergleichen. Ich beendete meine Karriere bei Colo-Colo, allerdings nicht als Linksaußen, das Leben eines Linksaußen ist kurz, sondern als Mittelfeldspieler. Später widmete ich mich meinem Sportgeschäft. Ich hätte Trainer werden können, den Schein hatte ich gemacht, aber ehrlich gesagt hatte ich die Nase voll. Herrera spielte noch ein paar Jährchen. Dann feierte er einen umjubelten Abschied. Er absolvierte über hundert Spiele für die Nationalmannschaft (bei mir waren es nur dreiundvierzig), und als er mit dem Fußball aufhörte, erwies ihm die Fangemeinde von Barcelona eine Ehrung, wie man sie selten erlebt hat. Heute besitzt er ich weiß nicht wie viele Geschäfte in seiner Heimatstadt, und wie man sieht, meint es das Leben gut mit ihm.

Wir sahen uns viele Jahre nicht. Bis vor kurzem, als man eine jener eher nostalgisch gestimmten Fernsehsendungen über die Mannschaft machte, die zum ersten Mal die Champions League gewonnen hatte. Ich bekam eine Einladung, und obwohl ich jetzt nicht mehr gern reise, nahm ich an, weil es eine Gelegenheit war, die alten Freunde wiederzusehen. Die Stadt, was könnte ich anderes sagen, ist schön wie eh und je. Wir waren in einem erstklassigen Hotel untergebracht, und meine Frau brach gleich auf, um Familie und Freunde zu treffen. Ich zog es vor, mich aufs Bett zu legen und ein Weilchen zu schlafen, aber nach einer Viertelstunde musste ich einsehen, dass ich keinen Schlaf finden würde.

Nachher kam ein Bursche von der Produktion und brachte mich ins Fernsehstudio. In der Maske traf ich auf Pepito Vila. Er war völlig kahl, und ich erkannte ihn kaum wieder. Später kam auch Delève, und das war schon krass. Wie alt alle waren. Meine Stimmung hob sich etwas, als ich vor dem Auftritt Herrera über den Weg lief. Ihn hätte ich überall wiedererkannt. Wir umarmten uns und wechselten ein paar Worte, gerade so viele, dass ich wusste, wir würden heute Abend, komme, was da wolle, zusammen essen.

Die Sendung war lang und ausufernd. Man sprach über den Pokal und was er für den Club bedeutet hatte, über Buba, über Bubas erstes Jahr in Europa, aber auch über Buzatti und Delève, über Palau und Pepito, über mich und vor allem über Herrera und seine lange Sportlerkarriere, ein Beispiel für die Jugend. Wir waren sieben ehemalige Spieler, drei Journalisten, zwei Barça-Anhänger im vollen Ornat, ein Filmschauspieler und eine brasilianische Sängerin, die sich als der fanatischste Fan entpuppte, den ich je gesehen habe. Sie hieß Liza Do Elisa, was vermutlich nicht ihr wahrer Name war, sicher ist jedoch, dass sie nach der Sendung (ich hatte kaum vier Dummheiten beigetragen, mir saß ein Knoten im Hals) zusammen mit uns essen ging, mit Herrera und mir und Pepito und einem der beiden Journalisten, mit dem sie vielleicht befreundet war, und so fand ich mich auf einmal in einem schummrig beleuchteten Restaurant beim Essen mit all diesen Leuten wieder, später in einer, mit Ausnahme der Tanzfläche, noch dunkleren Diskothek, wo ich ein paarmal allein, ein paarmal mit Liza Do Elisa tanzte, und schließlich in den frühen Morgenstunden in einer Bar am Hafen, wo ich an einem schmuddeligen Tisch einen Carajillo trank, bei mir nur Herrera und die brasilianische Sängerin.

Ich erinnere mich nicht, wer von den beiden das Thema aufbrachte. Vielleicht kam Liza Do Elisa auf Zauberei zu sprechen, möglich, vielleicht wollte Herrera darüber sprechen und provozierte sie, schwarzer Zauber und weißer Zauber, sagte die Brasilianerin, zumindest glaubte ich das zu verstehen, und fing dann an, Geschichten zu erzählen, wirkliche Begebenheiten, die ihr in Kindheit oder Jugend widerfahren waren, als sie sich einen Weg ins Showbusiness bahnen musste. Ich erinnere mich, dass ich sie anschaute und dachte, mit der ist nicht gut Kirschen essen: Sie sprach so, mit derselben Energie und Aggressivität, wie während der Fernsehsendung. Der Aufstieg hatte sie viel gekostet, und sie blieb auf der Hut, als rechnete sie in jedem Moment damit, angegriffen zu werden. Sie war eine schöne Frau, etwa fünfunddreißig, mit einem ansehnlichen Vorbau. Ihr war anzumerken, dass sie kein leichtes Leben gehabt hatte. Aber das war nicht, was Herrera interessierte, das merkte ich sofort. Herrera wollte über Zauberei reden, über Voodoo, über Candomblé-Riten, mit einem Wort, über Schwarze. Und Liza Do Elisa ließ sich nicht lange bitten.

Ich trank also meinen Carajillo aus, trug die Sache mit Fassung, und bestellte mir, da mich das Thema ehrlich gesagt etwas langweilte, erst einen Whisky und dann noch einen, und als schon das erste Licht durch die Fenster der Bar fiel, sagte Herrera, er kenne eine ähnliche Geschichte wie die, die Liza Do Elisa erzählt habe, und werde sie ihr erzählen, um zu hören, was sie davon halte. Ich schloss daraufhin die Augen, als wäre ich müde, obwohl das kein bisschen der Fall war, und hörte zu, wie Herrera die Geschichte von Buba, ihm und mir erzählte, ohne allerdings Buba, sich und mich beim Namen zu nennen, vielmehr sprach er von drei französischen Spielern, die er einst gekannt hatte, und Liza Do Elisa schwieg (es war das erste Mal, scheint mir, dass sie an diesem Abend schwieg), bis Herrera zum Ende kam, zu Bubas Tod, und da erst machte Liza Do Elisa den Mund auf und sagte, ja, das sei möglich, und Herrera fragte nach dem Blut, das die drei Spieler in das Glas geträufelt hatten, und Liza Do Elisa sagte, das sei Teil des Rituals, und Herrera fragte nach der Musik, die aus dem Bad drang, in dem der Schwarze sich immer einschloss, und Liza Do Elisa sagte, das sei Teil des Rituals, und dann fragte Herrera, was mit dem Blut geschah, das der Schwarze mit ins Bad nahm, auch nach dem Putzlappen und dem Eimer mit Seifenlauge, und er wollte auch wissen, was er Liza Do Elisas Meinung nach im Bad getrieben habe, und auf all diese Fragen antwortete die Brasilianerin, das sei Teil des Rituals, bis es Herrera zu bunt wurde und er sagte, offenbar sei alles Teil des Rituals, er wolle aber wissen, worin es denn bestünde, dieses Ritual. Daraufhin sagte Liza Do Elisa, er solle ihr gegenüber nicht laut werden, schon gar nicht, wenn er sie ficken wolle, wörtlich, das waren ihre Worte, worauf Herrera mit einem Gelächter antwortete, das mich gerührt an den Herrera erinnerte, mit dem ich gemeinsam die Champions League und zwei Meistertitel geholt hatte, ich meine die beiden, die wir zusammen mit Buba gewonnen haben, und fünf Meistertitel insgesamt, und nachdem er gelacht hatte, sagte er, er habe sie nicht beleidigen wollen (Liza Do Elisa war wegen jeder Kleinigkeit beleidigt), und wiederholte die Frage.

Daraufhin machte die Brasilianerin ein nachdenkliches Gesicht, sah dann Herrera und mich an (Herrera allerdings ungleich intensiver) und sagte, dass sie es so genau nicht wisse. Vielleicht habe er das Blut getrunken, vielleicht habe er es ins Klo geschüttet, vielleicht habe er auf das Blut gepinkelt oder geschissen, vielleicht auch nichts dergleichen, vielleicht habe er sich ausgezogen, mit dem Blut eingeschmiert und dann geduscht, aber das alles waren nur Spekulationen. Und dann schwiegen wir alle, bis Liza Do Elisa wieder den Mund aufmachte und sagte, dass, wie dem auch sei, dieser Typ viel gelitten und geliebt habe.

Daraufhin fragte Herrera, ob sie glaube, die Zauberei des Schwarzen, der in einer französischen Mannschaft spielte, habe etwas bewirkt. Nein, sagte Liza Do Elisa. Er war verrückt. Wie sollte das etwas bewirken? Herrera sagte: Und wieso haben dann seine Mitspieler angefangen, besser zu spielen? Weil sie gute Spieler waren, sagte die Brasilianerin. Daraufhin schaltete ich mich ein und fragte, was sie damit meine, er habe viel gelitten, wie gelitten?, fragte ich, und sie erwiderte, mit dem ganzen Körper, und mehr als mit dem Körper mit dem ganzen Verstand.

Was meinst du damit, Liza, fragte ich.

Dass er verrückt war, sagte die Brasilianerin.

Die Metalljalousien der Bar waren heruntergelassen. An einer Wand, entdeckte ich, hingen Bilder von unserer Mannschaft. Die Brasilianerin fragte uns (nicht nur Herrera, auch mich), ob wir von Buba sprächen. Herreras Gesicht zeigte keinerlei Regung. Ich nickte vielleicht. Liza Do Elisa bekreuzigte sich. Ich stand auf, um einen Blick auf die Fotos zu werfen. Da war unsere Elf: stehend Herrera mit verschränkten Armen, daneben Miquel Serra, unser Torhüter, und Palau, und vor ihnen kniend Buba und ich. Ich lächelnd, als machte ich mir keinerlei Sorgen, und Buba ernst, den Blick in die Kamera gerichtet.

Ich ging aufs Klo, und als ich zurückkam, stand Herrera an der Bar und bezahlte, und auch die Brasilianerin war aufgestanden und strich im Stehen ihr Kleid glatt, ein hautenges, granatrotes Kleid. Bevor wir gingen, bat mich der Barkeeper, vielleicht war es auch der Besitzer, der Typ, der uns bis zum Morgengrauen ertragen hatte, ein anderes an der Wand hängendes Foto zu signieren. Darauf war ich allein zu sehen, es war eins der ersten Fotos, das man nach meiner Ankunft in der Stadt von mir gemacht hatte. Ich fragte ihn nach seinem Namen. Er sagte, er heiße Narcís. Ich widmete es ihm in Freundschaft.

Es wurde schon hell, als wir ins Freie traten. Wie in alten Zeiten liefen wir eine Weile durch Barcelonas Straßen. Ich war nicht überrascht zu sehen, dass Herrera die Brasilianerin um die Taille gefasst hatte. Dann nahmen wir ein Taxi, und sie begleiteten mich zu meinem Hotel.

ZAHNARZT

Er war nicht Rimbaud, er war nur ein indianischer Junge.

Ich lernte ihn 1986 kennen. Aus Gründen, die hier nichts zur Sache tun oder mir jetzt belanglos erscheinen, verbrachte ich in jenem Jahr ein paar Tage in Irapuato, der Erdbeerhauptstadt, im Haus eines befreundeten Zahnarztes, der gerade eine schlechte Phase durchmachte. Eigentlich war ich es, dem es schlechtging (meine Freundin hatte beschlossen, unsere schon länger andauernde Beziehung abrupt zu beenden), aber als ich in Irapuato ankam, in der Annahme, ich würde dort Zeit haben, über meine Zukunft nachzudenken und zur Ruhe zu kommen, fand ich meinen immer so reservierten und bedächtigen Zahnarztfreund am Rande der Verzweiflung.

Zehn Minuten nachdem ich angekommen war, erzählte er mir, er habe eine Patientin umgebracht. Da mir nicht in den Kopf wollte, dass ein Zahnarzt jemanden umbringen könnte, bat ich ihn, sich zu beruhigen und mir die ganze Geschichte zu erzählen. Sie war einfach, soweit Geschichten dieser Art einfach sein können, und aus dem reichlich zusammenhanglosen Bericht meines Freundes schloss ich, dass ihm unter keinen Umständen irgendjemandes Tod anzulasten war.

Im Übrigen kam mir die Geschichte merkwürdig vor. Neben seiner Arbeit in einer privaten Zahnklinik, die ihm einen beträchtlichen Verdienst einbrachte, leistete er Extrastunden in einer Art medizinischer Kooperative, eingerichtet für die Armen und die indigene Bevölkerung, was das Gleiche zu sein scheint, für meinen Freund und vor allem für die Wortführer dieser Art von Wohlfahrtseinrichtung aber nicht das Gleiche war. In der Kooperative gab es nur zwei Zahnärzte, und die Arbeit war kraftraubend. Und da die Kooperative über keine Behandlungsräume verfügte, behandelten sie in ihren jeweiligen Praxen zu unwirtschaftlichen Zeiten (wie mein Freund sich ausdrückte), überwiegend nachts, und ließen sich von solidarischen, meist linksgerichteten Zahnarztstudenten zur Hand gehen, die praktische Erfahrung sammeln wollten.

Die tote Frau war eine alte Indianerin, die eines Abends mit einem Abszess am Zahnfleisch erschien. Mein Freund operierte nicht selbst, aber die Operation fand in seinem Behandlungsraum statt. Der Verantwortliche war ein Student, und der geriet, als die Frau ohnmächtig wurde, in Panik. Ein anderer Student rief meinen Freund an. Als er in der Praxis eintraf und wissen wollte, was los war, sah er sich mit einem von ungeschickter Hand entfernten Zahnfleischgeschwür konfrontiert und merkte bald, dass er nichts mehr ausrichten konnte. Sie brachten die Frau ins Zentralkrankenhaus von Irapuato, wo sie eine Woche später starb.

Solche Fälle waren, nach dem, was er mir erzählte, eher selten, sagen wir: ein Fall unter zehntausend Patienten, und kein Zahnarzt nimmt vernünftigerweise an, dass ihm so etwas irgendwann im Leben passiert. Verstehe, sagte ich, obwohl ich in Wirklichkeit nichts verstand, und an diesem Abend gingen wir zusammen etwas trinken. Während wir durch die Bars der Stadt zogen, Bars für die gehobene Mittelschicht, musste ich unaufhörlich an die alte Indianerin denken und an den Krebs, der ihr das Zahnfleisch zerfressen hatte.

Mein Freund wiederholte mir die Geschichte noch einmal mit einigen wesentlichen Änderungen, die ich dem Alkohol zuschrieb, den wir damals intus hatten, und später stiegen wir in seinen Volkswagen und fuhren zu einer Garküche in den Außenbezirken von Irapuato. Der Kulissenwechsel war drastisch. Hatten wir vorher dicht an dicht mit Berufstätigen, Beamten und Kaufleuten zusammengesessen, so waren wir jetzt von Arbeitern, Arbeitslosen und Bettlern umgeben.

Die Schwermut meines Freundes vertiefte sich übrigens zusehends. Um Mitternacht fing er an, gegen Cavernas, den Maler, zu wettern. Vor ein paar Jahren hatte mein Freund zwei Radierungen des Künstlers erworben und ihnen an einer Wand im Wohnzimmer seines Hauses einen Ehrenplatz zugewiesen. Als er dem umtriebigen Künstler eines Tages zufällig auf einem Fest begegnete, das ein Zahnarztkollege auf seinem Anwesen in der Zona Rosa gab, ein Zahnarzt, der sich, wenn ich mich recht entsinne, dem Dienst am Lächeln weiblicher Berühmtheiten der Siebten Kunst in Mexiko verschrieben hatte (wie mein Freund sich ausdrückte), suchte er das Gespräch mit ihm.

Cavernas ging anfangs nicht nur bereitwillig darauf ein, sondern machte ihn sogar, wie mein Freund meinte, zum unfreiwilligen Mitwisser einiger intimer Details aus seinem Leben. Irgendwann im Laufe der Nacht schlug Cavernas vor, sich ein junges Ding zu teilen, das sich unvernünftigerweise mehr zu dem Zahnarzt als zu dem Künstler hingezogen fühlte. Mein Freund interessierte sich nicht die Bohne für die Kleine und machte daraus keinen Hehl. Im Gegenteil, er suchte keine Liebesnacht zu dritt, vielmehr wollte er von Cavernas direkt und ohne Zwischenhändler eine weitere Radierung kaufen, welche und zu welchem Preis, sollte er bestimmen, die Radierung müsse nur eine persönliche Widmung tragen, etwas wie »für Pancho in Erinnerung an eine verrückte Nacht« oder dergleichen.

Von diesem Moment an änderte sich Cavernas Verhalten. Er sah mich jetzt mit bösen Augen an, berichtete mein Freund. Sagte, wir Zahnärzte verstünden einen Scheißdreck von Kunst. Und fragte, ob ich grundsätzlich schwul sei oder ob es sich um eine vorübergehende Schwärmerei handele. Mein Freund brauchte natürlich einen Moment, um zu begreifen, dass Cavernas ihn beleidigte. Als er reagieren und ihm erklären wollte, dass hinter seiner Bewunderung nur die des Kunstliebhabers für das Werk eines unverstandenen Genies der universalen Malerei stünde, war Cavernas schon verschwunden.

Es dauerte, bis er ihn wiederfand. Während der Suche rekapitulierte er in Gedanken, was er ihm sagen wollte. Er entdeckte ihn auf dem Balkon, in Gesellschaft zweier Typen mit Verbrechervisagen. Cavernas sah ihn herankommen und raunte seinen Begleitern etwas zu. Mein Freund der Zahnarzt grinste. Cavernas' Begleiter grinsten auch. Wahrscheinlich war mein Freund betrunkener, als er gedacht hatte und später wahrhaben wollte. Jedenfalls empfing ihn der Maler mit einer Beleidigung, und seine Begleiter packten ihn bei den Armen und an der Hüfte und hielten ihn über die Brüstung. Mein Freund wurde ohnmächtig.

Verschwommen erinnerte er sich, dass Cavernas ihn erneut als schwul bezeichnet hatte, an das Lachen der Männer, die ihn gepackt hielten, an Autos, die im Himmel parkten, in einem grauen Himmel, der aussah wie die Calle Sevilla. Zu wissen, dass man stirbt, aus nichtigem Anlass stirbt, wegen irgendwelcher Dummheiten, und dass das Leben, das man zu verlieren im Begriff steht, ebenfalls eine Folge von Dummheiten ist, ein Nichts. Und dass sogar diese Gewissheit würdelos ist.

Er sagte das, während wir in einem der ärmlichen Viertel von Irapuato Tequila tranken, in einer Garküche, die sicher keine Ausschankerlaubnis für Alkohol besaß. Danach stürzte er sich in eine Diskussion, die um die Diskreditierung der Kunst kreiste. Die Radierungen von Cavernas, das wusste ich, hingen immer noch in seinem Wohnzimmer, und mir war nicht bekannt, dass mein Freund irgendwelche Schritte unternommen hätte, sie zu veräußern. Als ich einwandte, sein Zwist mit Cavernas gehöre in die Individualgeschichte, nicht in die Kunstgeschichte, und die Sache könne wohl dazu herhalten, die menschliche Spezies zu diskreditieren, nicht aber die Künstler oder gar die Kunst als solche, erhob mein Freund lautstarken Protest.

Die Kunst, sagte er, ist Teil der Individualgeschichte, lange bevor sie Teil der eigentlichen Kunstgeschichte wird. Die Kunst, sagte er, *ist* die Individualgeschichte. Die einzig mögliche Individualgeschichte. Sie ist die Individualgeschichte und zugleich die Matrize der Individualgeschichte. Und was ist die Matrize der Individualgeschichte?, fragte ich. Und dachte schon, er werde antworten: die Kunst. Und dachte auch, und das war ein leutseliger Gedanke, dass wir schon betrunken waren und nach Hause gehen sollten. Aber mein Freund sagte: Die Matrize der Individualgeschichte ist die geheime Geschichte.

Für einige Augenblicke schaute er mich mit glänzenden Augen an. Ich dachte, der Tod der krebskranken Indianerin habe ihn viel stärker getroffen, als ich anfangs geglaubt hatte.

Jetzt wirst du dich fragen, was die geheime Geschichte ist, sagte mein Freund. Nun, die geheime Geschichte ist die, die wir nie kennen werden, die wir tagein, tagaus leben, in dem Glauben, wir würden leben, in dem Glauben, wir hätten alles unter Kontrolle, in dem Glauben, dass das, was uns entgeht, nicht wichtig sei. Aber alles ist wichtig, alter Junge! Wir machen uns das nur nicht klar. Wir glauben, die Kunst verlaufe auf der einen Straßenseite und das Leben, unser Leben, auf der anderen, und merken nicht, dass das gelogen ist.

Was befindet sich zwischen der einen und der anderen Straßenseite?, fragte er. Ich muss ihm irgendwas geantwortet haben, nehme ich an, erinnere mich aber nicht, was, denn in diesem Moment sah mein Freund einen Bekannten und winkte ihm zu, während er sich von mir abwandte. Ich erinnere mich, dass sich das Lokal, in dem wir uns befanden, gefüllt hatte. Ich erinnere mich an die Wände, die grün gefliest waren wie eine öffentliche Bedürfnisanstalt, und sich am Tresen, der vorher leer gewesen war, jetzt Leute mit müden oder ausgelassenen oder finsteren Gesichtern drängten. Ich erinnere mich an einen Blinden, der in einer Ecke des Lokals ein Lied sang, oder an ein Lied, das von einem Blinden handelte. Vorher nicht vorhandener Rauch waberte über unseren Köpfen. Daraufhin kam der Bekannte, den mein Freund gegrüßt hatte, an unseren Tisch.

Er war nicht älter als sechzehn. Wirkte jünger. Er war eher klein, und seine Gestalt, die kräftig sein mochte, neigte zur Dicklichkeit, zur Verrundung alles Knochigen. Er war ärmlich gekleidet, obwohl etwas an seiner Kleidung darin nicht aufging, nicht richtig zu fassen war, als würde die Kleidung an verschiedenen Stellen gleichzeitig etwas sagen, was man nicht verstehen konnte, dazu trug er abgewetzte Tennisschuhe, Tennisschuhe, die in meinem Freundeskreis oder besser gesagt im Kreis der Kinder einiger meiner Freunde längst tief im Schrank vergraben oder auf dem Müll gelandet wären.

Er setzte sich zu uns an den Tisch, und mein Freund sagte, er solle sich bestellen, was er wolle. Da lächelte er zum ersten Mal. Ich kann nicht sagen, dass es ein hübsches Lächeln war, ganz im Gegenteil: Es war das Lächeln eines misstrauischen Menschen, das Lächeln von einem, der von anderen wenig erwartet, und dann nur Schlechtes. In dem Moment, als der Junge sich zu uns setzte und sein kaltes Lächeln zeigte, schoss mir der Gedanke durch den Kopf, mein Freund, der ein eingefleischter Junggeselle war und, obschon sich ihm vor Jahren die Möglichkeit geboten hatte, in DF Fuß zu fassen, es vorgezogen hatte, seine Geburtsstadt Irapuato nicht zu verlassen, könne homosexuell geworden oder es schon immer gewesen sein, und dass erst in dieser Nacht, ebenjener Nacht, in der wir über den Tod der Indianerin und ihren Zahnfleischkrebs gesprochen hatten, eine jahrelang verborgene Wahrheit zutage getreten war. Aber rasch verwarf ich diesen Gedanken und konzentrierte mich auf den Neuankömmling, vielleicht waren es aber auch seine Augen, auf die ich bislang nicht geachtet hatte, die mich zwangen, meine Befürchtungen fallenzulassen (denn damals jagte mir die schiere Möglichkeit, mein Freund könnte homosexuell sein, einen Schreck ein) und mich der Betrachtung jenes Wesens zu überlassen, das zwischen Jugend und Schreckenskindheit zu oszillieren schien.

Seine Augen waren, wie soll ich sagen, machtvoll. Dieses Adjektiv drängte sich mir damals auf, wobei es den Eindruck eindeutig nicht ausloten konnte, den seine Augen in der Luft, auf der Stirn dessen hinterließen, der ihrem Blick standhielt, eine Art Schmerz zwischen den Augenbrauen, aber ein passenderes will mir für meine Zwecke nicht einfallen. Tendierte sein Körper, wie ich schon sagte, zur Fülle, eine, die erst mit den Jahren ihre Erfüllung finden würde, so tendierten seine Augen mehr zur Schnittigkeit, einer flink beweglichen Schnittigkeit.

Mein Freund stellte ihn mir mit unverhohlener Freude vor. Er hieß José Ramírez. Ich reichte ihm die Hand (keine Ahnung warum, ich neige sonst nicht zu Förmlichkeiten, schon gar nicht nachts und in einer Bar), und er zögerte, sie zu ergreifen. Als ich sie schüttelte, war ich total überrascht. Seine Rechte, die ich weich und unsicher erwartet hatte, wie bei jedem beliebigen Jugendlichen, bot sich der Berührung als eine Häufung schwieliger Verdickungen dar, die sich metallisch anfühlte, keine besonders große Hand, eigentlich, wo ich jetzt daran denke, jetzt, da ich zu jener Nacht in den Randbezirken von Irapuato zurückkehre, ist das, was ich vor mir sehe, eine *kleine* Hand, eine kleine, vom spärlichen Schimmer der Bar umgebene, gesäumte Hand, eine Hand, die aus einem unbekanntem Woher auftaucht, wie der Fangarm eines Unwetters, nur hart, stahlhart, eine auf Esse und Amboss geschmiedete Hand.

Mein Freund lächelte. Zum ersten Mal an diesem Tag sah ich auf seinem Gesicht einen Funken von Glück, als würde die greifbare Gegenwart von José Ramírez (mit seiner rundlichen Gestalt, seinen scharfgeschnittenen Augen und seinen harten Händen) das Schuldgefühl wegen der Indianerin mit dem Krebs im Mund, das unauslöschliche Unbehagen, das ihm die Erinnerung an den Maler Cavernas verursachte, vertreiben. Als ahnte er die Frage, die mir auf den Lippen lag, die ich aber aus Gründen des Anstands nicht stellen würde, sagte mein Freund, er habe José Ramírez beruflich kennengelernt.

Ich begriff nicht gleich, dass er seine zahnärztliche Sprechstunde meinte. Gratis, sagte daraufhin der Junge, mit einer Stimme, die wie seine Hände und seine Augen seinen übrigen Körper Lügen strafte. In der Sprechstunde der Kooperative, sagte mein Freund. Ich habe ihm sieben Backenzähne verplombt, feine Arbeit. José Ramírez nickte und senkte die Augen. Es war, als verwandelte er sich wieder in das, was er in Wirklichkeit war, ein Junge von sechzehn Jahren. Ich erinnere mich, dass wir noch weitere Getränke bestellten und dass José Ramírez einen Teller Chilaquiles aß (mehr mochte er nicht essen, obwohl mein Freund darauf bestand, er solle bestellen, was er wolle, er lade ein).

Während der ganzen Zeit, die wir noch in der Garküche blieben, ging das Gespräch zwischen den beiden hin und her, und ich hielt mich am Rand. Manchmal lauschte ich ihren Worten: Es ging um Kunst, sprich, mein Freund hatte die Geschichte von Cavernas wieder aufgegriffen, die er nach Lust und Laune mit der von der Indianerin mischte, gestorben in einem Krankenhausbett unter entsetzlichen Schmerzen, oder wer weiß, vielleicht stand sie unter Betäubung, vielleicht hatte ihr jemand Morphium gegeben, aber das Bild war so, die Indianerin, ein winziges Bündel, einsam und allein in einem Krankenhausbett in Irapuato, dazu das Lachen von Cavernas und seine Radierungen, die perfekt gerahmt im Wohnzimmer des Zahnarztes hingen, einem Wohnzimmer und also einem Haus, in dem der junge Ramírez zu Besuch gewesen war, wie ich aus den Worten meines Freundes schloss, und wo er die Radierungen von Cavernas gesehen hatte, die Perlen seiner Privatpinakothek, und sie hatten ihm gefallen.

Irgendwann brachen wir von dort auf. Mein Freund bezahlte und ging voran in Richtung Ausgang. Er war nicht so betrunken, wie ich gedacht hatte, und ich brauchte ihm nicht vorzuschlagen, die Plätze zu tauschen und mich ans Steuer zu lassen. Ich erinnere mich an andere Orte, Orte, an denen wir uns zu lange aufhielten, und schließlich an eine riesige Brachfläche, eine unbefestigte Straße, die im Nichts endete, und wo José Ramírez ausstieg und sich, ohne uns die Hand zu geben, von uns verabschiedete.

Ich sagte, es komme mir merkwürdig vor, dass der Bursche dort wohne, wo es keine Häuser gebe, nur Dunkelheit und vielleicht die im Mondlicht kaum sichtbare Silhouette eines Berges im Hintergrund. Ich sagte, wir sollten ihn ein Stück begleiten. Mein Freund (er sah mich beim Sprechen nicht an, hatte die Hände am Steuer und strahlte Müdigkeit und Ruhe aus) erwiderte, wir könnten ihn nicht begleiten, ich solle mir keine Sorgen machen, der Junge kenne den Weg im Schlaf. Dann startete er den Motor, schaltete das Fernlicht ein, und bevor der Wagen zurücksetzte, bekam ich eine irreale, gleichsam schwarzweiße Landschaft aus rachitischen Bäumen, Gestrüpp und Karrenpfad zu Gesicht, eine Kreuzung aus Müllhalde und typisch mexikanischem Einödidyll.

Von dem Jungen keine Spur.

Wir fuhren dann nach Hause zurück, wo ich Mühe hatte, Schlaf zu finden. Im Gästezimmer hing das Bild eines irapuatensischen Malers, eine impressionistische Landschaft, die eine Stadt und ein Tal erahnen ließen und in denen ein breites Spektrum von Gelbtönen vorherrschte. Ich glaube, das Bild hatte etwas Bösartiges. Ich erinnere mich, dass ich mich im Bett herumwälzte, müde und schlaflos, und dass ein schwaches Licht durchs Fenster fiel, das die Landschaft buchstäblich *entzündete* und in Schwingung versetzte. Es war kein gutes Bild. Es war nicht das Bild, das mir keine Ruhe, mich nicht schlafen ließ, und mich mit einer unbestimmten, untröstlichen Traurigkeit erfüllte, obwohl ich große Lust gehabt hätte, aufzustehen, das Bild ab- und verkehrt herum wieder aufzuhängen. Große Lust, noch in dieser Nacht nach DF zurückzukehren.

Am nächsten Tag stand ich spät auf und sah meinen Freund nicht vor Mittag. Im Haus war nur die Frau, die jeden Tag kam, um sauber zu machen, und ich fand, dass es das Beste wäre, eine Runde durch die Stadt zu drehen. Irapuato ist keine schöne Stadt, doch haben die Straßen ihren unbestreitbaren Reiz und verströmt das Zentrum, in dem die Irapuatenser Beschäftigungen vortäuschen, die uns in DF Beheimateten wie bloße Zerstreuungen vorkommen, eine Atmosphäre der Ruhe. Da ich nichts zu tun hatte, las ich, nachdem ich in einer Cafeteria einen Orangensaft gefrühstückt hatte, auf einer Bank Zeitung, während Gymnasiasten oder öffentliche Angestellte mit einem ausgesprochenen Talent zu Müßiggang und leichtfertiger Konversation an mir vorbeigingen.

Wie fern erschien mir damals, und zum ersten Mal seit Antritt meiner Reise, mein in DF beheimateter Liebeskummer. Sogar Vögel gab es auf jenem Platz von Irapuato. Später betrat ich eine

Buchhandlung (es war nicht leicht, eine zu finden), wo ich ein Buch mit Illustrationen von Emilio Carranza kaufte, einem aus El Hospital, einem Dorf oder Weiler bei Irapuato, gebürtigen Landschaftsmaler, von dem ich annahm, es könne meinem Freund, dem Zahnarzt, dem ich es schenken wollte, Freude machen.

Wir verabredeten uns für zwei Uhr nachmittags. Ich ging ihn in seiner Praxis abholen. Die Sprechstundenhilfe bat mich freundlich zu warten, er habe in letzter Minute unerwarteten Patientenbesuch bekommen, sei aber gleich fertig. Ich setzte mich ins Wartezimmer und begann in einer Zeitschrift zu lesen. Außer mir war niemand da. Nicht nur in der Praxis meines Freundes, im gesamten Gebäude herrschte nahezu Totenstille. Einen Moment lang glaubte ich, die Sprechstundenhilfe habe mich angelogen, mein Freund sei gar nicht da, etwas Schlimmes sei passiert und er habe ihr, bevor er davonstürmte, ausdrückliche Anweisung erteilt, mich durch nichts zu beunruhigen. Ich stand auf, ging im Wartezimmer etwas hin und her, kam mir verständlicherweise lächerlich vor.

Die Sprechstundenhilfe war nicht mehr am Empfangstresen. Ich wollte nach dem Telefon greifen, um anzurufen, aber das war eine reine Reflexbewegung, denn wen sollte ich anrufen in einer Stadt, in der ich niemanden kannte? Ich bereute es zutiefst, nach Irapuato gefahren zu sein, verfluchte mein verkümmertes Gespür, schwor mir, ich würde mir gleich nach meiner Rückkehr in DF eine intelligente, hübsche, vor allem aber praktisch veranlagte Frau suchen und sie nach kurzer, alle überschwänglichen Gesten vermeidenden Verlobungszeit heiraten. Ich setzte mich auf den Stuhl der Sprechstundenhilfe und versuchte, mich zu beruhigen. Eine Zeitlang betrachtete ich die Schreibmaschine, das Buch, in das die Termine eingetragen wurden, eine Holzschale für Stifte, Büroklammern und Radiergummis, die penibel geordnet wirkten, was mir unmöglich schien, denn niemand, der noch bei Trost ist, sortiert Büroklammern (Stifte und Radiergummis schon, Büroklammern nicht), bis mich der unfreiwillige Anblick meiner über der Schreibmaschine zitternden Hände veranlasste, mit einem Satz aufzuspringen und, alle falsche Scham beiseitelassend, mit bis zum Hals klopfenden Herzen nach meinem Freund zu suchen.

Doch ist die Kinderstube manchmal stärker als eine plötzliche Panikattacke. Während ich Türen aufriss und unter lautem Rufen seines Namens ins Innere der Praxis vordrang, weiß ich noch, dass ich mir gleichzeitig überlegte, was ich als Entschuldigung anführen wollte, wenn ich ihn fand, wenn ich ihn denn fände. Bis heute weiß ich nicht, was mich an jenem Nachmittag geritten hat. Wahrscheinlich war es das letzte manifeste Aufbäumen meiner seelischen Verstimmung oder Traurigkeit, die ich aus DF mitgebracht hatte und die sich in Irapuato verflüchtigte.

Mein Freund war natürlich in seinem Behandlungszimmer, und bei ihm sah ich eine Patientin, eine vornehm wirkende Frau um die dreißig, und seine Zahnarzthelferin, eine kleine junge Frau mit mestizischen Zügen, die ich hier zum ersten Mal sah. Keiner der drei schien von meinem Auftauchen überrascht. Bin schon fertig, sagte mein Freund und lächelte mich an.

Später, als ich ihm erklärte, was ich in seiner Praxis empfunden hatte (nämlich Beklemmung, Angst, eine zunehmend außer Kontrolle geratende Panik), gestand mein Freund, dass es ihm in scheinbar menschenleeren Gebäuden ähnlich gehe. Mir war klar, dass seine Worte es im Kern gut mit mir meinten, und versuchte, nicht länger darüber nachzudenken. Aber wenn mein Freund einmal zu reden anfing, war er nicht mehr zu bremsen, und während des Essens, das von drei Uhr nachmittags bis sechs Uhr abends dauerte, ließ er das Thema nicht mehr von der Angel: die scheinbar leeren Gebäude, also Gebäude, von denen man annimmt, sie seien leer, weil man in ihnen keinerlei Geräusche hört, die in Wirklichkeit aber nicht leer sind, was man auch weiß, obwohl die Sinne, das Hör- und das Sehvermögen, einem sagen, sie seien leer. Und dann erwachsen Beklemmung und Angst nicht aus dem, wovon man annimmt, dass sie daraus erwachsen würden, also aus der Tatsache, sich im Innern eines leeren Gebäudes zu befinden, nicht einmal aus der gar nicht abwegigen Tatsache, im Innern eines leeren Gebäudes gefangen oder eingesperrt zu sein, sondern daraus, dass man weiß, im tiefsten Innern weiß, dass es keine leeren Gebäude gibt, dass in den verdammten leeren Gebäuden immer irgendjemand ist, der sich unseren Blicken entzieht und kein Geräusch macht, und darauf läuft alles hinaus, darauf, dass wir nicht allein sind, sagte mein zahnärztlicher Freund, dass wir nicht einmal dann allein sind, wenn nach Maßgabe der Vernunft alles darauf hindeutet, dass wir es sind.

Und dann sagte er: Weißt du, wann wir wirklich allein sind? In Menschenmengen, sagte ich, weil ich annahm, dass er so gestrickt war, aber nein, in Menschenmengen nicht, das musste ich mir eingebildet haben, sondern nach dem Tod, der einzigen mexikanischen Einsamkeit, der einzigen Einsamkeit von Irapuato.

In dieser Nacht betranken wir uns. Ich überreichte ihm mein Geschenk, er sagte, den Maler Carranza kenne er nicht, dann gingen wir essen und betranken uns.

Wir begannen in den Cantinas der Innenstadt und kehrten dann in die Außenbezirke zurück, wo wir in der vorigen Nacht gewesen waren und den jungen Ramírez getroffen hatten. Ich erinnere mich, dass ich in irgendeinem Moment unserer Irrfahrt dachte, mein Freund würde Ramírez suchen. Ich sagte ihm das. Er erwiderte, das sei nicht der Fall. Ich sagte, mit mir könne er offen reden, egal, was er mir sage, es würde unter uns bleiben. Er erwiderte, er habe immer offen mit mir gesprochen, und nach einer Weile fügte er hinzu, wobei er mir in die Augen schaute, er habe nichts zu verbergen. Ich glaubte ihm, aber der Eindruck, dass er nach dem jungen Campesino suchte, blieb. In dieser Nacht gingen wir spät ins Bett, gegen sechs Uhr morgens. Irgendwann begann sich mein zahnärztlicher Freund an unsere Jugend zu erinnern, als wir beide an der UNAM studierten und beide mit blinder Inbrunst das Werk von Elizondo verehrten. Ich studierte Philosophie und Literaturwissenschaft, er Zahnmedizin, und kennen lernten wir uns im Filmclub meiner Fakultät, bei einem Colloquium im Anschluss an den Film eines bolivianischen Regisseurs, Sanjinés, vermute ich.

Während des Colloquiums stand mein Freund auf, ob als Erster, weiß ich nicht, jedenfalls war er der Erste, der sagte, der Film habe ihm nicht gefallen, und erklärte, warum er ihm nicht gefallen habe. Mir hatte er auch nicht gefallen, aber damals hätte ich das niemals zugegeben. Die Freundschaft zwischen uns ergab sich spontan: An diesem Abend erfuhr ich von seiner Bewunderung für Elizondo, zu der auch ich mich bekannte, und während des zweiten Sommers wollten wir den Protagonisten von *Narda o el verano* nacheifern, mieteten uns ein Häuschen nicht weit vom Strand in Mazatlán, was nicht die italienische Küste war, aber mit etwas Phantasie und gutem Willen als solche durchgehen konnte.

Dann wurden wir erwachsen, und unsere jugendlichen Abenteuer erschienen uns ziemlich abscheulich. Wir jungen gehobenen Mittelschichtsmexikaner sind dazu verdammt, Salvador Elizondo nachzuahmen, der seinerseits den unnachahmlichen Klossowski nachahmt, oder in Wirtschaft oder Bürokratie nach und nach fett zu werden oder in mehr oder weniger linken, mehr oder weniger karitativen Organisationen auf Windmühlenflügel einzuprügeln. Zwischen Elizondo, dessen Werk ich nicht wiederlas, und dem Maler Cavernas verzehrte sich unser unerschöpflicher Hunger, und mit jedem Bissen, den wir nahmen, wurden wir ärmer, schmächtiger, hässlicher, lächerlicher. Dann kehrte mein Freund nach Irapuato zurück, ich blieb in DF, und irgendwie bemühten wir uns beide darum, uns den langsamen Schiffbruch unseres Lebens, des langsamen Schiffbruchs der Ästhetik, der Ethik, Mexikos und unserer verdammten Träume egal sein zu lassen.

Aber unsere Freundschaft bewahrten wir uns, und das zählte. Da saßen wir also, ziemlich betrunken, und sprachen über unsere Jugend, und plötzlich erinnerte sich mein Freund an die alte Indianerin, die an Zahnfleischkrebs gestorben war, und erinnerte sich an unser Gespräch über die Kunstgeschichte und Individualgeschichte und sprach von den beiden Straßenseiten (ein Thema, an das ich mich kaum noch erinnerte) und kam schließlich auf die Garküche zu sprechen, in der wir José Ramírez getroffen hatten, und das war, worauf er eigentlich hinauswollte, um mich zu fragen, was ich über ihn dächte, und zwar auf eine Weise, dass ich nicht wusste, ob sich die Frage auf den indianischen Jungen oder auf ihn selbst bezog, und vorsichtshalber sagte ich, ich dächte nichts, vielleicht machte ich auch eine Geste, die irgendetwas besagen mochte, und sofort fragte mein Freund, ob ich glaube, ob mir der Gedanke gekommen sei, zwischen Ramírez und ihm könne sich etwas abgespielt haben, jene fürchterlichen, typisch mexikanischen Annahmen, und ich sagte, um Himmels willen nein, Ehrenwort, wie kommst du darauf, mach dich nicht verrückt, vielleicht übertreibe ich, vielleicht übertreibt meine Erinnerung, vielleicht auch nicht, vielleicht öffnete sich damals das wirkliche Loch, dasjenige, welches ich in dem scheinbar leeren Gebäude gespürt hatte, von dem ich eine Ahnung bekam, als der indianische Junge sich uns zum ersten Mal näherte, gerade als wir, oder richtiger, als mein Freund über die tote Indianerin sprach oder salbaderte, über diesen immer kleineren Leichnam, und dann verwirrte sich mir alles, möglicherweise aus Trunkenheit, unsere heraufbeschworene Jugend, unsere Lektüren, *Narda o el verano*, von Elizondo, Stolz der Nation, unser eingebildeter und aufgesetzter Sommer in Mazatlán, meine Freundin, die überraschend beschlossen hatte, das Ruder ihrer allerhöchsten Eigenmächtigkeit herumzureißen, die Jahre, Cavernas und die Pinakothek meines Freundes, meine Reise nach Irapuato, die so stillen Straßen von Irapuato, die rätselhafte Entscheidung meines Freundes, hier, in seiner Geburtsstadt, Wurzeln zu schlagen, zu praktizieren, wo es der normale Weg gewesen wäre …

Und dann sagte er: Du musst José kennenlernen. Er betonte das Verb kennenlernen. Du musst ihn *kennenlernen*. Und: Ich bin es nicht. Ich bin keiner von denen. Du weißt schon. Ich nicht. Und dann sprach er von der toten Indianerin und der Arbeit in der Kooperative. Und sagte: Ich nicht. Ich nicht. Ich natürlich nicht, stimmt's? Stimmt, sagte ich. Und dann wechselten wir die Bar, und auf dem Weg sagte er: Morgen. Und ich wusste, das war nicht seine Trunkenheit, wusste, dass er sich morgen daran erinnern würde, und dass ein Versprechen ein Versprechen war, stimmt's? Stimmt. Und dann berichtete ich, um das Thema zu wechseln, von einem Vorfall aus meiner Kindheit, dass ich einmal im Aufzug unseres Hauses stecken geblieben bin. Damals war ich wirklich allein, sagte ich. Und mein Freund hörte mir mit einem Grinsen zu, als wollte er sagen, was für ein Dummkopf du geworden bist, alles für die Katz, all die Jahre in DF, all die Bücher, die du gelesen, studiert und gelehrt hast, wo immer du lehrst. Aber ich ließ nicht locker. Ich war allein. Lange allein. Noch heute empfinde ich manchmal (sehr selten, wozu die Wahrheit übertreiben), was ich damals im Aufzug empfunden habe. Und weißt du warum? Mein Freund machte ein Gesicht, wie um zu sagen, dass er das lieber nicht wissen wolle. Ich sagte es ihm trotzdem: Weil ich ein Kind war. Ich weiß noch, was er geantwortet hat: Dummheiten. Morgen wirst du sehen, was wirklich gut ist.

Am folgenden Tag hatte er nichts vergessen. Im Gegenteil, er erinnerte sich an Dinge, die ich schon vergessen hatte. Er sprach von José Ramírez, als wäre er sein Vormund. Ich erinnere mich, dass wir uns an diesem Abend anzogen, als würden wir in den Puff oder auf die Jagt gehen, mein Freund trug eine braune Cordjacke und ich eine Lederjacke, die ich für den Fall eines Ausflugs aufs Land mitgenommen hatte.

Zum Auftakt unserer Runde tranken wir in der Innenstadt ein paar Whiskys in einer schummrigen Bar, die nach Aftershave roch. Anschließend fuhren wir direkt in die Viertel, in denen Ramírez verkehrte. Wir saßen in schäbigen Cafés, in der Garküche (wo wir etwas zu essen versuchten, obwohl keiner von uns Hunger hatte), in einer Cantina namens El Cielo. Von dem Jungen keine Spur.

Als wir die Nacht schon abgeschrieben hatten, eine merkwürdige Nacht, in der wir kaum ein Wort gewechselt hatten, sahen wir ihn oder glaubten wir ihn zu sehen, wie er einen schlecht beleuchteten Bürgersteig entlangging. Mein Freund hupte und unternahm ein riskantes Wendemanöver. An einer Straßenecke stand Rámirez ruhig wartend da. Ich ließ das Fenster herunter und grüßte. Mein

Freund schob seinen Kopf an mir vorbei und forderte ihn auf einzusteigen. Wortlos nahm der Junge auf der Rückbank Platz. Meine Erinnerungen an den weiteren Verlauf der Nacht sind festlich gestimmt. Unbeschwert und festlich. Es sah aus, als feierten wir den Geburtstag des Jungen, der uns begleitete. Es sah aus, als wären wir seine Eltern. Oder seine Zuhälter. Es sah aus, als wären wir zwei weiße, traurige Mexikaner, die einen unbegreiflichen indianischen Mexikaner zu beschützen hatten. Wir lachten. Wir tranken und lachten, und niemand wagte es, uns zu nahe zu treten oder sich über uns lustig zu machen, denn hätte mein Freund denjenigen nicht getötet, hätte ich es getan.

Und wir lauschten der Geschichte oder bruchstückhaften Geschichte von José Ramírez, einer Geschichte, die meinen Freund begeisterte und mich, nachdem die erste Verblüffung verflogen war, ebenfalls begeisterte, die aber in dem Maße, wie wir uns den Abhängen der Nacht näherten, wie es in einem Gedicht von Poe heißt, zu verschwimmen begann, als hätten die Worte des Jungen in unserem Gedächtnis keinen tauglichen Halt gefunden, warum ich mich auch kaum an seine Worte erinnern kann. Ich weiß, weil er es sagte, dass er an einer Lyrikwerkstatt teilgenommen hatte, einer Lyrikwerkstatt für umsonst, ähnlich der ärztlichen Kooperative für Arme, nur in literarischer Form, und dass Ramírez dort kein einziges Gedicht schrieb, worüber mein zahnärztlicher Freund sich vor Lachen kringelte und was ich nicht verstand, den Witz darin nicht fand, bis mir erklärt wurde, dass Ramírez Erzählungen schrieb. Erzählungen, keine Gedichte. Woraufhin ich fragte, warum er sich nicht in einer Prosawerkstatt eingeschrieben habe. Und mein zahnärztlicher Freund sagte: Weil es keine Prosawerkstatt gab. Verstehst du? In diesem Scheißkaff gibt es umsonst nur Lyrikunterricht. Verstehst du?

Und dann sprach Ramírez von seiner Familie, vielleicht war es auch der Zahnarzt, der von Ramírez' Familie sprach, und über sie gab es nichts zu erzählen. Verstehst du? Nichts. Ich begriff nicht allzu viel, sprach aber, um nicht zurückzustehen, von den leeren Gebäuden und der Täuschung, aber mein Freund brachte mich mit einer Geste zum Schweigen. Nichts zu sagen. Bauern. Halb verhungert. Kein einziges Zeichen. Verstehst du? Und ich nickte, um nicht querzuschießen, aber in Wirklichkeit verstand ich nichts. Und dann behauptete mein Freund, dass wenige so schrieben wie der Junge hier neben uns. Heilige Wahrheit: ganz wenige. Und von diesem Moment an begab er sich auf eine Ramírez-Exegese, die mich innerlich erstarren ließ.

Besser als alle anderen, sagte er. Die mexikanischen Erzähler wirken wie Schnullerkinder, verglichen mit diesem eher dicken, ausdruckslosen Jüngling mit den von der Arbeit auf den Feldern schwieligen Händen. Welchen Feldern, fragte ich. Die um uns herum, sagte der Zahnarzt, und seine Hand wedelte einen Kreis, als wäre Irapuato ein Vorposten in der Wildnis, ein Fort im Apachengebiet. Und dann betrachtete ich den Jungen aus dem Augenwinkel, betrachtete ihn ängstlich, und sah, dass er lächelte, und dann begann mein Freund eine Erzählung von Ramírez zu erzählen, eine Erzählung über einen kleinen Jungen, der auf viele kleine Geschwister aufzupassen hatte, so die Geschichte, zumindest am Anfang, obwohl die Handlung später eine Wendung nahm und sich selbst unterlief, die Erzählung verwandelte sich in die Geschichte von dem in eine Flasche eingesperrten Geist eines Lehrers, auch in eine Geschichte über individuelle Freiheit, und es tauchten weitere Personen auf, zwei ziemlich fiese Straßenhändler, eine drogensüchtige Zwanzigjährige, ein an der Straße abgestelltes, kaputtes Auto, das einem Typen, der ein Buch von de Sade las, als Behausung diente. Und alles in einer Erzählung, sagte mein Freund.

Und ich, der ich aus Wohlerzogenheit hätte sagen können, ist ja toll, klingt interessant, sagte, man müsse sie lesen, um sich eine qualifizierte Meinung zu bilden. Das war es, was ich sagte, ich hätte aber genauso gut das Gegenteil sagen können und wäre gerettet gewesen. Daraufhin erhob sich mein Freund und sagte zu Ramírez, lass uns die Texte holen gehen. Ich erinnere mich, dass Ramírez ihn anschaute, ohne aufzustehen, dann mich anschaute, und dann wortlos aufstand. Ich hätte protestieren können. Ich hätte sagen können, das sei nicht nötig. Aber da war ich bereits erstarrt, war mir schon alles egal, obwohl ich von innen, von tief innen, die Gesten sah, die wir machten, die wir mit fast übernatürlicher Perfektion veranstalteten, und obwohl ich wusste, dass die Richtung, in die sie uns trieben, keine wirkliche Gefahr für uns barg, wusste ich auch, dass wir uns auf ein Terrain zubewegten, wo wir verletzbar waren und das wir nicht verlassen würden, ohne einen Tribut an Schmerz oder Entfremdung zu zahlen, einen Tribut, den wir auf lange Sicht bereuen würden.

Aber ich sagte nichts, und wir verließen die Bar, stiegen in den Wagen meines Freundes und fuhren Straßen entlang, die die Grenzen von Irapuato markierten, Straßen, auf denen nur Polizeiwagen und Nachtbusse verkehrten und die Ramírez, meinem Freund zufolge, der in ausgelassener Stimmung am Steuer saß, in den Nacht- oder frühen Morgenstunden zu Fuß zurücklegte, wenn er von seinen Invasionen in die Innenstadt nach Hause zurückkehrte. Ich enthielt mich lieber jedes weiteren Kommentars und konzentrierte mich ganz auf die schlecht erleuchteten Straßen und den Schatten, den unser Wagen streiflichtartig auf hohe Fabrikmauern oder verlassene Lagerhallen warf, Spuren einer schon vergessenen Vergangenheit, als man versucht hatte, die Stadt zu industrialisieren. Dann fuhren wir hinaus auf eine Art Siedlungsergänzung jener Ansammlung von nutzlosen Gebäuden. Die Straße verengte sich. Es gab keine Beleuchtung. Ich hörte das Bellen von Hunden. Das reinste Children of Sánchez, was, Alter?, sagte mein Freund. Ich antwortete nicht. Hinter mir hörte ich die Stimme von Ramírez, der sagte, jetzt rechts abbiegen und dann weiter geradeaus.

Die Scheinwerfer des Wagens streiften zwei windschiefe Baracken, abgeschirmt durch einen Draht- und Bretterzaun und einen Feldweg, über den wir Sekunden später auf etwas gelangten, das aussah wie offenes Land, aber genauso gut eine Müllkippe hätte sein können. Von dort gingen wir zu Fuß weiter, im Gänsemarsch, mit Ramírez an der Spitze und dem Zahnarzt und mir dahinter. In der Ferne sah ich eine Straße, Scheinwerferlicht von Autos, die zwangsläufig nichts von uns mitbekamen, wenngleich ich in ihrer Fortbewegung eine – zweifellos scheußliche – Ähnlichkeit mit unserem Schicksal zu erkennen glaubte. Ich sah die Silhouette eines Hügels. In der Dunkelheit nahm ich zwischen den Sträuchern eine undeutliche Bewegung wahr, die ich automatisch mit Ratten assoziierte, obwohl es genauso gut Vögel hätten sein können. Dann kam der Mond heraus, und ich sah einzelne Häuschen, die an den Flanken des Hügels errichtet waren, und jenseits von ihm ein dunkles, bewirtschaftetes Feld, das sich bis zur Biegung der Straße erstreckte, wo sich wie eine künstliche Wölbung ein Wäldchen erhob. Plötzlich hörte ich, wie der Junge etwas zu meinem Freund sagte, und wir hielten an. Wie aus dem Nichts war sein Haus aufgetaucht, ein Haus mit gelben oder weißen Wänden und niedrigem Dach, wie all die traurigen Häuser, die in den Randbezirken von Irapuato die Nacht trugen.

Einen Moment lang blieben wir alle stumm, wie verhext, könnte man meinen, und betrachteten den Mond oder musterten betreten die winzige Behausung des Jungen oder versuchten die im Hof aufgetürmten Gegenstände zu identifizieren: Sicher erkannte ich nur eine Obststeige. Dann betraten wir ein niedriges Zimmer, das nach Rauch roch, und Ramírez machte Licht. Ich sah einen Tisch, an den Wänden lehnendes Gerät für die Feldarbeit, in einem Sessel ein schlafendes Kind.

Der Zahnarzt sah mich an. Seine Augen funkelten vor Erregung. In diesem Moment erschien mir das, was wir taten, unwürdig: ein nächtlicher Zeitvertreib ohne anderen Zweck als die Betrachtung des Elends. Des fremden und des eigenen, dachte ich. Ramírez schob zwei Holzstühle heran und verschwand in einer Türöffnung, die aussah wie mit der Axt gehauen. Ich begriff rasch, dass das Zimmer gerade erst an die Behausung angebaut worden war. Wir setzten uns und warteten. Als er wieder auftauchte, trug er einen mehr als fünf Zentimeter dicken Batzen Papier. Lest, was ihr wollt, murmelte er. Ich sah meinen Freund an. Der hatte sich bereits eine Erzählung aus den Papieren geklaubt und ordnete sorgfältig die

Blätter. Ich sagte zu ihm, es erschiene mir geeigneter, wir würden die Texte mitnehmen und in der Behaglichkeit seiner Wohnung lesen. Wahrscheinlich ist es so nicht gewesen. Aber das denke ich jetzt, und ich kann mir die Szene nicht anders vorstellen, als dass ich sage, wir sollten besser gehen und die Lektüre in ein angenehmeres Ambiente verlegen, und der Zahnarzt mich wie ein zum Tode Verurteilter ruppig ansieht und befiehlt, ich solle verdammt noch mal endlich zu lesen anfangen.

Und das tat ich. Ich senkte beschämt die Augen, wählte eine Erzählung und begann zu lesen. Die Erzählung hatte vier Seiten, vielleicht wählte ich sie deshalb aus, wegen ihrer Kürze, aber als ich fertig war, hatte ich den Eindruck, einen Roman gelesen zu haben. Ich schaute Ramírez an. Er saß vor uns und nickte immer wieder ein. Mein Freund folgte meinem Blick und flüsterte, der junge Schriftsteller stehe jeden Tag sehr früh auf. Ich nickte und nahm mir eine andere Erzählung. Als ich wieder zu Ramírez schaute, hatte der den Kopf auf die Arme gelegt und schlief. Auch ich hatte zeitweise mit dem Schlaf zu kämpfen gehabt, aber jetzt fühlte ich mich hellwach und vollkommen nüchtern. Mein Freund reichte mir eine weitere Erzählung. Lies die, flüsterte er. Ich legte sie neben mich, beendete die, die ich gerade las, und begann mit der, die mir der Zahnarzt gegeben hatte.

Als ich gerade die letzte der Erzählungen beendete, die ich in dieser Nacht las, öffnete sich die andere Tür, und herein kam ein Typ, der so alt sein mochte wie wir, aber viel älter wirkte und uns zulächelte, bevor er mit leisen Schritten hinaus auf den Hof ging. Das ist der Papa von José, sagte mein Freund. Ich hörte draußen Dosen klappern, Schritte, die energischer wurden, das Geräusch von jemandem, der im Freien pinkelte. Unter anderen Umständen hätte das ausgereicht, meine Wachsamkeit zu wecken, ich wäre darin aufgegangen, jene Geräusche zu identifizieren und gewissermaßen zu beschwören, aber was ich tat, war lesen.

Man hört nie auf zu lesen, obwohl die Bücher enden, genauso wie man nie aufhört zu leben, obwohl der Tod eine Gewissheit ist. Aber gut, sagen wir, damit wir uns verstehen, dass ich irgendwann meine Lektüre für beendet erklärte. Mein Freund las schon länger nicht mehr. Sein Ausdruck verriet Erschöpfung. Ich sagte, wir könnten gehen. Bevor wir aufstanden, betrachteten wir beide den friedlich schlafenden Ramírez. Als wir nach draußen traten, sahen wir den Morgen grauen. Im Hof war niemand, und die Felder um uns herum wirkten verödet. Ich fragte mich, wo der Vater sein mochte. Mein Freund zeigte auf sein Auto und machte mich darauf aufmerksam, wie eigenartig es war, dass es in diesem Rahmen nicht eigenartig wirkte. Ein unvergleichlicher Rahmen, sagte er, schon nicht mehr flüsternd. Seine Stimme klang eigenartig: heiser geworden, als hätte er die ganze Nacht geschrien. Gehen wir frühstücken, sagte er. Ich nickte. Reden wir über das, was uns passiert ist, sagte er.

Beim Verlassen dieser Einöde begriff ich allerdings, wie wenig sich über unsere Erfahrung der vergangenen Nacht sagen ließ. Beide fühlten wir uns glücklich, wussten aber ohne den leisesten Zweifel – und ohne es offen aussprechen zu müssen –, dass wir nicht imstande waren, darüber zu reflektieren oder Erkenntnisse anzustellen, von welcher Art das gerade Erlebte war.

Zu Hause angekommen, goss ich vor dem Schlafengehen jedem von uns einen Whisky ein, derweil mein Freund in der Betrachtung seiner an der Wand hängenden Cavernas verharrte. Ich stellte sein Glas auf den Tisch und warf mich in einen Sessel. Der Zahnarzt betrachtete seine Radierungen erst mit in die Seiten gestemmten Armen, dann mit in die Hand gestütztem Kinn und schließlich mit wiegendem Kopf. Ich lachte. Er lachte ebenfalls. Einen Moment lang erwartete ich, er würde das Bild abnehmen und es genüsslich zerstören. Stattdessen aber setzte er sich neben mich und trank seinen Whisky. Dann gingen wir schlafen.

Nicht lange. Rund fünf Stunden. Und ich träumte vom Haus des jungen Ramírez. Ich sah es inmitten von mexikanischer Einöde und mexikanischer Müllhalde und mexikanischem Morast sich erheben, schmucklos, wie es war. Wie ich es mehr schlecht als recht gesehen hatte in jener entschieden literarischen Nacht. Und für eine knappe Sekunde verstand ich das Rätsel der Kunst, sein geheimnisvolles Wesen. Aber dann erschien im selben Traum der Leichnam der an einem Zahnfleischtumor gestorbenen alten Indianerin, und ich vergaß alles. Ich glaube, dass man ihre Totenwache in Ramírez' Haus hielt.

Als ich aufstand, erzählte ich den Traum, oder was ich davon noch erinnerte, dem Zahnarzt. Du siehst schlecht aus, sagte er. Eigentlich war er es, der schlecht aussah, wobei ich ihm lieber nichts sagte. Ich verstand bald, dass es ihm allein besser ging. Als ich verkündete, ich würde eine Runde durch die Stadt drehen, sah ich einen Ausdruck der Erleichterung in seinem Gesicht. An diesem Nachmittag ging ich ins Kino und schlief nach der Hälfte des Films ein. Ich träumte, dass wir uns umbrachten oder andere zwangen, sich umzubringen. Als ich wieder nach Hause kam, wurde ich von meinem Freund erwartet. Wir gingen essen und versuchten, über das zu sprechen, was tags zuvor passiert war. Vergebens. Am Ende sprachen wir über Freunde in DF, Leute, die wir zu kennen glaubten und die uns in Wirklichkeit völlig unbekannt waren. Es wurde wider Erwarten ein angenehmes Essen.

Am nächsten Tag, einem Samstag, begleitete ich ihn in seine Praxis, wo er ein paar Stunden für die Kooperative der medizinischen Armenversorgung Dienst tun musste. Mein Beitrag für die Gemeinschaft, meine ehrenamtliche Tätigkeit, sagte er resigniert, während wir in seinen Wagen stiegen. Sonntag gedachte ich nach DF zurückzufahren, und eine innere Stimme riet mir, möglichst viel Zeit mit ihm zu verbringen, da ich nicht wusste, wie lange es dauern würde, bis wir uns wiedersähen.

Wir, der Zahnarzt, ein Zahnmedizinstudent und ich, warteten ziemlich lange (eine Zeit, die ich nicht mehr zu messen wage), dass jemand käme, aber es kam niemand.

FOTOS

Für Dichter, solche aus Frankreich, denkt Arturo Belano, nach Afrika verschlagen, während er in einer Art Fotoalbum blättert, in dem die französische Dichtung sich selbst feiert, diese Hurensöhne, denkt er, wobei er auf dem Boden sitzt, einem Boden rot wie Tonerde, und doch kein Ton, nicht einmal lehmig wie Ton, trotzdem rot oder kupferfarben oder rötlich, mittags allerdings gelb, auf dem Schoß das Buch, ein dickes Buch, 930 Seiten, also eigentlich fast 1000, leinengebunden, *La poésie contemporaine de langue française depuis 1945* von Serge Brindeau, erschienen bei Bordas, ein Kompendium kurzer Texte über sämtliche Dichter, die auf Französisch schreiben, ob aus Frankreich, Belgien, Kanada oder dem Maghreb stammend, aus dem übrigen Afrika oder dem Nahen Osten, was das Wunder, das Buch hier gefunden zu haben, ein wenig schmälert, denkt Belano, denn wenn es afrikanische Autoren einschließt, ist klar, dass einige Exemplare nach Afrika gelangen mussten, in den Koffern der Autoren selbst oder in dem eines (dieser Sprache gegenüber) patriotischen und schrecklich naiven Buchhändlers, obwohl es auch so ein Wunder bleibt, dass es ein Exemplar ausgerechnet in dieses von Gott und den Menschen verlassene Dorf verschlagen hat, wo es nur mich gibt und die Geister der Logiker und wenig mehr, ausgenommen das Buch und die veränderliche Farbe der Erde, eine seltsame Sache, denn die Erde ändert wirklich in regelmäßigen Abständen die Farbe, morgens dunkelgelb, mittags gelb mit Streifen wie Wasser, kristallisiertes, schmutziges Wasser, und danach gibt es niemanden mehr, der sie anschauen will, denkt Belano, während er zum Himmel schaut, an dem drei Wolken ziehen, wie drei Zeichen auf einer blauen Weide, der Weide der Vermutungen oder der Weide der Mystagogien, und wundert sich über die Geschmeidigkeit, mit der die Wolken unsagbar langsam dahinziehen, oder während er die Fotos betrachtet, die Nase dicht an den Seiten, um die Gesichter in all ihren Windungen zu erkennen, eine unpassende und doch passende Formulierung, Jean Pérol, zum Beispiel, mit einem Gesicht, als würde er Witze hören, oder Gérald Neveu (den er gelesen hat), mit wie von der Sonne geblendetem Gesicht, oder wie in einem Monat lebend, der eine monströse Konjunktion aus Juli und August wäre, was nur die Schwarzen und deutsche und französische Dichter ertragen, oder Vera Feyder, die einen Kater hält und streichelt, als wäre Halten und Streicheln ein und dasselbe, was es auch ist!, denkt Belano, oder Jean-Philippe Salabreuil (den er gelesen hat), so jung, so gut aussehend, er könnte ein Filmschauspieler sein, leicht lächelnd schaut er aus dem Tod zu mir herüber, als sagte er mir oder dem afrikanischen Leser, dem das Buch gehört hat, kein Problem, die Kapriolen des Geistes seien ohne Sinn und Zweck, alles kein Problem, dann schließt er die Augen, aber richtet sie nicht gen Boden, öffnet er sie wieder und blättert um, und da haben wir Patrice Cauda, mit einem Gesicht, als schlüge er seine Frau, was sage ich, seine Geliebte, und Jean Dubacq, mit dem Gesicht eines Bankangestellten, eines tristen Bankangestellten ohne große Zukunft, ein Katholik, und Jacques Arnold, mit dem Gesicht eines Leiters derselben Bank, in der der arme Dubacq Dienst tut, und Janine Mitaud, großer Mund, strahlende Augen, eine Frau mittleren Alters mit kurzem Haar, schlankem Hals und einem feinsinnig humorvollen Gesicht, und Philippe Jaccottet (den er gelesen hat), hager und mit jovialem Gesicht, obwohl er vielleicht, denkt Belano, zu jenen jovial dreinschauenden Menschen gehört, denen niemals zu trauen ist, und Claude de Burine, die Inkarnation von Anita la Huerfanita, sogar das Kleid, oder das, was das Foto davon zeigt, ist mit dem von Anita la Huerfanita identisch, aber wer ist diese Claude de Burine, sagt Belano laut zu sich selbst, allein in einem afrikanischen Dorf, das alle verlassen haben oder in dem alle tot sind, auf dem Boden sitzend mit angezogenen Beinen, während seine Finger mit ungewöhnlicher Geschwindigkeit durch die Seiten von *La poésie contemporaine* pflügen, auf der Suche nach Angaben zu dieser Dichterin, und als er sie schließlich findet, erfährt er, dass Claude de Burine 1931 in Saint-Léger-des-Vignes (Nièvre) geboren wurde und die Autorin ist von *Lettres à l'enfance* (Rougerie, 1957), *La Gardienne* (Le Soleil dans la tête – guter Name für einen Verlag –, 1960), *L'Allumeur de réverbères* (Rougerie, 1963) und *Hanches* (Librairie Saint-Germain-des-Prés, 1969), und mehr Angaben zur Person gibt es nicht, als wäre Claude de Burine mit achtunddreißig Jahren, nach der Veröffentlichung von *Hanches*, verschwunden, obwohl der Autor oder die Autorin des Einleitungstextes von ihr sagt: *Claude de Burine avant toute autre chose, dit l'amour; l'amour inépuisable*, und da lichtet es sich in Belanos überhitztem Gehirn, jemand, der *von der Liebe kündet*, kann problemlos mit achtunddreißig verschwinden, erst recht und vor allem, wenn dieser Jemand der Doppelgänger von Anita la Huerfanita ist, die gleichen runden Augen, das gleiche Haar, die Augenbrauen eines Menschen, der Jahre in einem Waisenhaus zugebracht hat, der Ausdruck von Staunen und Schmerz, einem durch die Zeichentricktechnik zum Teil gemilderten Schmerz, aber eben doch Schmerz, und da sagt Belano zu sich selbst, hier werde ich viel Schmerz finden, und kehrt zu den Fotos zurück und entdeckt unter dem von Claude de Burine und zwischen denen von Jacques Réda und Philippe Jaccottet eines von Marc Alyn und Dominique Tron, die sich den gleichen Augenblick teilen, eine Sekunde der Entspannung, Dominique Tron, so ganz anders als Claude de Burine, die Existenzialistin, die Beat-Poetin, die Rockerin, die Gesittete, die Verlassene, die Entwurzelte, denkt Belano, als lebte Dominique im Innern eines Sturms und Claude wäre das leidende Wesen, das er aus metaphysischer Entfernung betrachtet, und erneut packt Belano die Neugier, und er springt zum Namensverzeichnis, und nachdem er liest *né à Bin el Ouidane (Maroc) le 11 décembre 1950*, wird ihm klar, dass Dominique keine Frau ist, sondern ein Mann, mir muss die Sonne das Hirn zerstochen haben!, überlegt er, während er eine (ganz und gar eingebildete) Mücke von seinem Ohr verscheucht, und liest dann Trons Biographie und was er veröffentlicht hat, *Stéréophonies* (Seghers, 1965, also mit fünfzehn), *Kamikaze Galapagos* (Seghers, 1967, also mit siebzehn), *La souffrance est inutile* (Seghers, 1968, also mit achtzehn), *D'épuisement en épuisement jusqu'à l'aurore, Elisabeth,* oratorio autobiographique suivi de *Bouches de feu,* mystère (Seghers, 1968, also auch mit achtzehn) und DE LA SCIENCE-FICTION C'EST NOUS *à l'interprétation des corps* (Eric Losfeld, 1972, also mit zweiundzwanzig), und mehr Titel sind es nicht, hauptsächlich weil *La poésie contemporaine* 1973 erschienen ist, wäre es 1974 erschienen, würde er sicher noch weitere finden, und dann erinnert sich Belano an seine eigene Jugend, als er eine Schreibmaschine war wie Tron, womöglich sogar attraktiver als Tron, überlegt er und kneift die Augen zusammen, um das Foto besser in den Blick zu bekommen, aber um ein Gedicht zu veröffentlichen, in Mexiko, in jenen Tagen, als er in México DF lebte, musste er Himmel und Hölle in Bewegung setzen, und dann denkt er, dass Mexiko das eine ist und Frankreich etwas völlig anderes, und dann schließt er die Augen und sieht einen Schwall mexikanischer Geisterreiter wie eine graue Ausdünstung durch ein ausgetrocknetes Flussbett brausen, und dann, bevor er die Augen öffnet – das Buch fest in beiden Händen –, sieht er wieder Claude de Burine, die fotografische Büste von Claude de Burine, würdevoll und lächerlich zugleich, wie sie von ihrer Warte der ledigen Poetin aus den jugendlichen Wirbelsturm Dominique Tron betrachtet, Autor speziell von *La souffrance est inutile*, ein Buch, das er für sie geschrieben haben könnte, ein Buch, das eine lodernde Brücke ist, die Dominique Tron nicht überqueren wird, die Claude aber, der die Brücke fremd ist, der alles fremd ist, sehr wohl überqueren und sich bei dem Versuch, denkt Belano, wie alle Dichter, auch die schlechten, verbrennen wird, auf diesen Feuersbrücken, die so interessant, so euphorisierend sind, wenn man achtzehn, einundzwanzig ist, aber später so langweilig, so monoton, mit vorhersagbarem Anfang und Ende, Brücken, die er wie ein Odysseus in Filzpantoffeln überquert hat, Brücken wie Theoriegebäude und solche, die unversehens vor ihm auftauchen wie phantastische Ouijas, riesige Flammengebilde, die sich bis ans Ende der Leinwand fortsetzen und die die Dichter weder mit achtzehn noch mit einundzwanzig, aber sehr wohl mit dreiundzwanzig zu überqueren imstande sind, mit geschlossenen Augen wie schlafwandlerische Krieger, denkt Belano, während er sich die wehrlose (die empfindliche, die überempfindliche) Claude de Burine vorstellt, wie sie Dominique Tron in die Arme läuft, in einem Lauf, von dem er wollte, er wäre unvorhersagbar, obwohl etwas in Claudes Augen, etwas in Dominiques Augen, etwas in den Augen der lodernden Brücke ihm vertraut vorkommt und ihm in einer Sprache, die sich bodenständig ausdrückt wie die veränderlichen Farben, die das verlassene Dorf umgeben, das nackte, melancholische und fürchterliche Ende vorausschickt, und dann verharrt Belano eine Weile mit geschlossenen Augen, öffnet sie wieder und schlägt eine andere Seite auf, diesmal fest entschlossen, sich nur die Fotos anzuschauen, und so stößt er auf Pierre Morency, einen hübschen Burschen, auf Jean-Guy Pilon, einen problematischen und alles andere als fotogenen Typen, auf Fernand Ouellette, einen Mann, dem die Haare ausgehen (und wenn wir bedenken, dass das Buch 1973 erschienen ist, dürfen wir in dem einen oder anderen Sinn davon ausgehen, dass er inzwischen vollständig kahl ist), auf Nicole Brossard, ein Mädchen mit glattem, mittig gescheiteltem Haar, großen Augen und quadratischem Kiefer, hübsch, in seinen Augen hübsch, aber Belano möchte weder wissen, wie alt sie ist, noch, welche Bücher sie geschrieben hat, und blättert weiter und betritt mit einem Schlag (wobei in dem Dorf, in dem er gestrandet ist, nichts von dem, was schlagartig eintritt, schlagartig eintritt) das Reich von tausendundeiner Nacht der Literatur und der Erinnerung, denn da sind die Fotos von Mohammed Kair-Eddine und Kateb Yacine und Anna Greki und Malek Haddad und Abdellatif Laâbi und Ridha Zili, arabischen Dichtern französischer Sprache, und einige der Fotos, erinnert er sich, hat er schon gesehen, vor vielen Jahren, vielleicht 1972, noch vor Erscheinen des Buches, das er in Händen hält, vielleicht 1971, kann aber auch sein, dass er sich irrt und sie zum ersten Mal, mit einem sich hartnäckig haltenden Gefühl, das er sich nicht erklären kann, obwohl es sich irgendwo zwischen Verblüffung – einer eigentümlichen, aus Sanftmut geformten Verblüffung – und Neid bewegt, Neid, dieser Gruppe nicht anzugehören, 1973 oder 1974 in einem Buch über arabische oder maghrebinische Dichter gesehen hat, das eine Uruguayerin in Mexiko einige Tage lang überall mit sich herumgeschleppt hatte, ein Buch mit ockerfarbenem oder gelbem Einband wie Wüstensand, und dann blättert Belano um, und es kommen weitere Fotos, das von Kamal Ibrahim (den er gelesen hat), von Salah Stétié, von Marwan Hoss, von Fouad Gabriel Naffah (ein Dichter, hässlich wie ein Dämon), von Nadia Tuéni, Andrée Chedid und Vénus Khoury, und dann klebt Belano förmlich mit der Nase an der Seite, um die Dichter noch genauer zu sehen, und Nadia und Vénus findet er wirklich schön, mit Nadia würde ich, sagt er sich, vögeln, bis der Morgen graut (vorausgesetzt, dass es irgendwann Nacht wird, denn der Abend im Dorf scheint der Sonne in ihrem Lauf gen Westen zu folgen, das denkt Belano nicht ohne Gruseln), und mit Nadia würde ich bis drei Uhr morgens vögeln, dann würde ich aufstehen, mir eine Zigarette anzünden und den Paseo Marítimo von Malgat entlanglaufen, aber mit Nadia bis der Morgen graut, und was er mit Vénus tut, würde er mit Nadia tun, aber was er mit Nadia tut, würde er mit sonst niemandem tun, denkt Belano, während er ohne zu blinzeln, die Nase fast auf der Seite, Nadias Lächeln betrachtet, Nadias lebhafte Augen, Nadias üppiges, dunkles, schimmerndes Haar, ein schützender und wirksamer Schatten, und dann schaut Belano hoch und sieht die drei einsamen Wolken nicht mehr an dem afrikanischen Himmel, der das Dorf überdacht, in dem er sich befindet, jenes Dorf, das die Sonne gen Westen zerrt, die Wolken sind verschwunden, als wären nach der Betrachtung des Lächelns der Dichterin aus tausendundeiner Nacht die Wolken überflüssig, worauf Belano sein Versprechen bricht und im Namensverzeichnis nach Tuéni sucht, um dann mit ruhiger Hand zu den ihr gewidmeten Kommentarseiten zu blättern, wo er ihren biobibliographischen Steckbrief findet, der ihm verrät, dass Nadia 1935 in Beirut geboren wurde, das heißt, dass sie bei Erscheinen des Buches achtunddreißig war, obwohl das Foto sie jünger zeigt, und dass sie mehrere Bücher veröffentlicht hat, unter anderem *Les Textes blonds* (Beyrouth, Éd. An-Nahar, 1963), *L'Age d'écume* (Seghers, 1966), *Juin et les Mécréantes* (Seghers, 1968) und *Poèmes pour une histoire* (Seghers, 1972), und in den ihr gewidmeten Zeilen liest Belano *habituée aux chimères,* und liest *chez ce poète des marées, des ouragans, des naufrages,* und liest *l'air torride,* und liest *fille elle-même d'un père druze et d'une mère française,* und liest *mariée à un chrétien orthodoxe,* und liest *Nadia Tuéni (née Nadia Mohammed Ali Hamadé),* und liest *Tidimir la Chrétienne, Sabba la Musulmane, Dáhoun la Juive, Sioun la Druze* und liest schon nicht mehr und hebt den Blick, weil er etwas gehört zu haben glaubt, das Krächzen eines Geiers oder Zopilote, obwohl er weiß, dass es hier keine Zopilotes gibt, auch wenn sich das mit der Zeit, einer Zeit, für die man nicht Jahre, sondern durchaus Stunden und Minuten veranschlagen darf, regeln lässt, was einer weiß, hat sich irgendwann erledigt, so einfach, so eiskalt, sogar ein mexikanischer Zopilote ist vorstellbar in diesem erbärmlichen Dorf, denkt Belano mit Tränen in den Augen, Tränen, die nicht das Zopilote-Krächzen hervorgelockt hat, sondern die physische Gewissheit des Bildes von Nadia Tuéni, die ihn von einer Buchseite aus anschaut und deren verewigtes Lächeln sich wie Kristall in die Belano umgebende Landschaft auszuwachsen scheint, die ihrerseits aus Kristall besteht, und dann glaubt er Worte zu hören, dieselben Worte, die er gerade gelesen hat und jetzt nicht lesen kann, weil er weint, *l'air torride* und *habituée aux chimères,* und eine Geschichte von Drusinnen, Jüdinnen, Musliminnen und Christinnen, der Nadia achtunddreißigjährig entsteigt (dasselbe Alter wie Claude Burine), und die Haarpracht einer arabische Prinzessin, makellos und erhaben wie die kommissarische Muse einiger Dichter oder wie die provisorische Muse, jene, die sagt, mach dir keine Gedanken, oder die sagt, mach dir Gedanken, aber nicht zu viele, die nicht mit knappen, klaren Worten redet, die eher flüstert, die freundlich winkt, bevor sie verschwindet, und dann denkt Belano an das Alter der realen Nadia Tuéni im Jahr 1996 und wird sich bewusst, dass sie jetzt einundsechzig wäre, und hört auf zu weinen, wieder einmal hat *l'air torride* seine Tränen getrocknet, und blättert wieder weiter, wendet sich wieder den Visagen der frankophonen Dichter zu, mit einer Hartnäckigkeit, die jedwedem Anlass alle Ehre machen würde, wendet sich wieder wie ein großes Federvieh dem Gesicht von Tchicaya U Tam'si zu, geboren 1931 in Mpili, dem Gesicht von Matala Mukadi, geboren 1942 in Luiska, dem Gesicht von Samuel-Martin Eno Belinga, geboren 1935 in Ebolowa, dem Gesicht von Elolongué Epanya Yondo, geboren 1930 in Douala, und etlichen anderen Gesichtern, Gesichtern von Dichtern, die auf Französisch schreiben und mehr oder weniger fotogen sind, das Gesicht von Michel van Schendel, geboren 1929 in Asnières, das Gesicht von Raôul Dugauy (den er gelesen hat), geboren 1939 in Val d'Or, das Gesicht von Suzanne Paradis, geboren 1936 in Beaumont, das Gesicht von Daniel Biga (den er gelesen hat), geboren 1940 in Saint-Sylvestre, das Gesicht von Denise Jallais, geboren 1932 in Saint-Nazaire, fast so schön wie Nadia, denkt Belano mit einer Art integralem Erzittern, während der Abend das Dorf weiter gen Westen zerrt und sich immer mehr Zopilotes in den Wipfeln der wenigen niedrigen Bäume niederlassen, nur dass Denise blond ist und Nadia dunkel, beide wunderschön, die eine einundsechzig, die andere vierundsechzig, hoffentlich leben sie noch, denkt er, den Blick unverwandt nicht auf das Foto, sondern auf die Horizontlinie gerichtet, auf der die Vögel in einem instabilen Gleichgewicht balancieren, Raben oder Geier oder Zopilotes, und dann erinnert sich Belano an ein Gedicht von Gregory Corso, in dem der vom Pech verfolgte nordamerikanische Dichter von seiner einzigen Liebe spricht, einer vor zweitausendfünfhundert Jahren gestorbenen Ägypterin, und Belano erinnert sich an Corsos Straßenkindergesicht und an eine Figur der ägyptischen Kunst, die er vor vielen

Jahren auf einer Streichholzschachtel gesehen hat, ein Mädchen, das aus einer Badewanne, einem Fluss oder einem Schwimmbecken steigt, und der Beat-Poet (der enthusiastische, glücklose Corso) beobachtet es von jenseits der Zeit, und das ägyptische Mädchen mit den langen Beinen fühlt sich beobachtet, und das war's, der Flirt zwischen der Ägypterin und Corso ist kurz wie ein Seufzer in den Weiten der Zeit, aber auch die Zeit und ihre ferne Hoheit können ein Seufzer sein, denkt Belano, während er die auf den Ästen sitzenden Vögel betrachtet, Umrisse auf der Linie des Horizonts, ein zappelndes und flatterndes Elektrokardiogramm in Erwartung seines Todes, meines Todes, denkt Belano und hält die Augen längere Zeit geschlossen, als würde er nachdenken oder mit geschlossenen Augen weinen, und als er sie wieder öffnet, sind da die Raben, ist da das zitternde Elektroenzephalogramm der afrikanischen Horizontlinie, und dann schlägt Belano das Buch zu und steht auf, ohne das Buch loszulassen, dankbar, und schlägt den Weg nach Westen ein, zur Richtung Küste, das Buch der frankophonen Dichter unterm Arm, dankbar, und seine Gedanken bewegen sich schneller als seine Schritte durch den Urwald und die Wüste Liberias, wie damals, als er ein junger Bursche in Mexiko war, und kurz darauf tragen ihn seine Schritte aus dem Dorf fort.

TANZKARTE

1. Meine Mutter las uns Neruda vor, in Quilpué, in Cauquenes, in Los Ángeles. **2.** Immer dasselbe Buch: *Zwanzig Liebesgedichte und ein Lied der Verzweiflung*, Editorial Losada, Buenos Aires, 1961. Auf dem Deckblatt eine Zeichnung von Neruda und der Hinweis, es handele sich um die Ausgabe anlässlich einer Million verkaufter Exemplare. Hatten sich die *Zwanzig Liebesgedichte* 1961 eine Million Mal verkauft oder war die Gesamtauflage aller von Neruda veröffentlichten Werke gemeint? Ersteres, fürchte ich, obwohl beide Möglichkeiten beunruhigend waren und außerdem schon überholt. **3.** Auf der zweiten Seite steht der Name meiner Mutter, María Victoria Avalos Flores. Eine vielleicht oberflächliche Betrachtung bringt mich allen Indizien zum Trotz zu dem Schluss, dass sie ihren Namen nicht selbst dorthin gesetzt hat. Die Schrift stammt auch nicht von meinem Vater oder von irgendeinem mir bekannten Menschen. Von wem also dann? Nach eingehender Betrachtung dieser mit den Jahren verblassten Unterschrift muss ich dann doch zugeben, dass es die meiner Mutter ist. **4.** 1961 oder 1962 war meine Mutter jünger, als ich es jetzt bin, keine fünfunddreißig, und arbeitete in einem Krankenhaus. Sie war jung und unternehmungslustig. **5.** Die *Zwanzig Liebesgedichte*, meine *Zwanzig Liebesgedichte*, haben einen langen Weg hinter sich. Erst durch verschiedene Dörfer im chilenischen Süden, danach durch mehrere Wohnungen in México DF, schließlich durch drei spanische Städte. **6.** Natürlich gehörte das Buch nicht mir. Es gehörte erst meiner Mutter. Die schenkte es meiner Schwester, und als meine Schwester aus Gerona fort nach Mexiko zog, schenkte sie es mir. Von allen Büchern, die meine Schwester mir vermachte, mochte ich am liebsten die mit Science-Fiction und die bis dato sämtlichen Werke von Manuel Puig, die ich selbst ihr geschenkt hatte und damals noch einmal las. **7.** Neruda gefiel mir nicht mehr. Schon gar nicht die *Zwanzig Liebesgedichte*! **8.** 1968 zog meine Familie nach México DF. Zwei Jahre später, 1970, lernte ich Alejandro Jodorowsky kennen, für mich die Inkarnation des renommierten Künstlers überhaupt. Ich passte ihn am Ausgang eines Theaters ab (er inszenierte seine Version des *Zarathustra* mit Isela Vega), sagte, ich wolle von ihm lernen, wie man Filmregisseur wird, und ließ fortan keine Gelegenheit aus, ihn zu Hause zu besuchen. Ich glaube, ich war kein guter Schüler. Jodorowsky fragte mich, wie viel Geld ich jede Woche für Tabak ausgäbe. Ziemlich viel, sagte ich, denn ich habe schon immer geraucht wie ein Schlot. Jodorowsky sagte, ich solle aufhören zu rauchen und das Geld lieber für zenbuddhistische Meditationskurse bei Ejo Takata verwenden. Einverstanden, sagte ich. Ich war dann ein paar Tage bei Ejo Takata, aber in der dritten Sitzung beschloss ich, dass das nichts für mich ist. **9.** Ich verließ Ejo Takata mitten in einer Meditationssitzung. Als ich meine Reihe verlassen wollte, stürzte sich der Japaner auf mich, wobei er einen Holzstock schwang, denselben, mit dem er die Schüler schlug, die darum baten. Will sagen, Ejo Takata bot den Stock an, und die Schüler stimmten zu oder lehnten ab, und wenn die Antwort positiv ausfiel, zog Ejo ihnen eins über, dass der von Räucherwerk erfüllte Raum nur so dröhnte. **10.** Mir bot er allerdings nicht an, die Schläge abzulehnen. Sein Angriff erfolgte blitzartig und guttural. Ich saß neben einem Mädchen, in Nähe der Tür, Ejo dagegen am anderen Ende des Raums. Ich nahm an, er habe die Augen geschlossen, und dass er mich nicht hören würde, wenn ich ging. Aber der miese Japaner hörte mich und stürzte sich auf mich, wobei er das zenbuddhistische Äquivalent zu banzai brüllte. **11.** Mein Vater war Schwergewichtschampion bei den Amateuren. Seine unangefochtene Herrschaft erstreckte sich über den Süden Chiles. Ich habe Boxen nie gemocht, lernte es aber von klein auf; in meiner Wohnung lagen immer Boxhandschuhe herum, ob in Chile oder in Mexiko. **12.** Als Meister Ejo Takata sich brüllend auf mich stürzte, war es wahrscheinlich nicht seine Absicht, mir weh zu tun, er erwartete wohl auch nicht, dass ich mich automatisch verteidigen würde. Seine Stockhiebe dienten in der Regel dazu, die tumben Nerven seiner Schüler wachzurütteln. Aber meine Nerven musste man nicht wachrütteln, ich wollte nur ein für alle Mal von dort verschwinden. **13.** Wenn du glaubst, dass man dich angreift, verteidigst du dich, das ist ein Naturgesetz, vor allem, wenn du siebzehn bist, vor allem in DF. Ejo Takata war Nerudianer in der Einfalt. **14.** Jodorowsky zufolge war er es, der Ejo Takata in Mexiko eingeführt hatte. Eine Zeitlang sammelte Takata in den Wäldern von Oaxaca Drogenabhängige auf, mehrheitlich US-Amerikaner, die von einem Drogentrip nicht zurückgefunden hatten. **15.** Übrigens führte die Erfahrung mit Takata nicht dazu, dass ich das Rauchen aufgab. **16.** An Jodorowsky gefiel mir unter anderem, dass er von den chilenischen Intellektuellen sprach (in der Regel abfällig) und mich damit einschloss. Das flößte mir großes Vertrauen ein, obwohl ich, versteht sich, nicht die geringste Absicht hatte, so zu sein wie diese Intellektuellen. **17.** Eines Nachmittags, warum, weiß ich nicht, kamen wir auf die chilenische Dichtung zu sprechen. Er sagte, der größte sei Nicanor Parra. Im nächsten Moment begann er ein Gedicht von Nicanor zu rezitieren, und dann noch eins und schließlich noch eins. Jodorowsky rezitierte gut, aber die Gedichte beeindruckten mich nicht. Ich war damals ein Jungspund, hypersensibel, außerdem lächerlich und sehr stolz, und behauptete, der beste Dichter Chiles sei ohne jeden Zweifel Pablo Neruda. Alle anderen, fügte ich hinzu, seien Zwerge. Das Streitgespräch dürfte eine halbe Stunde gedauert haben. Jodorowsky führte Argumente von Gurdjieff, Krishnamurti und Madame Blavatski ins Feld, dann sprach er von Kierkegaard und Wittgenstein, dann von Topor, Arrabal und sich selbst. Ich erinnere mich, dass er sagte, Nicanor habe auf irgendeiner Reise bei ihm übernachtet. In dieser Bemerkung enthüllte sich mir ein kindlicher Stolz, der mir seither bei nahezu allen Schriftstellern aufgefallen ist. **18.** In einer seiner Schriften sagt Bataille, Tränen seien die letzte Form der Kommunikation. Ich begann zu heulen, aber nicht auf eine normale, gefasste Art, also indem ich meinen Tränen still und sanft freien Lauf ließ, sondern auf eine wilde, ungestüme Weise, ungefähr so, wie Alice im Wunderland heult und alles unter Wasser setzt. **19.** Als ich Jodorowskys Wohnung verließ, wusste ich, ich würde nie wiederkommen, und das tat mir genauso weh wie seine Worte, und auf der Straße heulte ich weiter. Ich wusste auch oder ahnte dunkel, dass ich nie wieder einen so sympathischen Lehrer haben würde, einen Gentleman-Ganoven, den perfekten Hochstapler. **20.** Am meisten wunderte mich an meinem Verhalten jedoch die eher erbärmliche und argumentfreie Verteidigung, Verteidigung aber immerhin, von Pablo Neruda, von dem ich nur die *Zwanzig Gedichte der Liebe* (die mir damals unfreiwillig komisch erschienen) und *Crepusculario* gelesen hatte, dessen eines Gedicht, »Farewell«, den höchsten Gipfel der Kitschigkeit erklimmt, und doch empfinde ich für ihn eine unverbrüchliche Treue. **21.** Im Jahr 1971 las ich Vallejo, Huidobro, Martín Adán, Borges, Oquendo de Amat, Pablo de Rokha, Gilberto Owen, López Velarde, Oliverio Girondo. Ich las sogar Nicanor Parra. Ich las sogar Pablo Neruda! **22.** Die mexikanischen Dichter von damals, die meine Freunde waren und mit denen ich Boheme und Lektüre teilte, zerfielen im Wesentlichen in Vallejianer und Nerudianer. Ich war ganz ohne Zweifel Parrianer in der Leere. **23.** Aber man muss seine Eltern töten, der Dichter ist Waise von Geburt. **24.** Im Jahr 1973 kehrte ich in einer langen, von der Gastfreundschaft getakteten Reise zu Land und zu Wasser nach Chile zurück. Ich lernte Revolutionäre verschiedener Couleur kennen. Der Feuerstrudel, von dem sich Mittelamerika schon bald erfasst sehen würde, lauerte bereits in den Augen meiner Freunde, die vom Tod sprachen, so wie man einen Film erzählt. **25.** Im August 1973 traf ich in Chile ein. Ich wollte mich am Aufbau des Sozialismus beteiligen. Das erste Buch, das ich mir kaufte, war *Obra gruesa* von Parra. Das zweite *Artefactos*, ebenfalls von Parra. Ich hatte weniger als einen Monat Zeit, mich am Aufbau des Sozialismus zu erfreuen. **26.** Das wusste ich damals natürlich nicht. Ich war Parrianer in der Einfalt. **27.** Ich besuchte eine Ausstellung und traf mehrere chilenische Dichter, war entsetzt. **28.** Am elften September meldete ich mich als Freiwilliger bei der einzigen Untergrundzelle des Viertels, in dem ich wohnte. Der Chef war ein kommunistischer Arbeiter, dicklich und perplex, aber gewillt zu kämpfen. Seine Frau wirkte mutiger als er. Alle drängten wir uns in dem kleinen Esszimmer mit Holzfußboden. Während der Chef der Zelle sprach, warf ich einen Blick auf die Bücher, die auf seiner Anrichte standen. Es waren wenige, mehrheitlich Western, wie mein Vater sie las. **29.** Der elfte September war für mich außer einem blutigen Schauspiel auch ein komisches Schauspiel. **30.** Ich observierte eine leere Straße. Ich vergaß mein Losungswort. Meine Kameraden waren fünfzehn Jahre alt oder pensioniert oder arbeitslos. **31.** Als Neruda starb, war ich bereits in Mulchén bei meinen Onkeln und Tanten, meinen Vettern. Im November, auf der Fahrt von Los Ángeles nach Concepción, wurde ich bei einer Straßenkontrolle angehalten und festgenommen. Ich war der Einzige, den man aus dem Bus holte. Ich dachte, sie würden mich an Ort und Stelle töten. Von meiner Zelle aus hörte ich das Gespräch, das der Chef der Polizeistation, ein junger Gendarm mit Arschlochvisage (ein Arschloch, das im Innern eines Mehlsacks zappelte), mit seinen Vorgesetzten in Concepción führte. Er sagte, er habe einen mexikanischen Terroristen gefasst. Später ruderte er zurück und sagte: ausländischen Terroristen. Er erwähnte meinen Akzent, meine Dollars, meine Hemd- und Hosenmarke. **32.** Meine Urgroßeltern, die Flores und die Grana, versuchten vergeblich, Araukanien zu zähmen (obwohl sie nicht einmal imstande waren, sich selbst zu zähmen), weshalb es wahrscheinlich ist, dass sie Nerudianer in der Maßlosigkeit waren; mein Großvater Roberto Avalos Martí war Oberst und wurde an verschiedene Orte im Süden entsandt, bis zu einer frühen rätselhaften Pensionierung, was den Gedanken nahelegt, er sei Nerudianer in Sachen Weiß und Blau gewesen; meine Großeltern väterlicherseits kamen aus Galicien und Katalonien herüber, ließen in der Provinz

Bío-Bío ihr Leben und wurden Nerudianer in Sachen Landschaft und malochender Langsamkeit. **33.** Einige Tage saß ich in Concepción in Haft, dann ließ man mich laufen. Ich wurde nicht gefoltert, wie ich befürchtet hatte, nicht einmal ausgeraubt. Allerdings gab man mir auch nichts zu essen und zum Zudecken für die Nacht, weshalb ich vom guten Willen der Gefangenen abhing, die ihr Essen mit mir teilten. Im Morgengrauen hörte ich, wie andere gefoltert wurden, fand keinen Schlaf, hatte nichts zu lesen außer einer englischsprachigen Zeitschrift, die jemand dort vergessen hatte und in der das einzig Interessante ein Artikel über Dylan Thomas war. **34.** Aus der Patsche halfen mir zwei Polizisten, ehemalige Mitschüler im Jungengymnasium von Los Ángeles, sowie mein Freund Fernando Fernández, der ein Jahr älter war als ich, einundzwanzig, aber dessen Kaltblütigkeit zweifellos mit dem Idealbild des Engländers harmonierte, das die Chilenen verzweifelt und vergeblich von sich zu haben versuchen. **35.** Im Januar 1974 ging ich aus Chile fort. Ich bin nie dorthin zurückgegangen. **36.** Waren die Chilenen meiner Generation mutig? Ja, sie waren mutig. **37.** In Mexiko erzählte man mir die Geschichte einer MIR-Aktivistin, die gefoltert wurde, indem man ihr lebende Ratten in die Vagina schob. Dem Mädchen gelang die Flucht ins Exil, und sie kam nach DF. Dort lebte sie, wurde aber mit jedem Tag trauriger, und eines Tages starb sie an so viel Traurigkeit. So erzählte man es mir. Ich kannte sie nicht persönlich. **38.** Es ist keine einmalige Geschichte. Wir wissen von guatemaltekischen Bäuerinnen, die auf unsagbare Weise gequält wurden. Das Unglaubliche an dieser Geschichte ist ihre Allgegenwärtigkeit. In Paris erzählte man mir, dass einmal eine Chilenin hier angekommen sei, die man genauso gefoltert hatte. Diese Chilenin gehörte auch zum MIR, war genauso alt wie die Chilenin aus Mexiko und starb genau wie sie an Traurigkeit. **39.** Jahre später erfuhr ich von einer Chilenin in Stockholm, einer jungen Aktivistin oder ehemaligen Aktivistin des MIR, die im November 1973 mit der Rattenmethode gefoltert worden war und dann zum Erstaunen der behandelnden Ärzte an Traurigkeit, morbus melancholicus, starb. **40.** Kann man an Traurigkeit sterben? Ja, man kann an Traurigkeit sterben, man kann an Hunger sterben (was allerdings schmerzhaft ist), man kann sogar am Spleen sterben. **41.** War diese unbekannte, in Folter und Tod sich wiederholende Chilenin ein und dieselbe Person oder handelte es sich um drei verschiedene Frauen, wenn auch von gleicher Gesinnung, Anhängerschaft und Schönheit? Einem Freund zufolge handelte es sich um dieselbe Frau, die sich, wie in dem Gedicht »Masa« von Vallejo, im Sterben vervielfachte, ohne dass sie deswegen aufhörte zu sterben. (In Wirklichkeit vervielfacht sich in Vallejos Gedicht nicht der Sterbende, sondern vervielfachen sich die Flehenden, jene, die nicht wollen, dass er stirbt.) **42.** Es gab einmal eine belgische Dichterin namens Sophie Podolski. Sie wurde 1953 geboren und brachte sich 1974 um. Sie veröffentlichte nur ein Buch mit dem Titel *Le pays où tout est permis* (Montfaucon Research Center, 1972, 280 faksimilierte Seiten). **43.** Germain Nouveau (1852–1920), der befreundet war mit Rimbaud, verbrachte die letzten Jahre seines Lebens als Landstreicher und Bettler. Er nannte sich Humilis (1910 veröffentlichte er *Les poèmes d'Humilis*) und lebte an Kirchtüren. **44.** Alles ist möglich. Jeder Dichter *sollte* das wissen. **45.** Ich wurde einmal gefragt, welche jungen chilenischen Dichter mir gefielen. Vielleicht war nicht von »jungen Dichtern«, sondern von Gegenwartsdichtern die Rede. Ich sagte, mir gefiele Rodrigo Lira, obwohl man ihn eigentlich nicht gegenwärtig nennen konnte (jung schon, jünger als wir alle), da er schon tot ist. **46.** Tanzpartner der jungen chilenischen Dichtung: die Nerudianer in der Geometrie mit den Huidobrianern in der Grausamkeit, die Mistralianer im Humor mit den Rokhianern in der Demut, die Parrianer im Gebein mit den Lihnianern im Geäuge. **47.** Ich bekenne: Ich kann Nerudas Erinnerungen nicht lesen, ohne mich schlecht zu fühlen, richtig mies. Welch Konglomerat von Widersprüchen. Welche Anstrengung, zu verbergen und zu beschönigen, was entstellt aus der Wäsche schaut. Welch mangelnde Großzügigkeit und welch kläglicher Sinn für Humor. **48.** Es gab eine Zeit in meinem Leben, die zum Glück vorbei ist, in der ich im

Flur meiner Wohnung Adolf Hitler sah. Hitler tat nichts anderes, als den Flur auf und ab zu gehen, und kam er an der offenen Schlafzimmertür vorbei, schaute er mich nicht einmal an. Anfangs dachte ich, es sei (was sonst) der Dämon und ich unheilbar verrückt. **49.** Vierzehn Tage später löste Hitler sich in Luft auf, und ich dachte, als Nächstes taucht Stalin auf. Aber Stalin tat nichts dergleichen. **50.** Es war Neruda, der sich in meinem Flur einfand. Nicht vierzehn Tage, wie Hitler, sondern drei, eine deutlich kürzere Zeit, Anzeichen, dass die Depression nachließ. **51.** Dafür aber machte Neruda Lärm (Hitler war leise wie ein Eiswürfel auf schiefer Ebene), lamentierte, murmelte unverständliche Worte, seine Hände wurden länger, seine Lungen sogen genussvoll die Luft des Flurs (dieses kalten, europäischen Flurs) in sich ein, seine schmerzlichen Mienen und seine Bettlermanieren aus der ersten Nacht veränderten sich so, dass das Gespenst schließlich wie neu komponiert wirkte, wie ausgetauscht, ein höflicher, würdiger und feierlicher Dichter. **52.** Als es in der dritten und letzten Nacht an meiner Tür vorbeikam, blieb es stehen, schaute mich an (Hitler hatte mich nie angeschaut) und versuchte, das ist absolut außergewöhnlich, zu sprechen, vermochte es nicht, überfuchtelte seine Ohnmacht, um mich schließlich, bevor es beim ersten Tageslicht verschwand, anzulächeln (vielleicht um zu sagen, dass alle Verständigung unmöglich sei, man aber zumindest nichts unversucht lassen dürfe?). **53.** Vor langer Zeit lernte ich drei argentinische Brüder kennen, die bei dem Versuch starben, in verschiedenen Ländern Lateinamerikas die Revolution zu machen. Die beiden älteren verrieten sich gegenseitig und verrieten nebenbei den jüngsten. Dieser verriet niemanden und starb, hieß es, während er laut ihre Namen rief, obwohl es wahrscheinlicher ist, dass er schweigend starb. **54.** Die Söhne des spanischen Löwen, sagte Ruben Darío, ein eingefleischter Optimist. Die Söhne von Walt Whitman, von José Martí, von Violeta Parra; geschunden, vergessen, in Massengräbern, am Grund des Meeres, ihre Knochen miteinander vermischt in einem trojanischen Schicksal, das den Überlebenden Angst einjagt. **55.** Ich denke an sie in diesen Tagen, da die Veteranen der Internationalen Brigaden Spanien besuchen, alte Leutchen, die mit gereckter Faust aus dem Bus steigen. Es waren 40 000, und heute kehren 350 oder so nach Spanien zurück. **56.** Ich denke an Beltrán Morales, denke an Rodrigo Lira, denke an Mario Santiago, denke an Reinaldo Arenas. Ich denke an die toten Dichter im Folterkeller, an die an Aids, an einer Überdosis Gestorbenen, an alle, die an das lateinamerikanische Paradies geglaubt haben und in der lateinamerikanischen Hölle gestorben sind. Ich denke an jene Werke, die es der Linken vielleicht erlauben, aus der Grube der Scham und des Versagens herauszukommen. **57.** Ich denke an unsere hohlen Spitzköpfe und an den abscheulichen Tod von Isaac Babel. **58.** Wenn ich groß bin, möchte ich ein Nerudianer in der Synergie sein. **59.** Fragen für kurz vor dem Einschlafen. Warum mochte Neruda Kafka nicht? Warum mochte Neruda Rilke nicht? Warum mochte Neruda De Rokha nicht? **60.** Ob er Barbusse mochte? Alles deutet darauf hin. Und Scholochow. Und Alberti. Und Octavio Paz. Merkwürdige Gesellschaft für die Reise durchs Fegefeuer. **61.** Aber er mochte auch Éluard, der Liebesgedichte schrieb. **62.** Wäre Neruda kokainsüchtig oder heroinsüchtig gewesen, hätte irgendein Kerl ihn 1936 im belagerten Madrid getötet, wäre er Lorcas Geliebter gewesen und hätte sich nach dessen Tod umgebracht, die Geschichte wäre anders verlaufen. Wäre Neruda der Unbekannte gewesen, der er im Grunde ja ist! **63.** Ob im Keller von dem, was wir »Nerudas Werk« nennen, Ugolino lauert, bereit, seine Söhne zu verschlingen? **64.** Ganz ohne Gewissensbisse! Reinen Herzens! Nur weil er Hunger hat und keine Lust zu sterben! **65.** Er hatte keine Kinder, aber das Volk liebte ihn. **66.** Sollen wir mit blutigen Knien, löchrigen Lungen und verheulten Augen zu Neruda wie zu Kreuze kriechen? **67.** Wenn unsere Namen schon niemandem mehr etwas sagen, wird sein Name leuchten, wird weiter über einer imaginären Literatur, der sogenannten *chilenischen Literatur*, schweben. **68.** Dann werden alle Dichter in Künstlerkommunen leben, *Kerker* oder *Irrenhäuser* genannt. **69.** Unser imaginäres Haus, unser gemeinsames Haus.

BEGEGNUNG MIT ENRIQUE LIHN

für Celina Manzoni

Nach der Rückkehr nach Venezuela im Jahr 1999 träumte ich, man brächte mich in das Haus von Enrique Lihn, in einem Land, das gut und gern Chile, in einer Stadt, die gut und gern Santiago hätte sein können, wenn man bedenkt, dass Chile und Santiago einst der Hölle ähnelten und diese Ähnlichkeit sich in irgendeiner Schicht der realen wie der imaginären Stadt für immer bewahren wird. Natürlich wusste ich, dass Lihn tot war, aber als man mir anbot, ihn kennenzulernen, machte ich keinerlei Einwände. Vielleicht dachte ich an einen Scherz der Leute um mich rum, allesamt Chilenen, vielleicht auch an die Möglichkeit eines Wunders. Das Wahrscheinlichste ist, dass ich an nichts dachte oder das Angebot missverstand. Jedenfalls kamen wir zu einem sechsstöckigen Gebäude mit blassgelb gestrichener Fassade und einer Bar im Erdgeschoss von beträchtlichen Ausmaßen, mit einem langen Tresen und mehreren Séparées, und meine Freunde (wobei es mir komisch vorkommt, sie so zu nennen, sagen wir lieber: die Anhänger des Dichters, die mir angeboten hatten, ihn kennenzulernen) geleiteten mich zu einem von ihnen, und da saß er. Anfangs erkannte ich ihn kaum wieder, sein Gesicht war nicht dasselbe wie auf den Fotos in seinen Büchern, er war schlanker und jünger geworden, sah jetzt attraktiver aus, seine Augen kamen viel besser zur Geltung als die in Schwarzweiß auf den Umschlägen seiner Bücher. Tatsächlich sah Lihn nicht mehr aus wie Lihn, sondern wie ein Hollywood-Schauspieler, einer von den Schauspielern aus der zweiten Reihe, die man in Fernsehproduktionen zu sehen bekommt oder in Filmen, die nie in die europäischen Kinos gelangen und direkt in den Kreislauf der Videoclubs eingespeist werden. Aber zugleich *war* er Lihn, auch wenn er nicht mehr so aussah, daran bestand für mich kein Zweifel. Seine Anhänger begrüßten ihn, indem sie ihn beim Vornamen riefen und duzten, was irgendwie falsch klang, und fragten ihn Sachen, die ich einfach nicht verstand, und dann stellten sie mich ihm vor, obwohl ich das eigentlich überhaupt nicht nötig hatte, denn eine Zeitlang, für kurze Zeit, hatte ich mich mit ihm geschrieben, und seine Briefe hatten mir in gewisser Weise geholfen, ich spreche vom Jahr 1981 oder 1982, als ich zurückgezogen in einem Haus in Gerona lebte, praktisch ohne Geld und ohne Aussicht, welches zu bekommen, und die Literatur war ein weites Minenfeld, wo alle meine Feinde waren, von einigen (keineswegs allen) Klassikern abgesehen, und Tag für Tag musste ich dieses Minenfeld überqueren, mit den Gedichten von Archilochos als einziger Stütze, und jeder Fehltritt wäre tödlich gewesen. Das geht allen jungen Schriftstellern so. Es gibt einen Moment, wo du nirgends Hilfe findest, nicht von Freunden, von Lehrern schon gar nicht, wo niemand dir eine Hand reicht, wo es Veröffentlichungen, Preise, Stipendien nur für andere gibt, für die, die wiederholt zu Kreuze und den Mandarinen der Literatur sonst wohin gekrochen sind, eine unüberschaubare Horde, deren einziges Talent in einem polizeistaatlichen Verständnis des Lebens besteht, denen nichts entgeht und die nichts verzeihen. Kurz, es gibt, wie gesagt, keinen jungen Schriftsteller, der sich nicht irgendwann in seinem Leben so gefühlt hat. Nur war ich damals achtundzwanzig und konnte mich unmöglich als jungen Schriftsteller sehen. Ich saß in der Klemme. Ich war nicht der typische lateinamerikanische Schriftsteller, der dank staatlicher Apanage (und Schirmherrschaft) in Europa lebte. Niemand kannte mich, und ich war nicht bereit, nach- oder Pardon zu geben. Damals begann ich den Briefwechsel mit Enrique Lihn. Natürlich schrieb ich zuerst. Seine Antwort ließ nicht lange auf sich warten. Ein langer, übellauniger Brief, in dem Sinne, wie wir in Chile üble Laune verstehen, also mürrisch und zornig. In meiner Antwort erzählte ich ihm von meinem Leben, meinem Haus auf dem

Land, auf einem der Hügel von Gerona, vor dem Haus die mittelalterliche Stadt, dahinter das Land und die Leere. Ich sprach auch von meiner Hündin Laika und sagte, ich hielte die chilenische Literatur mit zwei, drei Ausnahmen für totale Scheiße. Bei seinem nächsten Brief, könnte man sagen, waren wir bereits Freunde. Es folgte, was immer folgt zwischen einem etablierten und einem unbekannten Dichter. Er las meine Gedichte und übernahm eine Auswahl für eine Art Poesiefestival, das er an einem Chile-Nordamerika-Institut veranstaltete. In seinem Brief sprach er über das, was seiner Ansicht nach die sechs Tiger der chilenischen Dichtung im Jahr 2000 waren. Wir sechs Tiger waren Bertoni, Maquieira, Gonzalo Muñoz, Martínez, Rodrigo Lira und ich. Glaube ich. Es könnten auch sieben Tiger gewesen sein. Aber ich meine, es wären sechs gewesen. Und schwerlich hätten wir sechs im Jahr 2000 etwas darstellen können, denn damals hatte sich der beste, Rodrigo Lira, gerade umgebracht und moderte schon ein paar Jahre auf dem Friedhof, oder seine Asche trieb zusammen mit anderem Unrat durch Santiago. Eher als von Tigern hätte er von Katzen sprechen müssen. Meines Wissens ist Bertoni eine Art Hippie, der am Strand lebt, Muscheln und Algen sammelt. Maquieira las sorgfältig die nordamerikanische Anthologie der Gedichte von Cardenal und Coronel Urtecho, veröffentlichte danach zwei Bücher und konzentrierte sich fortan aufs Trinken. Gonzalo Muñoz, wurde mir gesagt, ging in Mexiko verschütt, aber nicht wie Lowrys Konsul, sondern als Manager einer Werbefirma. Martínez las aufmerksam *Duchamp des cygnes* und starb dann. Rodrigo Lira, nun, ich habe schon gesagt, was Rodrigo Lira im Jahr der Konferenz am Chile-Nordamerika-Institut tat. Eher Katzen als Tiger, wie man es auch dreht und wendet. Kätzchen aus einer heillosen Provinz. Was ich jedenfalls sagen wollte, ist, dass ich Lihn kannte und eine Vorstellung deswegen nicht erforderlich war. Trotzdem ließen sich seine Anhänger nicht davon abbringen, und weder Lihn noch ich erhoben irgendwelche Einwände. Da befanden wir uns also in einem Séparée, und irgendwelche Stimmen sagten, das hier ist Roberto Bolaño, und ich streckte meine Hand aus, mein Arm verschmolz mit der Dunkelheit des Séparées, und empfing die Hand von Lihn, eine leicht kühle Hand, die ich sekundenlang drückte, die Hand eines traurigen Menschen, dachte ich damals, eine Hand und ein Händedruck, die perfekt zu dem Gesicht passten, dass mich in diesem Moment ansah, ohne mich wiederzuerkennen. Eine mimische, morphologische Entsprechung, die Tore einer undurchsichtigen Beredsamkeit, die nichtssagend war oder mir nichts sagte. Kaum war das überstanden, redeten seine Anhänger wieder drauflos, und das Schweigen hatte das Nachsehen: Alle forderten von Lihn, sich zu den aberwitzigsten Vorkommnissen zu äußern, und dann verflog plötzlich meine Verachtung für seine Anhänger, weil ich verstand, dass die Gruppe so war wie einst ich, junge Dichter ohne irgendeine Unterstützung, junge Leute, die von der neuen chilenischen Mitte-links-Regierung geächtet wurden und keine Hilfe oder Förderung erfuhren, die nur Lihn besaß, einen Lihn, zumal, der keine Ähnlichkeit mit dem echten Enrique Lihn besaß, den die Fotos seiner Bücher zeigten, einen viel attraktiveren, stattlicheren Lihn, einen, der seinen Gedichten glich, der sich im Alter seiner Gedichte eingerichtet hatte, der in einem seinen Gedichten ähnlichen Gebäude lebte und ähnlich elegant und bündig verschwinden konnte, wie manchmal seine Gedichte verschwinden. Ich erinnere mich, dass es mir besser ging, als ich das begriffen hatte. Will sagen: Allmählich sah ich einen Sinn in der Situation, allmählich konnte ich über die Situation lachen. Ich hatte nichts zu befürchten: Ich war zu Hause, mit Freunden und mit einem Schriftsteller, den ich immer bewundert habe. Es war kein Horrorfilm. Oder kein reiner Horrorfilm, vielmehr einer mit einer großen Portion schwarzen Humors. Und gerade als ich das mit dem schwarzen Humor dachte, zog Lihn ein Fläschchen Medizin aus der Tasche. Ich muss alle drei Stunden eine nehmen, sagte er. Seine Anhänger verstummten erneut. Ein Kellner brachte ein Glas Wasser. Die Tablette war groß. So kam es mir vor, als ich sie in das Glas fallen sah. Aber in Wirklichkeit war sie nicht groß. Sie war *kompakt*. Mit einem Löffel begann Lihn sie aufzulösen, und da fiel mir auf, dass die Tablette aussah wie eine Zwiebel mit zahllosen Häuten. Ich näherte meinen Kopf dem Glas und betrachtete sie eingehend. Einen Moment lang war ich mir sicher, es handele sich um eine unendliche Tablette. Das Glas diente mir als Lupe: die blassrosa Tablette in ihm zerplatzte, wie um den Weg freizumachen für die Geburt einer Galaxie oder des Universums. Aber Galaxien entstehen oder vergehen, ich weiß es nicht mehr, schnell, und was sich vor mir im Innern des Wasserglases abspielte, geschah gleichsam in Zeitlupe, jede unverständliche Etappe zog sich in die Länge, jeder Rückschritt, jedes Zittern. Dann zog ich erschöpft meinen Kopf zurück, und meine Augen trafen auf die von Lihn, die mir zu sagen schienen: Kein Kommentar, mir reicht es schon, dass ich mir alle drei Stunden dieses Gebräu eintrichtern muss, lassen Sie die Symbolhuberei, das Wasser, die Zwiebel, der langsame Lauf der Sterne. Seine Anhänger hatten sich von unserem Tisch zurückgezogen. Einige standen am Tresen der Bar. Die anderen sah ich nicht. Und dann schaute ich wieder Lihn an, und neben ihm stand einer seiner Anhänger, der ihm etwas ins Ohr sagte, dann das Séparée verließ und sich zu seinen über die Bar verstreuten Kollegen gesellte. In diesem Moment wusste ich, dass Lihn wusste, dass er tot war. Mein Herz tut es nicht mehr, sagte er. Mein Herz gibt es nicht mehr. Hier stimmt etwas nicht, dachte ich. Lihn starb an Krebs, nicht an einem Herzinfarkt. Eine enorme Trägheit überkam mich. Ich stand daher auf und wollte mir etwas die Beine vertreten. Ich blieb aber nicht in der Bar, sondern gelangte auf die Straße. Die Bürgersteige waren grau und uneben, und der Himmel sah aus wie ein Spiegel ohne Silberschicht, der Ort, in dem sich alles spiegeln sollte, in dem sich letztlich aber nichts spiegelte. Der Eindruck von Normalität überwog jedoch und bestimmte jedes Bild. Als ich fand, dass ich genug frische Luft geschnappt hatte und in die Bar zurückkehren wollte, lief ich auf einer der drei Eingangsstufen (steinernen, aus einem Block gehauenen Stufen, mit einer Konsistenz wie Granit, glänzend wie Edelstein) in einen Typen, der kleiner war als ich und wie ein Gangster der fünfziger Jahre gekleidet war, eine leicht karikaturhafte Gestalt, von der Sorte gefährlicher, aber höflicher Schlägertyp, der mich mit einem Bekannten verwechselte und grüßte, und ich erwiderte seinen Gruß, obwohl mir die ganze Zeit bewusst war, dass ich ihn nicht kannte und dass der Typ mich verwechselt hatte, tat aber so, als würde ich ihn kennen, als hätte auch ich mich vertan, und so grüßten wir einander, während wir beide fruchtlos versuchten, die glänzenden (und unendlich demütigen) Steinstufen zu erklimmen, aber seine Verwirrung währte nur wenige Sekunden, rasch begriff der Kerl, dass er sich geirrt hatte, und danach sah er mich anders an, so als fragte er sich, ob ich mich ebenfalls geirrt oder im Gegenteil die ganze Zeit über ihn lustig gemacht habe, und da er etwas dumm und misstrauisch war (obwohl paradoxerweise auch listig), fragte er mich, wer ich sei, das weiß ich noch, er fragte es mich mit einem maliziösen Lächeln auf den Lippen, und ich sagte, Scheiße, Jara, ich bin es, Bolaño, und so wie er lächelte, wäre für jeden klar gewesen, dass er nicht Jara war, aber er akzeptierte das Spiel, als hätte er plötzlich, getroffen von dem Strahl, aber das ist kein Vers von Lihn, schon gar nicht von mir, Gefallen daran gefunden, für ein paar Minuten das Leben dieses unbekannten Jara zu führen, der er niemals sein würde, außer hier, auf der letzten der drei schimmernden Stufen stehend, und fragte mich (Gipfel der Dummheit), wer ich sei, womit er faktisch zugab, dass er Jara war, aber ein Jara, der die Existenz von Bolaño vergessen hatte, was andererseits nicht ganz unwahrscheinlich war, weshalb ich ihm also erklärte, wer ich war, und ihm nebenbei erklärte, wer er war, und was das Letztere betrifft, so erschuf ich einen Jara nach meiner und seiner Fasson, also nach der Fasson des Augenblicks, einen unwahrscheinlichen Jara, einen intelligenten, mutigen, reichen, großzügigen Jara, der eine schöne Frau liebte und wiedergeliebt wurde, kühn war, und da lächelte der Gangster, immer fester davon überzeugt, dass ich mir einen Scherz mit ihm erlaubte, aber unfähig, einen Punkt zu machen und mir eine Lektion zu erteilen, als hätte er sich plötzlich in das Bild verliebt, das ich ihm vorspiegelte, und ermunterte mich noch, ihm nicht nur weiter etwas von

Jara, sondern auch von Jaras Freunden und schließlich von der Welt zu erzählen, einer Welt, die sogar für Jara zu groß wurde, eine Welt, in der selbst Jara eine Ameise war, deren Tod auf einer schillernden Treppenstufe niemandem etwas bedeutet hätte, und da erschienen plötzlich seine Freunde, zwei größere Schlägertypen in hellen Zweireihern, die mich anschauten und den falschen Jara anschauten, wie um zu fragen, wer ich sei, und diesem blieb nichts anderes übrig, als zu sagen, das ist Bolaño, und die beiden Kerle grüßten mich, ich schüttelte ihnen die Hand, Ringe, teure Uhren, Goldketten, und als sie mich einluden, etwas mit ihnen zu trinken, sagte ich, das ginge nicht, ich sei mit einem Freund da, schob Jara aus dem Weg und verschwand im Innern der Bar. Lihn saß noch in seinem Séparée. Von seinen Anhängern war keiner mehr in der Nähe. Das Glas war leer. Er hatte die Medizin genommen und wartete. Wortlos gingen wir hinauf in seine Wohnung. Er wohnte im sechsten Stock, und wir nahmen den Aufzug, einen sehr großen Aufzug, in den man mehr als dreißig Menschen hätte pferchen können. Seine Wohnung war eher klein, vor allem für den durchschnittlichen chilenischen Schriftsteller, der in der Regel in großen Wohnungen wohnt, und es gab nirgends Bücher. Auf meine Frage erwiderte er, dass er fast nichts mehr zu lesen brauche. Aber Bücher gibt es immer, sagte er. Von seiner Wohnung aus sah man die Bar. Als wäre der Fußboden aus Glas. Eine Weile lag ich auf den Knien und betrachtete die Leute dort unten, hielt nach seinen Anhängern Ausschau, nach den drei Gangstern, sah aber nur Unbekannte, die aßen oder tranken und sich vor allem von Tisch zu Tisch bewegten, von Séparée zu Séparée oder von einem Ende des Tresens zum anderen, alle im Bann fieberhafter Erregung, wie man in Romanen aus der ersten Hälfte des zwanzigsten Jahrhunderts lesen kann. Nachdem ich eine Weile so zugeschaut hatte, kam ich zu dem Schluss, dass irgendetwas faul war. Wenn der Boden von Lihns Wohnung aus Glas bestand und die Decke der Bar ebenfalls, was war dann aber mit den Wohnungen vom ersten bis fünften Stock los? Bestanden die auch aus Glas? Ich schaute daraufhin erneut nach unten und begriff, dass vom der ersten bis fünften Stock nur Leere herrschte. Diese Entdeckung machte mir Angst. Scheiße, Lihn, wohin hast du mich gebracht, dachte ich, dachte dann aber, Scheiße, Lihn, wohin hat man dich gebracht. Vorsichtig stand ich auf, denn ich wusste, dass die Gegenstände dort empfindlicher waren als die Personen, genau umgekehrt, wie es sich normalerweise verhält, und begann Lihn zu suchen – der nicht mehr an meiner Seite war – in den verschiedenen Zimmern der Wohnung, die mir da schon nicht mehr klein erschien, wie die Wohnung eines europäischen Schriftstellers, sondern groß, maßlos, wie die eines chilenischen Schriftstellers, eines Dritte-Welt-Schriftstellers, mit billigem Dienstpersonal, mit teuren, empfindlichen Gegenständen, eine Wohnung voller huschender Schatten und abgedunkelter Zimmer, in denen ich zwei Bücher fand, das eine klassisch, wie ein glatter Stein, das andere modern, zeitlos wie Scheiße, und je länger ich nach ihm suchte, wurde auch ich immer kälter, wurde immer wütender und kälter, und fühlte mich zunehmend krank, als würde sich die Wohnung auf einer imaginären Achse drehen, bis ich eine Tür öffnete und ein Schwimmbad erblickte, und da war Lihn, da schwamm er, und noch bevor ich den Mund öffnen und etwas über Entropie sagen konnte, sagte Lihn, das Schlimme an der Medizin, der Medizin, die er nahm, um lebendig zu bleiben, sei, dass sie ihn gewissermaßen in ein Versuchskaninchen der Pharmaindustrie verwandelte, Worte, die ich in gewisser Weise erwartet hatte, als wenn alles ein Theaterstück wäre und ich mich plötzlich an meinen Text und an die Texte derer erinnert hätte, denen ich zu antworten hatte, und dann stieg Lihn aus dem Becken und wir fuhren hinunter ins Erdgeschoss, wo wir uns einen Weg durch die Leute in der Bar bahnten, und Lihn sagte, die Tiger hätten sich erledigt, und: es war schön, solang es gedauert hat, und: du magst es vielleicht nicht glauben, Bolaño, aber in diesem Viertel gehen nur die Toten spazieren. Und da hatten wir zwei bereits die Bar durchquert und schauten durch ein Fenster auf die Straßen und Fassaden dieses merkwürdigen Viertels, in dem nur die Toten herumspazierten. Und schauten und schauten, und die Fassaden stammten ganz ohne Zweifel aus einer anderen Zeit, und auch an den Bürgersteigen parkten Autos aus einer anderen Zeit, einer schweigsamen, aber dennoch beweglichen Zeit (Lihn sah sie sich bewegen), einer fürchterlichen Zeit, die ohne jeden Grund fortlebte, aus schierer Trägheit.

INHALT